Zu diesem Buch

Nach einer Definition der norwegischen Regierung ist Behinderung «die Diskrepanz zwischen den Fähigkeiten eines Individuums und den Funktionen, die ihm in der Gesellschaft abverlangt werden». Wer behindert wen? – So weit wie in Norwegen ist das öffentliche Bewußtsein in Deutschland noch nicht. Immerhin gibt es aber seit 1994 die Erweiterung von Artikel 3 des Grundgesetzes: «Niemand darf wegen seiner Behinderung benachteiligt werden.» Freilich zeigte eine Umfrage der Aktion Sorgenkind, daß die wenigsten davon Kenntnis genommen haben. Sie ergab noch etwas anderes: 71 Prozent der Befragten glauben, in einer Gesellschaft zu leben, die «weniger behindertenfreundlich», «behindertenunfreundlich» oder gar «behindertenfeindlich» ist – in einer Gesellschaft der Behinderer.

Damit die Verhältnisse sich ändern können, tut zunächst einmal Aufklärung not. Deshalb hat die Aktion Sorgenkind gemeinsam mit über 90 bundesweit tätigen Behindertenverbänden die «Aktion Grundgesetz» ins Leben gerufen, eine bundesweite Kampagne, die mit vielen großen und kleinen Veranstaltungen, einer Plakataktion in allen Städten, zahlreichen Aktionsmitteln sowie breiter Medienpräsenz die Situation behinderter Menschen nachhaltig ins öffentliche Bewußtsein rücken wird. Dieses Buch ist Teil der Kampagne. Die Autorinnen und Autoren kommen zumeist aus den Organisationen, die die Aktion Grundgesetz tragen. Sie schildern das alltägliche Leben behinderter Menschen in Deutschland, Diskriminierungen und Grundrechtsverletzungen, die weniger denn je hingenommen werden dürfen, berichten über ihre Arbeit und formulieren politische und gesellschaftliche Forderungen. Die Texte spiegeln nicht nur die Vielfalt der modernen Behindertenbewegung, sie lassen auch deutlich werden, wie eine Gesellschaft aussehen müßte, in der behinderte Menschen nicht entmündigt werden, sondern ihr Recht auf Selbstbestimmung wahrnehmen können.

Informationen zu den Autorinnen und Autoren sowie den Redakteurinnen und Redakteuren befinden sich am Ende des Bandes.

Zum Thema erschienen: Hans-Günter Heiden (Hg.), *«Niemand darf wegen seiner Behinderung benachteiligt werden». Grundrecht und Alltag – eine Bestandsaufnahme* (rororo aktuell 13937)

Die Gesellschaft der Behinderer

Das Buch zur
Aktion Grundgesetz

rororo
Rowohlt

rororo aktuell
Herausgegeben von Frank Strickstrock

Die AKTION GRUNDGESETZ ist ein Bündnis von mehr als 90 bundesweit arbeitenden Behindertenverbänden und Organisationen der Behindertenhilfe.

Redaktion:
Sigrid Arnade, H.-Günter Heiden
Jutta vom Hofe, Karl-Josef Mittler, Heide Zirden

Originalausgabe
Veröffentlicht im Rowohlt Taschenbuch Verlag GmbH,
Reinbek bei Hamburg, November 1997

Umschlaggestaltung Susanne Heeder/Philipp Starke
(Foto: Aktion Sorgenkind)
Satz Sabon (Linotronic 500)
Gesamtherstellung Clausen & Bosse, Leck
Printed in Germany
1490-ISBN 3 499 22339 2

Inhalt

Vorwort

«Niemand darf wegen seiner Behinderung benachteiligt werden» – diesem Satz, der erst 1994 in das Grundgesetz aufgenommen wurde, widmet sich eine der größten Sozialkampagnen der bundesdeutschen Nachkriegsgeschichte. Gestartet im Oktober 1997, wird die «Aktion Grundgesetz» von einem bisher einmaligen Aktionsbündnis getragen: Mehr als neunzig bundesweit arbeitende Verbände der Behindertenhilfe und -selbsthilfe beteiligten sich ideell und aktiv an der Vorbereitung, Gestaltung und Durchführung dieser Kampagne. Die meisten von ihnen werden sich auch durch eigene Aktivitäten im Rahmen der «Aktion Grundgesetz» zu Wort melden, um auf die Diskrepanz zwischen Verfassungsanspruch und Verfassungswirklichkeit aufmerksam zu machen, um Forderungen und Lösungsvorschläge zu formulieren.

Initiiert und organisatorisch betreut wurde die Kampagne von der «Deutschen Behindertenhilfe Aktion Sorgenkind e. V.». Die von ihrer Struktur und Identität pluralistische Aktion, die unter der Schirmherrschaft des Bundespräsidenten steht, versteht sich als «Verstärker» für Themen, die in Behinderten- und Wohlfahrtsverbänden schon lange diskutiert werden. Sie möchte mit der «Aktion Grundgesetz» eine kommunikative Plattform schaffen, auf der alle beteiligten Organisationen ihre Standpunkte in die Öffentlichkeit bringen können.

Es liegt auf der Hand: Wenn sich mehr als neunzig Organisationen mit unterschiedlichen Weltanschauungen, Strukturen, Programmen, Konzepten und Visionen zusammenfinden, gibt es Diskussionen und Meinungsverschiedenheiten. Auch die Aktion Sorgenkind als Initiatorin der Kampagne und Herausgeberin dieses Buches wurde und wird kritisch hinterfragt. Um so eindrucksvoller ist es, daß in Anbetracht der Bedeutung des Themas einerseits und der Verschlechterung der Lebensbedingungen für behinderte Menschen in Deutschland andererseits ein gemeinsamer öffentlicher Auftritt möglich wurde, um nachhaltig das ethische, moralische und rechtsverbindliche Versprechen des Verfassungsartikels einzufordern.

Plakatekleben allein reicht dafür sicherlich nicht aus. Die Beiträge dieses Buches sollen das gesamte Spektrum der Benachteiligung und Diskriminierung in Deutschland dokumentieren, Hintergründe erklären und Lösungsmöglichkeiten aufzeigen. Es soll deutlich werden, daß Behinderung nicht nur individuelles Schicksal ist, sondern eine gesellschaftliche Dimension hat. In der «Gesellschaft der Behinderer» soll dieses Buch für kontroverse Diskussionen und – Veränderungen! – sorgen. Alle Leserinnen und Leser können durch die Aktionspostkarten im Mittelteil hieran mitwirken.

Auf allen Ebenen der Planung wurden die Verbände der Behindertenhilfe und -selbsthilfe einbezogen. Insofern ist die Kampagne, ebenso wie das vorliegende Aktionsbuch ein Gemeinschaftswerk aller beteiligten Organisationen. Dennoch soll an dieser Stelle ausdrücklich all jenen Einzelpersonen gedankt werden, ohne die dieses Buch nicht hätte gedruckt werden können.

An erster Stelle sind dies Dr. Sigrid Arnade und Hans-Günter Heiden, denen es in der Kürze der Zeit gelungen ist, in engem Kontakt mit den Autorinnen und Autoren dieses Buches die eingehenden Manuskripte zu ordnen und zu redigieren. Dem Kölner Journalistenbüro factum, insbesondere Jutta vom Hofe, ist es zu danken, daß fast alle Organisationen des Aktionsbündnisses im Anhang mit einer Selbstdarstellung vertreten sind. Kritisch begleitet wurde diese Arbeit von einem Redaktionskomitee, in dem folgende Personen mitwirkten: Heide Adam-Blanek (Bundesverband für Körper- und Mehrfachbehinderte), Allmuth Bober (ISAAC, Deutsche Gesellschaft für unterstützte Kommunikation), Ingrid Pütz und Werner Murach (Bundesverband Polio e. V.), Klaus Peter Stenzig (Diakonisches Werk) sowie Gerhard Walter-Bornemann (Büro des Behindertenbeauftragten von Rheinland-Pfalz).

In der Geschäftsstelle der Aktion Sorgenkind wurde das Buch-Projekt von Heike Zirden und Karl-Josef Mittler koordiniert. Wichtige Anregungen kamen von den Mitgliedern des Spezialausschusses der Aktion Sorgenkind, der die Kampagne in ihrer Gesamtheit inhaltlich betreut: Dr. Bernhard Conrads (Bundesvereinigung Lebenshilfe für Menschen mit geistiger Behinderung), Norbert Müller-Fehling (Bundesverband für Körper- und Mehrfachbehinderte), Hiltrud Fischer-Taubert (ZDF-Redaktion «Mach mit»), Rüdiger Schmidtchen (Paritätischer Wohlfahrtsverband), Michael Müller-Probst (ZDF) und Werner Strubel (Deutscher Caritasverband, Freiburg).

Ganz besonderer Dank gilt dem Rowohlt Verlag und dort insbesondere Frank Strickstrock für die Aufgeschlossenheit und Unterstützung gegenüber diesem ungewöhnlichen Buchprojekt.

Es liegt in der Konsequenz des pluralistischen Grundgedankens der Kampagne, daß für die einzelnen Beiträge nur die jeweiligen Autoren und/oder Verbände verantwortlich zeichnen. Nicht in jedem Fall müssen Aussagen und Forderungen einzelner Artikel den Auffassungen der Herausgeberin oder aller anderen Verbände des Aktionsbündnisses entsprechen.

Dieses Buch liegt auch als Hörkassette bzw. auf Diskette vor.

September 1997 Dieter Gutschick

H.-Günter Heiden

Behindert ist man nicht – behindert wird man

Am 15. November 1994 trat die neue Verfassung für das geeinte Deutschland in Kraft. In Artikel 3, Absatz 3 wurde der Satz: «Niemand darf wegen seiner Behinderung benachteiligt werden.» angefügt. Dieser neue Satz im Grundgesetz, der erst nach zähem Kampf der Behindertenbewegung durchgesetzt werden konnte, bedeutet aber noch lange nicht, daß die Benachteiligung behinderter Menschen automatisch vorbei ist. Angesichts des massiven Sozialabbaus, der in den letzten Jahren stattgefunden hat, ist eher das Gegenteil der Fall. Der neue Satz bedeutet nur, daß die Behindertenbewegung mit 45 Jahren Verspätung endlich an den Start gehen und rollen kann. Sie ist nun mit neuem «Handwerkszeug» ausgestattet und kann beginnen, die rechtliche Gleichstellung behinderter Menschen durchzusetzen und alltägliche Diskriminierung abzuwehren. In diesem Sinne hat die Juristin Theresia Degener die Behindertenbewegung einmal als die «letzte Bürgerrechtsbewegung» gekennzeichnet.

Was bedeutet nun dieses neue Grundrecht? Ohne ins juristische Detail zu gehen, ist festzuhalten, daß sich die generelle Rechtsstellung behinderter Menschen verbessert hat. Allerdings begründet Artikel 3 nur ein Benachteiligungs*verbot* und kein Gleichstellungs*gebot*, wie es in einigen Landesverfassungen oder in der im Juli 1997 ergänzten österreichischen Verfassung enthalten ist. Es bietet jedoch Schutz gegen Diskriminierungen durch die öffentliche Gewalt und wirkt als Wertentscheidung auch auf private Rechtsbeziehungen ein. In ihrem Vorwort zu einer Neuausgabe des Grundgesetzes stellt die Bundestagspräsidentin Rita Süssmuth außerdem fest, daß der Katalog der Grundrechte auch «eine Werteordnung, die Maßstab und Hilfestellung für unser persönliches Handeln» und eine «Verpflichtung für den Alltag» sei.

Juristen schätzen die Bedeutung des neuen Grundgesetzsatzes wie folgt ein: Als seine Hauptwirkung gilt, daß nachrangiges Recht nichtig sei, wenn es ihm widerspricht. Dies beziehe sich sowohl auf förmliche Gesetze unterhalb des Verfassungsranges, als auch auf Rechtsverordnungen oder Satzungen. Betroffen sind also nicht nur das Bundes- und Landesrecht, sondern auch die Festlegungen von Gemeinden und von anderen Körperschaften des öffentlichen Rechts, etwa Sozialversicherungsträgern. Ferner seien nun die Anforderungen für die Rechtfertigung einer Ungleichbehandlung verschärft worden. Die praktische Bedeutung des Satzes werde sich am ehesten im Bereich der allgemeinen Schulpflicht entfalten. (Tatsächlich gab es bereits 1996 ein erstes Verfahren vor dem Bundesverfassungsgericht; vgl. dazu den Beitrag von Frühauf/Rademacker in diesem Buch.) Auch wird ein neues «Flensburger Urteil», in dem 1992 behinderte Menschen zum «Reisemangel» erklärt worden waren, nun nicht mehr für möglich gehalten.

In der Diskussion, die im Jahre drei nach der Verfassungsergänzung über die Bedeutung der neuen sieben Worte entstanden ist, geht es natürlich auch um begriffliche Festlegungen. Was ist eigentlich unter «Behinderung» zu verstehen? Was ist eine «Benachteiligung»? Ist «Benachteiligung» gleich «Diskriminierung»?

Eine Definition und ihre Folgen

In neuerer Zeit hat die Weltgesundheitsorganisation (WHO) 1980 mit einem dreistufigen Modell von «Behinderung» einen internationalen Definitionsstandard gesetzt, der auf die Kritik am bis dahin vorherrschenden rein defektorientierten medizinischen Erklärungsansatz von «Behinderung» reagierte. Sie unterscheidet zwischen «impairment» (Schädigung), daraus folgender «disability» (Funktionsbeeinträchtigung) und dem sich daraus ergebenden «handicap» (soziale Beeinträchtigung).

Doch auch diese Dreiteilung wurde Ende 1993 in den «UN-Rahmenbestimmungen für Herstellung von Chancengleichheit für Behinderte» kritisch hinterfragt, da die Definition des Begriffs ‹soziale Beeinträchtigung› noch immer als zu medizinisch und zu sehr auf den einzelnen ausgerichtet angesehen wird und die Wechselbeziehung zwischen den gesellschaftlichen Bedingungen und den Fähigkeiten des einzelnen nicht genügend klar herausstellt. Diese Kritik soll – so sieht es jedenfalls die UNO vor – bei künftigen Änderungen der Klassifikation berücksichtigt werden.

Leider ist diese neuere internationale Diskussion von der offiziellen

Politik in Deutschland kaum aufgegriffen worden. So heißt es in der Behinderungs-Definition des 3. Berichtes der Bundesregierung zur «Lage der Behinderten und die Entwicklung der Rehabilitation» von 1994: «Behinderte» sind alle die, «die von den Auswirkungen einer nicht nur vorübergehenden Funktionsbeeinträchtigung betroffen sind, die auf einem regelwidrigen körperlichen, geistigen oder seelischen Zustand beruht.»

Im EURO-Atlas des Bundesministeriums für Arbeit und Sozialordnung (BMA) heißt es ergänzend, daß Behinderte all diejenigen seien, die aufgrund der «nicht nur vorübergehenden Funktionsbeeinträchtigung in ihrer Fähigkeit zur Eingliederung in die Gesellschaft eingeschränkt sind.» Diese Definition hat gravierende Folgen, denn sie bedeutet im Klartext: Die Tatsache, daß ich beispielsweise nicht laufen kann und zum Ausgleich einen Rollstuhl nutzen muß, schränkt mich in meiner Eingliederungsfähigkeit ein. Meine Beeinträchtigung ist dafür verantwortlich, daß ich nicht in die Straßenbahn komme.

Man kann es auch ganz anders sehen: Im Aktionsplan der norwegischen Regierung zur Behindertenpolitik von 1994 findet man folgende Definition: «Behinderung ist die Diskrepanz zwischen den Fähigkeiten eines Individuums und den Funktionen, die ihm in der Gesellschaft abverlangt werden. Dies bezieht sich auf alle Gebiete, die wesentlich für die Selbstbestimmung und ein Leben in der Gemeinschaft sind.» Und daraus folgt dann: Die Tatsache, daß die Straßenbahn zu hohe Stufen hat, schränkt meine Fähigkeit zur Eingliederung in die Gesellschaft ein; die Straßenbahn muß also zugänglich gemacht werden.

Das Forum behinderter Juristinnen und Juristen in der BRD definiert (1995) Behinderung ebenfalls konsequent um: «Eine Behinderung ist jede Maßnahme, Struktur oder Verhaltensweise, die Menschen mit Beeinträchtigungen Lebensmöglichkeiten nimmt, beschränkt oder erschwert.» In diesem Sinne sind behinderte Menschen Individuen mit körperlichen, geistigen und seelischen Beeinträchtigungen, denen aufgrund von nicht entwickelten gesellschaftlichen Strukturen Entfaltungsmöglichkeiten genommen werden. Behindert *ist* man also nicht, behindert *wird* man: durch die «Gesellschaft der Behinderer»!

Von offener und struktureller Diskriminierung

Eine weitere Begriffsklärung ist zum Begriffspaar «Benachteiligung/Diskriminierung» notwendig, die laut Knaurs Lexikon der sinnverwandten Wörter synomym verwendet werden können. Unter Diskriminierung versteht man ganz generell laut Fremdwörterduden «1. Herabsetzung, Herabwürdigung, 2. unterschiedliche Behandlung».

Nun wird oft eingewendet, daß der Begriff der «Diskriminierung» zu negativ für deutsche Ohren klinge. Im anglo-amerikanischen Sprachraum sei er ja durchaus verwendbar, aber für Deutschland nicht passend. Und wenn man schon um das «böse» Wort nicht herumkam, dann sprachen die Politikerinnen und Politiker lieber davon, daß sich jemand «diskriminiert fühlt» (und nicht «diskriminiert wird»). Politisch bedeutet dies aber nichts anderes, als die eigene Verantwortlichkeit zu leugnen und den Betroffenen ein lediglich individuelles «Gefühl» zu unterstellen.

Fächert man den Diskriminierungsbegriff nun weiter auf, so werden in der Literatur die Formen von offener bzw. direkter Diskriminierung und die der strukturellen Diskriminierung unterschieden. Unter *direkter Diskriminierung* sind zum Beispiel Herabwürdigungen, Ausgrenzungen, Vorurteile zu verstehen, die sich von Hänseleien und Verspottungen bis zu wüsten Beschimpfungen wie «Du blöder Spasti!» oder «Dich Krüppel nehme ich in meinem Bus nicht mit!» äußern können. Herabsetzungen wie den Rausschmiß aus Lokalen oder direkte gewalttätige Übergriffe sowie das Inbrandsetzen von Behinderteneinrichtungen gehören auch hierher.

Versteckter ist die Gewalt, die in Gesetze und Verordnungen geronnen oder durch Unterlassung entstanden ist. Dies sind die *strukturellen* beziehungsweise *indirekten Diskriminierungen*. Da kann die Busfahrerin noch so freundlich sein: Wenn sie einen Bus mit hohen Stufen steuert, der Fahrgäste im Rollstuhl von der Beförderung ausschließt, so ist dieser Bus eine Form von Gewalt.

Dieser Diskriminierungsbegriff wird durch einige juristische Festlegungen aus jüngster Zeit noch verdeutlicht: In der Rechtsprechung der USA, in denen es seit den 70er Jahren eine Antidiskriminierungsgesetzgebung gibt, die 1990 mit dem ADA (Americans with Disabilities Act) ihren bisherigen Höhepunkt erreichte, wurde ausdrücklich festgelegt, daß eine Diskriminierung nicht nur ein Tun ist, sondern auch ein Unterlassen sein kann. Dies bekam ein kalifornischer Restaurantbesitzer zu spüren, der schließen mußte, weil er den Auflagen eines Gerichtsbeschlusses nicht nachkam, sein Lokal zugänglich zu machen.

In einem Kommentar zu den bereits erwähnten UN-Standardregeln stellt die Juristin Theresia Degener fest: «Das in den Regeln festgeschriebene Konzept der Gleichberechtigung lehnt nicht allein direkte und offene Formen von Diskriminierung aufgrund einer Behinderung ab. Auch alle relativ subtilen Formen, die unter dem Ausdruck ‹Verweigerung zumutbarer Anpassung› zusammengefaßt werden können, fallen darunter. Das wohl bekannteste Beispiel für eine solche Haltung ist die Geschichte vom Schuldirektor, der behinderten Schülern den Zugang verweigert, indem er die Räumlichkeiten mit Absicht in einem baulich unzugänglichen Zustand beläßt.»

Das bereits erwähnte Forum der behinderten Juristinnen und Juristen hat den Begriff der Diskriminierung (1995) deshalb wie folgt gefaßt: «Eine Diskriminierung liegt vor, wenn Menschen wegen ihrer Beeinträchtigung in der Entfaltung ihrer Persönlichkeit, der gleichberechtigten Teilhabe am Leben in der Gesellschaft oder in ihrer selbstbestimmten Lebensführung behindert oder benachteiligt werden.»

Auf dem Weg zu einer Menschenrechtspolitik

So viele Gestalten Diskriminierung annehmen kann, so viele Möglichkeiten gibt es auch, dagegen anzugehen. Nicht gegen jedes Vorurteil ist eine Beschwerde vor dem Verfassungsgericht möglich oder sinnvoll. Manchmal helfen auch relativ einfache Maßnahmen, wie ein Beispiel aus dem Nachbarland Österreich zeigt: Hier wurde am 12. Juni 1997 die neue Gewerbeordnung der Stadt Wien beschlossen, die jetzt einen Antidiskriminierungspassus enthält. Wenn nun ein Gastwirt Menschen wegen ihrer Beeinträchtigung aus seinem Lokal ausschließen will, muß er mit einer Geldstrafe rechnen und im Wiederholungsfall mit dem Entzug der Gewerbeberechtigung.

Maßnahmen gegen Diskriminierung kann und muß jede Körperschaft, jede Kommune, jeder Kreis, jedes Land und auch der Bund einleiten.

In der Bundesrepublik Deutschland stehen wir erst am Anfang des Prozesses, in dem aus der «Gesellschaft der Behinderer» eine offene

Gesellschaft für alle wird. Wichtig für den Weg dorthin ist es zunächst, Diskriminierungen zu erkennen, zu benennen und öffentlich zu machen. Darauf aufbauend können Maßnahmen wie Kampagnen, Boykotte, Antidiskriminierungsregelungen erfolgen. Mit diesem Buch ist es erstmals gelungen, verbands- und behinderungsübergreifend eine Vielzahl von alltäglichen Benachteiligungen der rund zehn Millionen behinderten Menschen in der Bundesrepublik zusammenzustellen und zu veröffentlichen.

Karl-Josef Mittler/Heike Zirden

Eine Kampagne? Eine Kampagne!

Warum es die «Aktion Grundgesetz» gibt

«Diese Kampagne könnte ich keinem unserer Kunden empfehlen!» Die Mitgeschäftsführerin einer der größten Sponsoring-Agenturen Deutschlands, die Sponsoring-Konzepte für Großkonzerne entwickelt und umsetzt, war während der Präsentation der geplanten «Aktion Grundgesetz» zunehmend einsilbig geworden. Begründungen für ihre Ablehnung gab sie keine, aber das erübrigte sich auch mit ihrer Empfehlung: «Machen Sie doch was mit Kindern. Das kommt immer gut an.» Eine solche Argumentation ist für die Aktion durchaus nicht neu. Vor drei Jahren, die Aktion Sorgenkind-Lotterie befand sich gerade in einem wirtschaftlichen Tief, lautete ein beliebter Ratschlag: «Machen Sie doch was in Umwelt, das bringt Quoten. Behinderte sind einfach out.»

Nicht nur «out», sondern «mega-out» zu sein bekommen behinderte Menschen und die Organisationen der Behindertenhilfe und -selbsthilfe immer wieder zu spüren. Daß sich Nachbarn gegen geplante Wohnungen und Häuser von oder für geistig, körperlich oder psychisch behinderte Menschen in ihrer Nähe zu Bürgerinitiativen zusammenschließen, daß sich in Kindergärten und Schulen Eltern gegen die gemeinsame Erziehung ihrer Sprößlinge mit behinderten Kindern auflehnen, daß Arbeitgeber eine Senkung der Pflichtquote von schwerbehinderten Mitarbeitern fordern, daß Eltern, die erfahren, daß sie ein behindertes Kind erwarten, dieses fast immer abtreiben wollen: Dies alles ist Ausdruck davon, wie aktiv behinderte Menschen in Deutschland von der Teilnahme am öffentlichen Leben ausgeschlossen, wie sehr sie in die Rolle von «Out»-sidern gedrängt werden. Die vielfältigen Beispiele, die in diesem Band zusammengetragen wurden, sind allen geläufig, die sich in der Szene behinderter Menschen und ihrer «Helfer» bewegen.

Mehr als dreißig Jahre Wirken der Aktion Sorgenkind, die intensive Öffentlichkeitsarbeit von Behinderten- und Wohlfahrtsverbänden, von Selbsthilfegruppen und engagierten Einzelpersonen, von Autoren und Autorinnen, Filmemachern und Filmemacherinnen, Schriftstellern und Schriftstellerinnen haben offensichtlich wenig bewirkt. Der Journalist Peter Mand formulierte im vergangenen Jahr die provokante Frage: «Warum haben es Hunderte betroffener Schreibender in den letzten Jahren nicht vermocht, in den Köpfen der Allgemeinheit wenigstens eine Botschaft unterzubringen: Daß das Leben durch eine Behinderung nicht seinen Sinn verliert? Wenn diese eine Aussage nicht ankommt, welchen Sinn machen dann die anderen?» Die Antwort des querschnittgelähmten Journalisten ist einfach: «Das Dilemma, vor dem wir stehen, lautet: Die Aussagen, die uns so wichtig sind, kommen bei der Bevölkerung nicht an. Nicht nur, daß sie damit vielfach nicht einverstanden wäre, sie versteht erst gar nicht, worum es sich handelt oder, noch schlimmer: Es ist ihr völlig schnurz.»

Dieses Nichtwissen – ist es Distanz, Ignoranz? – spiegelt sich auch in der Kenntnis der Verfassungsergänzung von 1994. Eine repräsentative Blitzumfrage, von der Aktion Sorgenkind im Februar bei OmniQuest in Auftrag gegeben, förderte bestürzende Ergebnisse zutage: Auf die Frage: «Ist Ihnen der Satz: ‹Niemand darf wegen seiner Behinderung benachteiligt werden› bekannt? Wissen Sie, wo er steht?» konnten 79 Prozent der Befragten keine oder nur eine falsche Antwort geben. Gar im Promille-Bereich bewegten sich die zutreffenden Antworten auf die Frage: «Wissen Sie, seit wann dieser Satz in der Verfassung steht?» (Alle Antworten ab 1990 wurden dabei als «richtig» gewertet.)

Die Verfassungsergänzung, von Behindertenverbänden mit großem Nachdruck gefordert und 1994 endlich durchgesetzt, hat die Bevölkerung offensichtlich nicht erreicht, obwohl die problematische Lebenssituation behinderter Menschen prinzipiell bekannt ist. Auf die Frage: «Wenn Sie einmal an die Möglichkeiten behinderter Menschen in Deutschland denken – für wie behindertenfreundlich halten Sie Deutschland hinsichtlich öffentlicher Verkehrsmittel, Arbeits- und Wohnmöglichkeiten, Bauvorschriften und so weiter insgesamt gesehen?» äußerten sich nur 26 Prozent positiv; fünf Prozent beurteilten Deutschland als «sehr», 21 Prozent als «ziemlich behindertenfreundlich». Als «weniger behindertenfreundlich», «behindertenunfreundlich» oder gar «behindertenfeindlich» charakterisierten 71 Prozent der Befragten die Lage in Stadt und Land.

Noch skeptischer werden die Deutschen, wenn es um den zwischenmenschlichen Bereich geht: «Was glauben Sie, inwieweit werden behinderte Menschen von nichtbehinderten allgemein als gleichberechtigt akzeptiert?» fragten die Interviewer, und nur 19 Prozent glaubten hierzu positiv Stellung nehmen zu können. («Völlig gleichberechtigt»: 4%, «weitgehend gleichberechtigt»: 14%, «teils gleichberechtigt/teils nicht: 52%, weitgehend nicht gleichberechtigt: 24%, überhaupt nicht gleichberechtigt: 3%.)

Das Beispiel «Verfassungserweiterung» machte es besonders deutlich: Während das Thema über Monate die Gemüter der Beteiligten erregte und in den Publikationen der Verbände breiten Raum einnahm, kam in der Öffentlichkeit davon nichts an.

Aus diesen Überlegungen entstand die Idee der «Aktion Grundgesetz». Ihr liegt die Vision zugrunde, behinderten Menschen im allgemeinen Kauderwelsch der Superlative und Glücksversprechen endlich Gehör zu verschaffen. Hierzu bedarf es einer Kommunikation, die es an Intensität mit den Werbe-Feldzügen der Wirtschaft aufnehmen kann.

Als Initiatorin einer solchen Aufklärungs- und Aktionskampagne kam die Aktion Sorgenkind aus verschiedenen Gründen in Betracht: Durch ihre langjährige Erfahrung im Lotterie-Marketing verfügte sie über Kommunikationserfahrung und -kompetenz. Der finanzielle Hintergrund der Aktion-Sorgenkind-Lotterie garantierte die Durchführung der Kampagne auch bei einem Scheitern des Sponsoring-Konzepts, so daß Planungssicherheit bestand. Die hohe Bekanntheit der Aktion in der Bevölkerung garantierte von vornherein ein gewisses Maß an Aufmerksamkeit und Sympathie auch in Bevölkerungskreisen, die sich sonst vielleicht nicht angesprochen fühlen würden, und schließlich: Die Unabhängigkeit von staatlichen Mitteln einerseits und der konsequente Pluralismus gegenüber den Organisationen und Verbänden der Behindertenhilfe und -selbsthilfe andererseits konnten die Grundlage für ein großes Aktionsbündnis bilden. Die Aktion Sorgenkind könnte den Verbänden eine kommunikative Plattform bieten, auf der dann alle Organisationen ihre Themen und Forderungen in den öffentlichen Raum kommunizieren können. Die Aktion Sorgenkind betrachtet sich als «Verstärker» für das, was in den Verbänden ohnehin diskutiert wird.

Nur: Diese Rolle war für die Aktion Sorgenkind neu. Hatte sie über mehrere Jahrzehnte die Arbeit der Behindertenhilfe und -selbsthilfe hauptsächlich durch finanzielle Zuwendungen getragen, so forderte das Kampagnen-Konzept, diese Prinzipien auf Kommunikation zu übertragen. Würde dies gelingen? Und: Würden die Verbände der Aktion Sorgenkind, die bisher keine unmittelbar politische, wohl aber eine machtvolle gesellschaftspolitische Rolle spielte, die Initiierung einer «Aktion Grundgesetz» zugestehen? Und schließlich: Wenn die Aktion Sorgenkind eine Kommunikations-Kampagne im wahrsten Sinne des Wortes «anzetteln» (d. h. plakatieren) wollte, dann müßte sie auch selbst in die Kommunikation eintreten, auch mit denjenigen Verbänden, die ihr skeptisch gegenüberstehen.

Um es abzukürzen: Nach einjähriger Vorbereitungszeit, nach unendlich vielen Diskussionen in Einzelgesprächen, kleineren und größeren Kreisen gelang das kaum für möglich Gehaltene: ein Aktionsbündnis von rund neunzig bundesweit arbeitenden Organisationen der Behindertenhilfe und -selbsthilfe. Die Aktion Sorgenkind trat dabei, soweit es möglich und sinnvoll war, hinter das Thema zurück. So in einem Akt, der jedem Markenartikler als Sakrileg erscheint: Das Zur-Verfügung-Stellen des Aktion-Sorgenkind-Logos, das für die Kampagne zur «Aktion Grundgesetz» mutiert.

Auf einer großen Tagung im Bonner «Springmaus»-Theater wurde die «Aktion Grundgesetz» allen bundesweit arbeitenden Organisationen präsentiert. Die verschiedenen Teilbereiche der geplanten Kampagne wurden in Workshops diskutiert. Dabei ergaben sich bereits wichtige Ansätze für eine Optimierung der vorgeschlagenen Anzeigen-Motive. So wurde beispielsweise die stärkere Betonung der besonderen Situation behinderter Frauen sowie von Menschen mit geistiger oder nicht sichtbaren Behinderungen beschlossen. Alle Organisationen hatten mehrere Monate Zeit, Vorschläge für Anzeigen-Slogans, für Zitate unterhalb der Anzeigenüberschriften, für Aktionsmittel, Aktionen, Veranstaltungen und Fachtagungen und für das Buch zur Kampagne einzureichen. Die schwierige Arbeit der Aktion Sorgenkind bestand darin, die Balance zu halten zwischen größtmöglicher Beteiligung der Verbände einerseits und größtmöglicher Professionalität und Wirkkraft nach außen andererseits. So entstanden 12 Anzeigenmotive, die von Oktober bis Dezember in großen Publikumszeitschriften erscheinen, es entstanden sechs Plakatmotive, die im Oktober und November jede zwölfte Plakatwand in Deutschland zieren, es entstanden 125 verschiedene Plakate, Buttons, Postkarten, Aufkleber, Bierdeckel, Aktionskärtchen und Briefaufkleber, die an geeigneten Stellen Diskriminierung und Benachteiligung kennzeichnen, es entstand ein umfangreiches Rahmenprogramm an Aktionen, Veranstaltungen und Fachtagungen, die in der Verantwortung der beteiligten Verbände bis Juni 1998 durchgeführt werden. Und es entstand dieses Buch.

Die gesamte Konzeption und Weiterentwicklung der «Aktion Grundgesetz»-Kampagne hat die Aktion Sorgenkind durch Meinungsforschung begleitet. Eine repräsentative Emnid-Umfrage befaßte sich mit den geplanten Anzeigen und Aktionsmitteln. Die positiven Ergebnisse überraschten selbst die überzeugtesten Kampagnen-Befürworter: Von den über 1000 Befragten in Ost und West bewerteten 80,3 Prozent der Befragten die vorgelegte Kampagne mit «ziemlich gut» oder «sehr gut». 84,5 Prozent fanden, die Kampagne sei notwendig, für «wichtig» hielten sie sogar 87,2 Prozent. Auffallend dabei ist, daß es kaum signifikante Abweichungen bei den Parametern Geschlecht, Alter, Bildung etc. gibt.

Als stärkstes Motiv qualifizierte sich das Anzeigenmotiv «Die Würde des Menschen ist antastbar». Auffallend war hier eine besondere Zustimmung durch ältere Menschen, die in dem Motiv offenbar auch eigene Erfahrungen gespiegelt sehen.

Die hohe Sympathie der Menschen für die Kampagne hängt mit dem Wunsch zusammen, sozialen Themen dezidierter Gehör zu verschaffen. Für viele Menschen ist die Kampagne eine wohltuende Ausnahmeerscheinung in einer Gesellschaft, in der die politischen Botschaften in Inhalt und Aufmachung den Botschaften der Werbung oft zum Verwechseln ähnlich sehen.

Wir haben uns nicht an den freundlichen Rat der eingangs zitierten Sponsoring-Fachfrau gehalten. Eine Institution wie die Aktion Sorgenkind kann ihre Visionen und Ziele nicht mit der Mode ändern. Statt dessen haben wir die Kampagne selbst einer Reihe großer Wirtschaftsunternehmen vorgestellt und dabei interessante und interessierte Manager kennengelernt, die dem Anliegen der «Aktion Grundgesetz» mit überraschender Aufgeschlossenheit gegenüberstanden. So ist die Kampagne Gegenstand einiger Vorstandssitzungen geworden. Dennoch hat es für diesmal nicht gereicht: Vor dem Risiko, eine Kampagne zu sponsern, an deren hohem ethischem Maßstab möglicherweise auch die Unternehmen selbst gemessen werden könnten, schreckten letzten Endes doch (noch?) alle zurück. Einzig die Zeitschrift *Stern* konnte sich zu einem umfangreichen Sponsoring entschließen.

Ihnen, der Mitgliederversammlung der Aktion Sorgenkind, dem beeindruckenden, von vielen nicht für möglich gehaltenen Aktionsbündnis und vielen engagierten Menschen in den unterschiedlichen Verbänden, ist es zu verdanken, daß diese «Aktion Grundgesetz» Wirklichkeit wurde.

Die Aktion Grundgesetz

Aus der Vielzahl der Gespräche und Diskussionen kristallisierte sich eine Aufklärungs- und Aktionskampagne heraus, die aus folgenden Elementen besteht:

1. Die **Aufklärungskampagne**, die von Oktober bis Dezember 1997 zwölf zentrale Aussagen über Print-Anzeigen und Großflächenplakate bundesweit thematisiert. Die neongrünen Motive werden durchgängig im *stern* sowie anderen reichweitenstarken Zeitschriften und Zeitungen zu sehen sein. Für besondere Aufmerksamkeit werden sechs Plakatmotive sorgen, die Mitte Oktober und Mitte November auf jeder 12. Plakatfläche erscheinen. Ziel der Aufklärungskampagne ist es, die Bevölkerung bundesweit für das Anliegen von Artikel 3 Abs. 3 des Grundgesetzes: «Niemand darf wegen seiner Behinderung benachteiligt werden» zu sensibilisieren.

2. Die vielfältigen **Aktionsmittel**, insgesamt mehr als 120 Motive, die von den beteiligten Verbänden und Organisationen entwikkelt wurden und kostenlos bestellt werden können, sollen konkret auf bestehende Problempunkte hinweisen und die Vielfalt existierender Diskriminierungen aufzeigen (siehe den Tafelteil dieses Buches).

3. Die **PR-Initiative** wird die in der Aufklärungskampagne gezeigten Themen aufgreifen und mittels Pressemitteilungen, Hörfunkbeiträgen und einer kontinuierlichen Berichterstattung in der ZDF-Sendung «Mach mit» (Samstag 17.45 Uhr) inhaltlich vertiefen. Darüber hinaus werden im Internet regelmäßige Diskussionsformen, ein «Logbuch» der Kampagne (ab dem 29. September) und ein Newsletter per e-mail angeboten. Unter der Home-

page «http:/www.aktion-sorgenkind.de/grundgesetz/» können aktuelle Informationen zur Kampagne abgerufen werden.

4. Mit dem **Kampagnenbuch** *Die Gesellschaft der Behinderer* wird die große Vielfalt der inhaltlichen Anliegen in bezug auf die Gleichstellung behinderter Menschen deutlich. Die Differenzen zwischen Verfassungsanspruch und der Lebenswirklichkeit behinderter Menschen wird aus Sicht der beteiligten Verbände und Organisationen dargestellt. Das Buch soll anregen zur Diskussion, die sich im gesellschaftlichen und politischen Raum entfalten soll. Auch das Buch bietet nicht nur Information, sondern ruft auf zur AKTION: mittels ausgewälter Aktionsmittel, die kostenlos angefordert werden können, und mittels einer Solidaritätspostkarte, die herausgetrennt und verschickt werden kann.

5. Die **Aktions-Veranstaltung** am 15. November 1997 in Berlin soll durch außergewöhnliche kulturelle Beiträge und interessante Talkrunden wichtige Akzente in der Öffentlichkeit setzen. Die Aktions-Veranstaltung wird von Bundespräsident Roman Herzog eröffnet.

6. Die beteiligten Verbände und Organisationen werden durch vielfältige **Aktionen, Veranstaltungen und Fachtagungen** für ein fundiertes «Rahmenprogramm» sorgen. Bis Juni 1998 werden in ganz Deutschland die unterschiedlichsten Aktionen gestartet.

DIE WÜRDE DES MENSCHEN IST ANTASTBAR.

„Die denken, ich kann nicht denken. Aber nicht mein Kopf ist spastisch gelähmt, sondern mein Körper“ (Arne Maiwald). „Im Heim wird mir vorgeschrieben, wann ich zu Bett gehen, wann ich nach Hause kommen, was ich zu essen habe. Darauf, wie ich gewaschen, angezogen und gehoben werde, habe ich kaum Einfluß“ (Roman Deserno). „Es regt mich auf, wenn wir Stotternden in Filmen als dumm und tolpatschig dargestellt werden. Als ob Stottern etwas mit Intelligenz zu tun hätte“ (Konrad Schäfers).

„Niemand darf wegen seiner Behinderung benachteiligt werden.“ (Art. 3 Abs. 3 Grundgesetz)

Eine Initiative
der Aktion Sorgenkind und
85 Verbänden und Organisationen
der Behindertenhilfe
und -selbsthilfe.

http://www.aktion-sorgenkind.de/grundgesetz/

Aktion
GRUND
GESETZ

Sigrid Arnade

Deutschland im Herbst 1997: Gewalt hat viele Gesichter

«Schläge gegen Blinde, Terror gegen Behinderte»; «Sechs Verletzte bei Brand in Behindertenwohnheim»; «Behinderte sexuell mißbraucht»; «Das Essen gestrichen und in den Kerker gesteckt» – solche Zeitungsüberschriften sind schon fast alltäglich geworden. Noch alltäglicher, aber auch diskriminierend sind die vielfältigen Formen der strukturellen Gewalt, die in Gesetze oder Verordnungen geronnen sind oder sich einfach in einer Unterlassung äußern. Hier einige Beispiele:

- Als eine rollstuhlfahrende Frau mit dem Zug von Köln nach Hannover fahren will, fehlt beim Intercity der Wagen mit der Behindertentoilette. Der Schaffner zuckt die Achseln. Die Frau schafft es, bis Hannover einzuhalten. Da es dort im Bahnhof aber nur eine Behindertentoilette für extrem schmale Rollstühle gibt, sitzt sie schließlich doch im Nassen.
- Ein geistig behindertes Paar, das in einer Werkstatt für Behinderte arbeitet und in einem Wohnheim lebt, will heiraten. Der Standesbeamte lehnt dies ab.
- Eine behinderte Frau bucht über Neckermann-Reisen einen 14tägigen Urlaub an der Nordsee. Als sie anreist, läßt man sie nicht ins Hotel mit der Begründung, man wolle keine Behinderten.
- Eine Gruppe körper- und geistigbehinderter junger Leute will in eine Disco in einem esoterischen Zentrum in Berlin. Dort kann man auf Auslegeware barfuß tanzen. Die Gruppe wird nicht hereingelassen. Begründung: Die Rollstuhlreifen sind unhygienisch, und so viele Behinderte verbreiten «bad vibrations».
- Ein körperbehindertes Ehepaar will an einem Nachmittag im Hochsommer seinen Sohn ins Freibad begleiten. Sie werden nicht hereingelassen: «Behindertenschwimmen ist morgens von 10.00 bis 12.00 Uhr», heißt es.
- Eine alleinerziehende behinderte Mutter bekam vom Sozialamt für ihr Auto eine Betriebsmittelpauschale von 82 Mark monatlich. Sie braucht das Auto, um ihr Kind täglich zum Kindergarten zu bringen.

Das Geld wird ihr gestrichen, als sie die Berechtigung erhält, den örtlichen Fahrdienst zu benutzen. Dieser kann aber nicht ihre Bedürfnisse abdecken. Als sie sich an den zuständigen Behindertenbeauftragten wendet, bekommt sie zu hören: «Das hätten Sie sich überlegen sollen, ehe sie sich ein Kind anschafften.»

- Ein nichtsprechender behinderter Mann kann mittels eines im Computer installierten Spracherkennungssystems kommunizieren. Also beantragte er die Kostenübernahme für dieses System bei der Krankenkasse. Der Antrag wird abgelehnt, der Mann legt Widerspruch ein. In einem Brief der Krankenkasse an den Medizinischen Dienst, der zur Beurteilung herangezogen wird, wirft die Krankenkasse die Frage auf, ob denn das Bedürfnis nach schriftlicher Kommunikation überhaupt ein Grundbedürfnis behinderter Menschen sei.
- Am Ende ihrer Ehe will sich eine Frau einige Tage ausruhen und bittet um ein Krankenhausbett. Sie wird in eine Nervenklinik eingewiesen. Bald erkennt sie den Irrtum und will wieder weg – keine Chance. Statt auf ihren Wunsch einzugehen, werden ihr unter Zwang Psychopharmaka verabreicht.
- Ein sechsjähriger Junge aus Niedersachsen hat keine Zeit mehr zum Spielen: Eine integrative Beschulung wurde ihm verwehrt, so daß er die 20 Kilometer entfernte Sonderschule besuchen muß. Täglich ist er neun Stunden außer Haus und hinterher zu müde, um mit Freunden zu spielen.
- Eine heute 29jährige spastisch gelähmte Frau wurde als Kind von der Mutter mißhandelt, vom Vater sexuell ausgebeutet. Beim Prozeß gegen den Vater brüllte der Richter die Frau an, die dann nicht mehr den Mut fand, gegen den eigenen Vater auszusagen. Der Vater wurde freigesprochen.
- Eine Rollstuhlfahrerin möchte sich den Film «Das Leben ist eine Baustelle» ansehen. Im Kino ist aus «versicherungsrechtlichen Gründen» niemand bereit, ihr über wenige Stufen ins Souterrain zu helfen. Eine Weile kämpft sie, dann verläßt sie frustriert das Kino. «Das war sehr entwürdigend», sagt sie.
- Ein blinder Mann steigt mit seinem Führhund in einen Doppeldeckerbus. Da unten alle Plätze besetzt sind, er aber erschöpft ist und sich setzen will, geht er nach oben. Der Busfahrer ruft ihn zurück: «Hunde dürfen nicht nach oben.» An der nächsten Haltestelle verläßt der Mann den Bus.

- Eine assistenzabhängige 54jährige Frau muß vormittags im Bett lesen oder fernsehen. Denn der Pflegedienst, der ihr aus dem Bett hilft, kommt erst mittags. Abends wird sie spätestens gegen 20 Uhr wieder zu Bett gebracht. «Ich bin entmündigt», sagt sie. «Abendliche Aktivitäten gibt es für mich nicht mehr, weil mir dann niemand mehr ins Bett hilft.»

Deutschland im Herbst 1997. Menschenrechtsverletzungen der verschiedensten Art prägen den Alltag behinderter Menschen. Seit knapp 50 Jahren ist laut bundesdeutscher Verfassung die Würde des Menschen unantastbar, seit drei Jahren heißt es im Grundgesetz, Artikel 3, Absatz 3: «Niemand darf wegen seiner Behinderung benachteiligt werden.» Die Realität sieht für behinderte Menschen jedoch ganz anders aus. Ihre Würde wird immer wieder angetastet. Auch seit der Grundgesetzergänzung vor drei Jahren haben sich ihre Lebensbedingungen nicht verbessert, sie sind im Gegenteil durch den allgegenwärtigen Sozialabbau schlechter geworden.

Für viele Politiker sind behinderte Bürgerinnen und Bürger schon lange nur noch Kostenfaktoren, für Humangenetiker sind sie Existenzen, die es zu vermeiden gilt. Die tätlichen Übergriffe meist rechtsradikaler Jugendlicher auf behinderte Menschen sind nur die Spitze des Eisbergs. Eventuell meinten diejenigen, die Anfang der neunziger Jahre einen geistig behinderten Jungen mit Benzin überschütteten und anzündeten, sie führten nur aus, was ohnehin viele denken. Der tätlichen Gewalt liegen die vielfältigen Formen der strukturellen Gewalt zugrunde, die behinderte Menschen ausschließen, diskriminieren, entmündigen. Daran hat sich im Laufe der Jahrhunderte im Grundsatz wenig geändert.

Gewalt gegen behinderte Menschen zeigt sich in einem weiten Spektrum: manchmal nur als ärgerliches Vorkommnis, meist als entmündigende Fremdbestimmung, und unter Umständen bedroht und vernichtet sie die Existenz der Betroffenen. Die verschiedenen Ausprägungen gehen letztlich auf eine Wurzel zurück: die Angst der Menschen vor eigener körperlicher, seelischer oder geistiger Beeinträchtigung und daraus folgend die Ablehnung und Abwehr behinderten Lebens. Deshalb wurden und werden behinderte Menschen als Objekte entmündigt. Unter der NS-Diktatur gipfelte die Menschenverachtung in der massenhaften Vernichtung behinderten Lebens. Nach 1945 endete zwar die existentielle Bedrohung, geblieben aber ist der Objekt-Status der Betroffenen.

Inzwischen sind mehr als fünf Jahrzehnte der fürsorglichen Entmündigung vergangen. Strukturen und Institutionen sind gewachsen, die entscheiden, was für behinderte Menschen gut, wichtig und richtig ist. Nach ihren Bedürfnissen und Wünschen werden die Betroffenen zwar immer häufiger, aber immer noch viel zu selten gefragt. Sogenannte Fachleute maßen sich an, die Bedürfnisse der «zu Betreuenden» besser beurteilen zu können, und treffen Entscheidungen über die Köpfe der Betroffenen hinweg. Wenn behinderte Frauen und Männer so selbstbestimmt leben wollen, wie es für andere Leute selbstverständlich ist, dann bedeutet das nicht nur den großen Befreiungsschlag, sich aus Einrichtungen zu lösen, sondern tagtäglich Kampf.

Dabei ist die entmündigende Verwaltung behinderter Menschen teuer. Wolfgang Klammer, Fachreferent bei der Bundesvereinigung Lebenshilfe für geistig behinderte Menschen e. V., Marburg, erläutert: «In Dänemark gab es vor einigen Jahren eine Berechnung, die besagte, daß in der Bundesrepublik etwa 40 Prozent einer Mark auf dem Verwaltungswege verlorengehen. Dieses Geld kommt nicht den behinderten Menschen zugute. In Dänemark geschieht dasselbe nur mit rund 20 Prozent der Geldmittel.» Dafür können die Betroffenen dort selbstbestimmter entscheiden, wie und wofür sie ihr Geld ausgeben wollen.

Solange behinderte Menschen als Objekte entmündigt und ausgegrenzt werden, so lange haben strukturelle und tätliche Gewalt gegen sie eine Basis. Das gilt es zu verändern. Behinderte Menschen müssen endlich als Subjekte, als gleichberechtigte Bürgerinnen und Bürger dieselben Menschenrechte erhalten wie alle anderen Frauen und Männer auch. Ein erster Schritt in diese Richtung war die Grundgesetzergänzung 1994. Jetzt muß der Verfassungsauftrag umgesetzt werden, damit auch die Würde behinderter Menschen nicht mehr angetastet wird. Der Gesetzgeber ist aufgerufen, durch einzelgesetzliche Gleichstellungsbestimmungen den Verfassungsanspruch mit Leben zu erfüllen. Nur so kann den vielfältigen Formen der Gewalt allmählich der Boden entzogen werden.

Dann werden die Zeitungen immer seltener über rechtsextremistische Übergriffe auf behinderte Menschen zu berichten haben; dann wird es für alle Fahrgäste in jedem Zug möglich sein, die Toilette zu benutzen; dann kann niemand niemandem mehr verbieten zu heiraten;

dann wird kein Hotel, keine Disco sich mehr gegen behinderte Gäste wehren; dann kann jede und jeder jederzeit schwimmen gehen; dann bekommen alle die Unterstützung, die sie brauchen; dann gibt es in der Psychiatrie keinen Freiheitsentzug mehr; dann haben Eltern und Kinder bezüglich der Schulform ein Wahlrecht; dann wird sexuelle Gewalt streng geahndet; dann können alle in alle Kinos und in alle Verkehrsmittel; dann entscheiden assistenzabhängige Menschen selbstbestimmt über ihren Tagesablauf.

Renée Krebs

Biomedizin und Diskriminierungsverbot Behinderter: Ein Spannungsfeld

«Der Arzt soll und darf nichts anderes tun als Leben erhalten, ob es ein Glück oder Unglück sei, ob es Wert habe oder nicht, dies geht ihn nichts an. Und maßt er sich einmal an, diese Rücksicht in sein Geschäft mit aufzunehmen, so sind die Folgen unabsehbar, und der Arzt wird der gefährlichste Mann im Staate. Denn ist einmal die Linie überschritten, glaubt sich der Arzt einmal berechtigt, über die Notwendigkeit eines Lebens zu entscheiden, so braucht es nur stufenweise, um den Unwert und folglich die Unnötigkeit eines Menschenlebens auch auf andere Fälle anzuwenden.»

Christoph Wilhelm Hufeland
in «Anleitung zur medizinischen Praxis», 1836

«Das grauenvolle apallische Syndrom»: Wachkomapatienten als Forschungsobjekt und Explantationskandidaten

In der Bundesrepublik wird seit einigen Jahren eine kontroverse Diskussion über die Möglichkeit zu fremdnütziger Forschung an einwilligungsunfähigen Menschen geführt. Zwei Personengruppen stehen in der Reihe derer, die «beforscht» werden sollen, im Vordergrund: Altersdemente Menschen und Komapatienten.

Barbara M. kehrt im August 1989 von einer Urlaubsreise aus dem Ausland zurück. Sie hat sich dort mit einem Virus infiziert und fällt ins Koma. Nach dreijährigem Verharren im Wachkoma erwacht sie und lernt in einem zweijährigen Rehabilitationsprozeß wieder laufen und sprechen. Heute läßt sie sich an einer Gymnastikschule zur Gymnastiklehrerin ausbilden.

Barbara M. ist eine derjenigen, die, wie ein führender Neurologe der Bundesrepublik, Prof. Dr. Einhäupl von der Charité Berlin, sagt, am «grauenvollen apallischen Syndrom» gelitten haben. Für Einhäupl und andere Mediziner steht fest: Forschung an Menschen, die im Koma liegen, und Menschen, die am apallischen Syndrom leiden, ist sinnvoll und nötig, auch wenn sie den Betroffenen nicht hilft und mit Risiken für sie verbunden ist. Menschen im Wachkoma werden als empfindungslose menschliche Hüllen angesehen: «Kein Mensch hat bei den Zuständen, von denen ich spreche, irgendeine Vorstellung über das, was der Patient noch empfindet, und aller vernünftigen Wahrscheinlichkeit nach ist das nichts mehr.» (Prof. Hans-Bernhard Wuermeling, Rechtsmediziner)

Einhäupl führte anläßlich einer Anhörung im Berliner Abgeordnetenhaus im April 1997 zur Frage, ob fremdnützige Forschung an Einwilligungsunfähigen (und hierzu gehören Wachkomapatienten) zulässig sei, aus: «Es geht darum, mit komatösen Patienten klinische Studien durchzuführen, die theoretisch auch geeignet sind, das Leben eines komatösen Patienten zu verkürzen und ihm Schaden zuzufügen.» Wer wie Prof. Einhäupl für die fremdnützige Forschung, das heißt für solche Forschungseingriffe an Komapatienten plädiert, die nicht zum gesundheitlichen Nutzen der Betroffenen sind, instrumentalisiert diese Menschen und mißachtet ihre Würde.

In bezug auf Menschen im Wachkoma hat sich in den vergangenen Jahren eine Position herausgebildet, die ganz im Gegensatz zur Meinung von Einhäupl von folgendem ausgeht: Menschen im Wachkoma sind weder unheilbar Sterbende noch (Teil-)Hirntote, sondern Schwerstkranke. Ein Koma kann ein Stadium im Sterbeprozeß, aber auch Ausgangspunkt neuen, anderen Lebens und der Wiedergewinnung von Autonomie und neuer Identität sein. Eine sichere Diagnose oder Verlaufsprognose des Wachkomas scheint im Einzelfall praktisch nicht möglich zu sein. Trotzdem wollen sich Ärzte Entscheidungen darüber anmaßen, welche Menschen zu Forschungsobjekten degradiert und welche gar wegen mangelnder «Restitutionschancen» von weiterer Behandlung auszuschließen und somit dem Tod preiszugeben sind. Nicht einmal das in Medizinerkreisen und der Öffentlichkeit umstrittene Kriterium des Hirntodes soll als Voraussetzung für die Aussage «Keine Chance zur Restitution» herangezogen werden.

Die Geschichte von Barbara M., die aus dem Wachkoma in unsere Lebenswelt zurückkehrte, sowie eine Reihe weiterer öffentlich dokumentierter Krankheitsverläufe sind der lebendige Beweis für die sich ständig vergrößernden Heilungschancen bei Wachkomapatienten. Mit modernen Behandlungsmethoden wird heute zwei Dritteln aller Wachkomapatienten aus ihrem Zustand herausgeholfen. Durch Anwendung intensiver Fördermaßnahmen im Rahmen einer Frührehabilitation werden etwa 30 Prozent der schwersthirngeschädigten Patienten wieder selbständig beruflich-sozial integrierbar.

Mit ihrem Eintreten für fremdnützige Forschungseingriffe an einwilligungsunfähigen Personen und dem Plädoyer für einen Behandlungsabbruch bei Wachkomapatienten bewegen sich Einhäupl und andere Mediziner auf der Linie des europäischen Menschenrechtsübereinkommens zur Biomedizin (Bioethik-Konvention). Das Übereinkommen, das bisher von der Bundesrepublik nicht unterzeichnet worden ist, legalisiert in Art. 17 die fremdnützige Forschung an Einwilligungsunfähigen. Bundesdeutsche Kritiker der Konvention lehnen die in Art. 17 vorgesehenen Forschungsmöglichkeiten ab, weil sie einen Angriff auf die Menschenwürde der «Beforschten» darstellen. Die fremdnützige Forschung an Einwilligungsunfähigen widerspricht sowohl Artikel 1 unseres Grundgesetzes: «Die Würde des Menschen ist unantastbar», als auch dem in Art. 2 garantierten Recht auf Leben und körperliche Unversehrtheit.

Komapatienten und die Begehrlichkeit der Transplanteure

Menschen im Koma, vor allem solche, deren Organe nach einem Unfall weitgehend unversehrt geblieben sind, stehen auf der Liste der Organspender ganz oben. 90 Prozent aller Organspender in der Bundesrepublik sind Menschen mit schweren Schädel-/Hirnverletzungen. Mit dem kürzlich im Bundestag verabschiedeten Transplantationsgesetz ist eine Organentnahme auch unter Berufung auf eine zu einem früheren Zeitpunkt abgegebene mündliche Willenserklärung des Betroffenen möglich. Die Nachfrage nach Ersatzorganen durch Kranke ist groß und wird durch die unterschwelligen Verheißungen der Transplantationsmedizin noch erhöht. Das führt dazu, daß Angehörige in Krankenhäusern zur Zustimmung zur Organentnahme gedrängt werden, noch bevor der Hirntod des Betroffenen festgestellt ist.

«Meine Eltern haben gedacht, es wäre Mord am eigenen Sohn (Zustimmen bei Abschalten von Apparaten oder Beendung von Medikamentengabe). Das wäre Mord an mir und von da an, als mir das bewußt geworden ist, hab ich dann versucht, möglichst viel rauszuholen, was rauszuholen ist, wieder zu werden wie vorher.» (Theo Hirschmann in: Not. Zeitschrift des Bundesverbandes Schädel-Hirnpatienten in Not e. V. Heft 4/1996)

Angehörige, die sich ohnehin dadurch, daß ein nahestehender Mensch im Koma liegt, in einer streßbeladenen und emotional äußerst schwierigen Situation befinden, sollen innerhalb von kürzester Zeit über eine Einwilligung zur Organentnahme entscheiden. Der objektiv vorhandene Druck wird zum Teil noch dadurch erhöht, daß Ärzte Angehörigen plastisch vor Augen führen, welche konkrete Person auf ein Spenderorgan wartet, und die Chancen des Komapatienten auf eine Rückkehr ins bewußte Leben klein reden. Es sind Fälle bekannt, in denen Angehörige vor einer Einwilligung zur Explantation die ärztliche Feststellung des Hirntodes forderten mit der Konsequenz, daß der schon auf eine mögliche Organentnahme vorbereitete Patient, bei dem der Hirntod offenbar noch gar nicht eingetreten war, aus der Intensivstation herausverlegt wurde und sich mittlerweile auf dem Weg der Rehabilitation befindet.

Alzheimerkranke als Objekte medizinischer Forschung

«Das ist nicht der Wille, daß wir unbedingt an Einwilligungsunfähigen forschen wollen. Wenn wir das vermeiden können als Forscher, tun wir das liebend gerne. Nur da, wo es unabdingbar nötig ist, meinen wir, wir müßten im Interesse des Behandlungsfortschritts solche Forschung an Nichteinwilligungsfähigen doch machen dürfen und können.» (Prof. Siegfried Kanowski, Uniklinik Berlin)

«Aufgrund dieser Solidarität besteht bei vielen Demenzkranken erfahrungsgemäß eine Bereitschaft, durch Teilnahme an medizinischer Forschung zu besserer Gesundheit oder besseren Behandlungsmöglichkeiten von Kranken der nächsten Generation beizutragen. Ein solches soziales Verpflichtungsgefühl kann auch bei vielen einwilligungs*un*fähigen Demenzkranken vorausgesetzt werden. Hieraus läßt sich ein Grundsatz wechselseitiger sozialer Verpflichtungen ableiten, der unter den Bedingungen hinreichenden Schutzes auch nicht einwilligungsfähige Kranke umfaßt.» (Hanfried Helmchen und Hans Lauter in: Dürfen Ärzte mit Demenzkranken forschen?)

Margarethe Eder (Frau Eder und ihr Sohn kamen in der Fernsehsendung: Versuchstier Mensch – Wissen und Gewissen in der Biomedizin, ZDF, 3. Juli 1997, zu Wort) ist 76 Jahre alt und leidet an Alzheimer. In ihrem kleinen Haushalt kommt sie noch ganz gut zurecht. Außerhalb der Wohnung hat sie Probleme und ist auf die Hilfe ihres Sohnes angewiesen. Bis heute ist Alzheimer unheilbar.

Frau Eder nimmt an einer wissenschaftlichen Studie teil. An ihr wird ein neues Medikament getestet. Der Grund für den Medikamententest: «Wie war das? Die Nerven – Mein Gedächtnis ist nicht mehr so, wie's war – Und in meinem Alter ist man auch mal müd...»

Der Sohn von Frau Eder hat ebenso wie Frau Eder selbst dem Test zugestimmt: «Ich weiß nicht, inwieweit die Mutter es überblickt. Ich versuche ihr das zwar immer wieder zu erklären oder auch zu sagen, was da gemacht wird und warum das gemacht wird. Aber inwieweit das verstanden wird, kann ich also nicht ganz genau sagen.»

Frau Eders Gedächtnis wird getestet, Blutdruck gemessen, Blut abgenommen. Weitere Untersuchungen sind ebenfalls Bestandteil der Studie. Wenn das neue Mittel wirkt und dabei nur wenige Nebenwirkungen hat, stehen die Chancen auf eine Zulassung in Deutschland gut. Ein Forschungsprojekt, das Frau Eder vielleicht hilft, selbst wenn sie die Tragweite dieser Studie nicht ganz überblicken kann. Aber diese Forschung bewegt sich in einer rechtlichen Grauzone. Denn es ist schwer zu entscheiden, bis zu welchem Zeitpunkt Alzheimerpatienten wirklich noch einwilligungsfähig sind.

Alzheimerkranke im Endstadium sind sicher nicht mehr einwilligungsfähig. In Deutschland darf bisher deshalb keine fremdnützige Forschung an ihnen betrieben werden. Ärzte wie Kanowski, Helmchen und Lauter plädieren ganz im Sinne der europäischen Bioethik-Konvention für eine Lockerung dieses Verbots.

Defekte Genanlagen ausrotten: Gentherapie und «Auslese» behinderten Lebens

Doris S. ist 25 Jahre alt. Ihre Arbeit als Sekretärin – ein «full-time-job» – macht ihr Spaß. Doris S. hat Mukoviszidose. Mukoviszidose ist in der westlichen Welt die häufigste Erbkrankheit. Ein Mensch unter 4000 ist betroffen. Mukoviszidose bedeutet: Drüsen und Schleimhäute funktionieren nicht richtig. Ohne ärztliche Behandlung und Medikamente würde Frau S. ersticken oder an einer Entzündung sterben.

Robert G. Edwards, in dessen Praxis der erste außerhalb der Gebärmutter – in vitro – erzeugte Embryo der Welt einer Frau implantiert und schließlich auch geboren wurde, stellte anläßlich einer Fachtagung im Januar 1997 in Tübingen fest: «Bei der Zystischen Fibrose [ein anderer Begriff für Mukoviszidose] ist ein einziges Gen für die Krankheit verantwortlich. Wenn wir dieses defekte Gen in der Geschlechtszelle herausnehmen und durch ein intaktes ersetzen können, wäre das wundervoll. ... Es ist eine Pflicht für mich, die Geburt eines leidenden Kindes zu verhindern. ... Wenn man einen Embryo mit Zystischer Fibrose entdeckt hat, ist es eine Pflicht, die Geburt zu verhindern... Weil das Kind nicht glücklich, weil das Leiden so groß wäre.» (Frankfurter Rundschau vom 21. 1. 97)

Doris S. ist über solche Aussagen empört. Für sie ist die vielleicht einmal mögliche somatische, also nur auf ihren eigenen Körper bezogene Gentherapie eine zweischneidige Sache: «Ich lebe seit 25 Jahren recht gut mit dieser Krankheit. Es war ein langer Weg, bis ich die Krankheit als Teil meiner selbst akzeptieren konnte. Die Mukoviszidose ist ein Stück weit ein Teil von mir, der zu mir gehört.» Einen Zwang zur Auslese, ja zur Verhinderung der Geburt eines Kindes mit Mukoviszidose lehnt Frau S. ab. «Ich finde, das ist auch ein Schlag ins Gesicht für alle, die in irgendeiner Weise mit der Mukoviszidose vertraut und betroffen sind.»

Stefan Kruip vom Arbeitskreis Leben mit Mukoviszidose fragt: «Wie können Sie entscheiden, ob ein Ungeborenes mit Mukosviszidose leben möchte oder besser nicht geboren werden sollte? Wie messen Sie den Wert und den Sinn des Lebens? Glauben Sie nicht, daß Probleme und das Erkennen eigener Grenzen auch die Chance zu einem intensiveren Leben bietet im Vergleich zu sorglosen sogenannten Nichtbehinderten?»

Doris S. sagt auch: «Meine große Hoffnung liegt natürlich irgendwie auf der Heilung. Daß wir doch irgendwann mal geheilt werden, wenn ich auch im Moment selbst überhaupt keine Vorstellung haben, wie so eine Heilung aussehen soll und aussehen kann. Man macht sich Gedanken, aber ich denke, wenn es mir weiter so gutgeht, wie es im Moment läuft, kann ich auch mit der Krankheit gut leben. Die Genforschung ist für uns Mukoviszidose-Kranke der einzige Lichtblick, die einzige Hoffnung, diese Krankheit zu besiegen. Meine ganz persönliche Meinung ist es jedoch, daß es mir lieber ist, auf diesen Lichtblick zu verzichten, bevor das Wissen über das Gen zur Verhinderung und Ausrottung der Zystischen Fibrose führt. Es kann wohl kaum ein Außenstehender, ob krank oder gesund, entscheiden, ob das Leben gut oder schlecht für das Kind, den werdenden Menschen, ist, egal welches Schicksal ihn erwartet.»

Wer von einer ethischen Verpflichtung zur Beseitigung der Mukoviszidose spricht, wie Robert G. Edwards, diskriminiert damit alle Menschen, die mit dieser Krankheit leben. Er ist nur eine Stimme im Chor derjenigen Fortpflanzungsmediziner, die sich für die somatische Gentherapie und auch für Keimbahneingriffe stark machen. Durch Eingriffe in die menschliche Keimbahn soll verhindert werden, daß Eltern Gendefekte an ihre Kinder weitergeben. Gleichzeitig stellen sie aber einen irreparablen Eingriff in das Leben noch nicht geborener Kinder und zukünftiger Generationen dar und sind deshalb auch in Medizinerkreisen umstritten. Es wird die Ausrottung extrem schwerwiegender dominanter Erbanlagen im 21. Jahrhundert aufs Programm gesetzt und damit am Horizont das Bild, für manche Menschen die Verheißung, einer Gesellschaft ohne Erbkrankheiten an die Wand gemalt.

Schon jetzt wandelt sich auf dem Hintergrund biomedizinischer Prophezeiungen das Menschenbild unserer Gesellschaft. Behinderungen werden immer weniger als selbstverständlicher Bestandteil des Menschseins und der Gemeinschaft angesehen.

Biomedizinische Weltsicht

Eugenik ist ein fester Bestandteil heutiger biomedizinischer Weltsicht. Dabei geht es sowohl um negative Eugenik, am Beispiel der Mukoviszidose um die Eliminierung krank machender Gene, als auch um positive

Eugenik, also die Verbesserung des Wohlbefindens und der Leistungsfähigkeit der Menschen sowie die Förderung von Fähigkeiten und Anlagen. Im «Entwurf einer allgemeinen Erklärung zum menschlichen Genom und zu den Menschenrechten» der UNESCO heißt es: «Die Forschung am menschlichen Genom und die sich hieraus ergebenden Anwendungsmethoden eröffnen breite Möglichkeiten für die Verbesserung der Gesundheit und des Wohlbefindens des einzelnen sowie der Menschheit insgesamt.» Eine Grenze zwischen der Reparatur genetischer Defekte, der «Artverbesserung» und der «Optimierung» des individuellen Lebens wird von Genetikern in ihren Zukunftsträumen nicht gesehen. «Sobald wir beschlossen haben, uns auf den Prozeß der Genmanipulation am Menschen einzulassen, ist kein Halten mehr. Wenn sich Zuckerkrankheit, Sichelzellenanämie und Krebs durch Veränderungen der genetischen Ausstattung des Menschen heilen lassen, warum dann nicht auch andere ‹Störungen› in Angriff nehmen: Kurzsichtigkeit, Farbenblindheit, Linkshändigkeit? Und was hindert die Gesellschaft an der Entscheidung, daß eine bestimmte Hautfarbe eine solche Störung ist?» (Jeremy Rifkin)

Der genetische Eingriff in das menschliche Erbgut mit dem Ziel der Eugenik verspricht Gewinne und Verluste. Dafür, daß wir versuchen, unser körperliches Wohlbefinden zu erhöhen und die Spezies Mensch zu «optimieren», müssen wir uns mit dem Gedanken abfinden, daß die Menschheit zu einem technisch geplanten und gefertigten Produkt herabgewürdigt wird. Damit wird eine grundlegende Frage aufgeworfen, von deren Beantwortung unser weiterer Umgang mit der Gentechnik und anderen Möglichkeiten der Biomedizin abhängt: Sind die ehrgeizigen Versuche zur Verdrängung von Krankheit und Normabweichungen und die herbeiphantasierte Verbesserung von Wohlbefinden und Leistungsfähigkeit durch die Genetik es uns wert, daß wir für sie unser Wesen und unsere Würde als Menschen hergeben?

Das Streben nach dem biomedizinisch «verbesserten» Menschen läßt kaum Raum für diejenigen, die dem Bild der Gesunden, Leistungsfähigen, Jungen nicht entsprechen. Mit ihrer Existenz halten aber gerade Menschen mit Behinderungen der Gesellschaft einen Spiegel vor, an dem deren pseudoautarkes Selbstbild zu zerbrechen droht. Sie, die geistig Behinderten, Altersdementen, Komapatienten, stellen eine extreme Gefährdung für das Selbstverständnis und die Identität der Menschen in der modernen Gesellschaft dar. Sie bündeln in ihrer Existenz alle Betroffenheiten und Ängste der «normalen» Menschen. Sie führen uns immer wieder die Zerbrechlichkeit, bisweilen die Gebrechlichkeit des menschlichen Wesens vor Augen.

Je stärker die Heilsverkündungen der Biomedizin gesellschaftlich Wurzeln schlagen, um so mehr verändern sich Stellung und Akzeptanz von Menschen mit Behinderungen. Nützlichkeitserwägungen und Ellbogenmentalität verdrängen Solidarität und Mitmenschlichkeit und die Anerkennung eines jeden Menschen als einzigartiges, schützenswertes Individuum. Der Mensch als psychosoziales Wesen und die Vorstellung vom Menschen als körperlich-seelisch-geistiger Einheit haben im biomedizinischen Weltbild keinen Platz mehr. Gleichzeitig wächst aber auch das kritische Bewußtsein vieler Menschen für die Fragen:

- Dürfen wir alles tun, was die Biomedizin wünscht und ermöglicht?
- Wollen wir den biotechnisch «optimierten», womöglich durch tierische Ersatzorgane aufgerüsteten Menschen, und welchen Preis müssen wir dafür zahlen?

Vertreter von Behindertenverbänden und -initiativen fordern gerade heute Solidarität mit und Gleichberechtigung für Menschen mit Behinderungen.

«Wäre soziales Verhalten der beispielgebende Maßstab, müßte man den Menschen mit Down-Syndrom nacheifern. Gemessen an der Sensibilität, mit der Taubblinde durch die Haut wahrnehmen können, sind Sehende und Hörende behindert. Vielleicht wird ein Rollstuhlfahrer einen Professor, der nicht lachen und weinen kann, als in seinem Menschsein behindert einschätzen.» (Richard von Weizsäcker)

Elke Bartz

Die Menschenwürde endet am Pflegebett

Pflegeversicherung: Die 5. Säule des Sozialstaates und ihre Auswirkungen

«Wir haben etwas Besseres zu tun, als Ihre Mutter zu füttern», mußte sich Sybille H. aus München anhören. Frau H.s 86jährige Mutter «lebt», nachdem sie eine Hirnblutung erlitten hatte, seit Herbst 1996 in einem Münchner Pflegeheim. Die Tochter ist in der Lage, ihre Mutter täglich besuchen zu können, und das ist ihr Glück. Denn ohne sie wäre die Mutter wohl verloren. Die alte Dame kann mit der entsprechenden Hilfe längst wieder essen. Doch vom Pflegepersonal hat niemand Zeit, ihr dabei zu helfen. Also wird sie über eine Magensonde ernährt. Ihre Blase und den Darm kann sie ebenfalls wieder kontrollieren. Doch niemand hilft ihr auf die Bettschüssel. Die alte Frau muß ihre Notdurft in Windeln verrichten. Aus dem Bett kommt sie nur, wenn ihr die Tochter hilft.

Anita S. berichtet ähnliches. Dazu findet sie erst den Mut, seit ihr Vater nicht mehr lebt. Sie habe sich um einen anderen Heimplatz bemüht, aber keinen gefunden, erzählt sie. Ihr 84jähriger Vater «lebte» ebenfalls in einem Münchner Pflegeheim. Er bekam nicht genügend zu essen und zu trinken. Infolge des Flüssigkeitsmangels war er vollkommen ausgetrocknet. Niemand wechselte die vollen Windeln. Er mußte stundenlang darin liegen.

«Noch heute sehe ich ihn vor mir, wie er, im Rollstuhl festgebunden, halb herunterhing und kaum Luft bekam. Als ich mich beschwerte, hieß es nur, sie seien unterbesetzt.» Nach einem Sturz lag er mit einem Schädelbasisbruch unversorgt da, bis ihn Angehörige fanden. Das einzige, was er überreichlich bekam, waren Beruhigungsmittel.

Die Mutter von Eva-Maria B. starb im Mai 1997 nach einem sieben Monate dauernden Martyrium. Eva-Maria B. ringt mit den Tränen, als sie die Leiden schildert. Noch bis Weihnachten hatte die alte Frau Tagebuch geführt. Das hörte schlagartig auf, als ihr starke Beruhigungsmittel verabreicht wurden. Diese verursachten stärkste Verstopfungen. Doch niemand behandelte die vor Schmerzen schreiende Frau. Die

Tochter fand die Mutter einmal halbnackt auf dem Flur vor. Ein anderes Mal saß sie bei schönstem Wetter im verdunkelten, nach Fäkalien stinkenden Zimmer.

Solche Schilderungen werden gerne als «bedauerliche Einzelfälle» abgetan. In München aber lösten die Aussagen von Brigitte Nerger-Ziehr, die in einem Altenheim als Krankenschwester arbeitete, eine Lawine ähnlicher Schilderungen aus. Sie könne das Leid der hilflosen alten pflegebedürftigen Menschen nicht länger schweigend ansehen, hatte sie der Presse berichtet. Ihre Darstellungen ermutigten Angehörige von Heimbewohnern und Pflegepersonal, den Mantel des Schweigens zu zerreißen. Es tat sich ein menschenverachtendes Szenario auf.

In München leben sicher nicht besonders grausame Menschen, die sich durch mangelndes Sozialverhalten auszeichnen. Daher steht zu befürchten, daß es auch in anderen Einrichtungen so oder ähnlich zugeht. Dort haben nur Angehörige und Pflegepersonal noch nicht den Mut gefunden, an die Öffentlichkeit zu gehen.

Es geht nicht darum, pauschal den Berufszweig der Alten- und Krankenpfleger zu verunglimpfen oder gar zu diffamieren. In vielen Einrichtungen leisten Menschen bis an den Rand der Erschöpfung und manchmal darüber hinaus sehr gute Arbeit. Es gilt jedoch, vorhandene Mißstände aufzudecken, zu analysieren und schnellstmöglich zu beseitigen, damit die Menschenwürde nicht am Pflegebett endet.

Schon vor Inkrafttreten der Pflegeversicherung wurden immer wieder Mißstände in Einrichtungen aufgedeckt. Die Pflegeversicherung verschärft die Situation jedoch dramatisch. Vor ihrer Einführung wurde suggeriert, daß bis zu 95 Prozent aller pflegebedürftigen Menschen unabhängig von der Sozialhilfe würden. So lenkte man lange Zeit das Augenmerk auf die Finanzierung und nicht auf die Leistungsinhalte. Um so größer war die Enttäuschung der von der Pflegeversicherung Betroffenen. Weder im stationären noch im ambulanten Bereich reichen die Leistungen zur Kostendeckung. Schnell bürgerte sich der Begriff «Teilkaskoversicherung» ein.

Nicht nur die Leistungen aus der Pflegeversicherung sind unzureichend. Die Schwelle, die überwunden werden muß, um diese Leistungen überhaupt zu erhalten, ist sehr hoch. Ursprünglich sollte ein täglicher Hilfebedarf von 60 Minuten maßgebend für die Pflegestufe I sein. Der Gesetzgeber fürchtete, daß die Beitragszahlungen nicht reichen würden, und setzte den benötigten Mindesthilfebedarf für die Pflegestufe I auf 90 Minuten fest. Wer weniger als diese 90 Minuten Hilfe (davon mindestens 46 Minuten Körperpflege) benötigt, bekommt keine Leistungen aus der Pflegeversicherung.

Mitarbeiter der Medizinischen Dienste der Krankenkassen (MDK) erstellen Gutachten, nach denen die pflegebedürftigen Menschen in die jeweiligen Pflegestufen eingestuft werden. Die MDKs orientieren sich bei den Einstufungen an den sogenannten Begutachtungsrichtlinien (BRi). Diese legen unter anderem fest, welche Hilfen in den Leistungskatalog der Pflegeversicherung fallen und bei der Einstufung Berücksichtigung finden dürfen.

Da es in den einzelnen Bundesländern zu sozialdemographisch nicht erklärbaren Unterschieden bei den Einstufungen kam (in Bayern wurden im ambulanten Bereich 15 %, im Saarland nur 5,1 % der Antragsteller/innen in Pflegestufe III eingestuft), wurden zum 1. Juni 1997 die neuen Begutachtungsrichtlinien eingeführt. Diese sollen künftig keine starren Zeitwerte für einzelne Verrichtungen mehr festschreiben. Mit sogenannten Zeitkorridoren soll «der Individualität des Einzelfalles Rechnung getragen werden». Für das Ankleiden, einschließlich Herrichten der Kleidung, eines schwerstpflegebedürftigen Menschen werden demnach künftig acht bis zehn Minuten veranschlagt!

Die Aufteilung der Leistungen in Pflegemodule wird von Betroffenen und Pflegepersonal als menschenunwürdig und diskriminierend empfunden. Ein Stuhlgang läßt sich nun mal nicht in täglich gleichbleibenden Zeitwerten festlegen. Verstopfung oder Durchfall eines pflegebedürftigen Menschen passen nicht in die Module. Die Abrechnung dieser Module fordert zudem einen ungeheuren Zeitaufwand, der wiederum in der Pflege fehlt.

So übersichtlich sich die Module auf den ersten Blick als Abrechnungsfaktoren präsentieren, so wenig bedachte der Gesetzgeber, daß er es nicht mit Autos zu tun hat, die nach Serviceeinheiten gewartet werden können. Menschen haben individuelle Bedürfnisse, die von Tag zu Tag variieren können.

Der Hilfebedarf eines Menschen wird nicht mehr wie früher in der Gesamtheit der benötigten Zeiten für alle Hilfen festgehalten. «Moderne Menschen mit Assistenzbedarf» müssen sich in Zuständigkeiten von Pflegeversicherung, Sozialversicherungsträgern usw. aufspalten lassen. Sozialbetreuerische Leistungen deckt die Pflegeversicherung gar nicht. Sie berücksichtigt nur grundpflegerische und zum geringen Teil hauswirtschaftliche Versorgungen. Im stationären Bereich muß dazu die sogenannte Behandlungspflege, zum Beispiel Verbandswechsel und Verabreichung von Medikamenten, aus Leistungen der Pflegeversicherung finanziert werden. Dadurch bleibt noch weniger Zeit für die Grundpflege übrig.

Der genormte Pflegebedürftige ist in den Köpfen der Gesetzesmacher offensichtlich der alte Mann gewesen. So ist bei den Leistungen zwar das tägliche Rasieren (der Männer) vorgesehen, mit einem Zeitbudget versehen und abrechenbar, nicht aber die monatliche Menstruation der Frauen.

Die Auswirkungen der Pflegeversicherung verschärften die ohnehin angespannte Situation in den Einrichtungen also zusätzlich. Seit die zweite Stufe der Pflegeversicherung mit den Leistungen im stationären Bereich am 1. Juli 1996 in Kraft trat, nahm die Zahl der schwerstpflegebedürftigen Anstaltsbewohnerinnen und -bewohner drastisch zu.

Das vorhandene Personal muß diese zusätzliche Arbeit sehr oft mitbewältigen. Neues Personal wurde kaum oder gar nicht eingestellt, teilweise aus Mangel an Fachpflegekräften, teilweise aus Kostengründen. Vor diesem Hintergrund verwundert es beinahe, wenn es überhaupt noch Einrichtungen gibt, die zeitlich und qualitativ ausreichende menschliche Pflege leisten können.

Im Bayerischen Rundfunk erzählte eine Krankenschwester, daß in einem Pflegeheim in der Nachtschicht eine Pflegekraft für zweihundert schwerstpflegebedürftige Menschen zuständig sei. In den Tagschichten muß eine Schwester mittlerweile im Schnitt fünfzehn schwerstpflegebedürftige Menschen versorgen, sie waschen, anziehen, beim Essen und bei den Toilettengängen helfen.

Kein Wunder, daß sich der Begriff «Kaviarleistung» als Folge dieser Zustände im Sprachgebrauch des Personals festigt. Unter Kaviarleistungen mögen sich Unbeteiligte das Seniorenstift vorstellen, in dem die Zofe, angetan mit einem weißen Häubchen und mit einem fröhlichen Lächeln auf den Lippen, den Tee serviert. Gemeint ist aber das eigentlich Selbstverständliche. Kaviarleistungen bedeuten in deutschen Pflegeheimen im Jahre 1997: Hilfe beim Essen statt Magensonde, Hilfe bei Toilettengängen statt Dauerkatheter, Zuwendung und Gespräche statt Psychopharmaka, tägliches Aufstehen statt Fixieren ans Bett und, fast schon als äußerster Luxus bezeichnet, ein Spaziergang im Park. Ein Hundebesitzer, der seinen Hund nicht täglich ausführt, wird (zu Recht) angezeigt. Im heißen Sommer 1995 wurden die Bewohnerinnen und Bewohner eines Heimes sieben Wochen lang weder gebadet noch geduscht.

Ein weiterer Aspekt der Pflegeversicherung im stationären Bereich stimmt bedenklich. Für Menschen, die in sogenannten Einrichtungen der Eingliederungshilfe leben, das sind meistens jüngere Menschen mit Behinderungen, zahlt die Pflegeversicherung maximal 500 Mark im Monat. Dabei ist die Pflegestufe nicht relevant. Dadurch sehen sich viele Sozialhilfeträger um ein Einsparpotential betrogen. Die Leistungen in Pflegeheimen betragen, je nach Pflegestufe, bis zu 2800 DM (bei Pflegestufe 3+ bis zu 3300 DM). So drängen etliche Sozialhilfeträger die Betreiber der Einrichtungen der Eingliederungshilfe, diese in Pflegeheime umzuwidmen. Zum einen würden die Sozialhilfeträger durch die höheren Leistungen der Pflegeversicherung stärker entlastet. Zum anderen müßten sie in diesen Pflegeeinrichtungen keine Leistungen der Eingliederungshilfen nach dem Bundessozialhilfegesetz (BSHG § 39 ff) mehr erbringen. Die Bewohnerinnen und Bewohner dieser Einrichtungen könnten nicht mehr am öffentlichen Leben teilnehmen, in Urlaub fahren und vieles andere mehr. Ihr Dasein würde auf das reine Überleben beschränkt.

Die Pflegeversicherung brachte für viele Menschen nicht die propagierten und herbeigesehnten Verbesserungen. Im Gegenteil verschärfte sie die Situationen teilweise sogar drastisch. Das wäre vielleicht erklärbar, wenn die Beitragszahlungen die Leistungen nicht abdecken würden. Die Pflegeversicherung erwirtschaftete jedoch in nur zwei Jahren einen Überschuß von rund 8,3 Milliarden Mark, von denen das Gesetz vier Milliarden als Rücklage festschreibt. Der verbleibende Überschuß, vom Beitragszahler für Pflegeleistungen erbracht, wird dazu dennoch nicht genutzt.

Auch leere Staatskassen dürfen nicht die Verletzung von Menschenrechten zur Folge haben. Das Gerangel um Zuständigkeiten der verschiedenen Kostenträger ist menschenunwürdig. Auch Pflegebedürftige müssen als Individuen anerkannt und behandelt werden. Gesetzgeber und Gesellschaft dürfen Menschen und ihr Lebensrecht nicht nach Leistungsfähigkeit, nach Kosten-Nutzen-Aspekten definieren und werten. Das Leben von Menschen, die auf Hilfe Dritter angewiesen sind, darf nicht auf das medizinisch Notwendige reduziert werden. Zuwendung, Lebensqualität, der Anspruch auf Individualität sind kein Luxus, der nur jungen, erfolgreichen und leistungsfähigen Menschen vorbehalten sein darf.

Klaus-Peter Stenzig

Das Jahrhundertgesetz und eine Verliererin – Der Verwaltungsakt zum Pflegefall

Im März 1997 sandte ein Mitarbeiter eines Landesamtes für Jugend, Soziales und Versorgung den folgenden Brief an eine Einrichtung, in der Menschen mit geistiger Behinderung, begleitet, betreut und gepflegt werden:

> Betrifft: Hilfe zur Pflege für die Heimbewohnerin Anneliese K., geb. 15. 02. 1953
>
> Sehr geehrter Herr D.,
> mit der Unterbringung der o.g. Hilfeempfängerin im Behindertenbereich Ihrer Einrichtung kann ich mich nicht einverstanden erklären.
>
> In dem Hilfefall wurde ein Bescheid eindeutig mit Hilfe zur Pflege nach den §§ 28, 29, 68, 100 BSHG erteilt...
>
> Da Sie sowohl Einrichtungen der Behindertenhilfe als auch der Altenhilfe unterhalten, bestehe ich auf der Unterbringungsart gemäß meinem Schreiben. Die Pflegesätze für die Unterbringung in der Behinderteneinrichtung werde ich ab sofort nicht mehr bezahlen. Außerdem bitte ich dafür Sorge zu tragen, daß die Hilfeempfängerin die Leistungen der Pflegekasse gemäß § 43 SGB XI Pflegeversicherungsgesetz erhält.
>
> Mit freundlichen Grüßen

Auf deutsch heißt das: Anneliese K., eine Frau von 45 Jahren, soll in ein Altenheim verlegt werden.

Sie lebt seit 35 Jahren in dieser Einrichtung der Behindertenhilfe, davon die letzten Jahre zusammen mit neun anderen Personen in einer Wohngruppe. Die Schwere ihrer geistigen Behinderung macht vielfältige Unterstützung und Anleitungen nötig, gleichwohl hat sie sich infolge einer dauerhaften Förderung eine gewisse Selbständigkeit erworben. Sie besucht tagsüber eine Förder- und Betreuungsgruppe; wegen des Hilfebedarfs und ihrer erheblichen und überschießenden motorischen Aktivität war die Arbeit in einer Werkstatt für Behinderte nicht das Richtige für sie.

Nun soll Frau K. künftig in einem Altenheim leben. Wird das ein geeigneter Lebensort für sie sein? Wohl nicht. Das weiß sicherlich auch der Mitarbeiter des Landesamtes für Jugend, Soziales und Versorgung. Der ist aber nicht mehr «einverstanden», daß Frau K. die geeignete und umfangreichere Hilfe erhält. Warum? Warum wird Frau K. künftig doppelt benachteiligt: durch ihre eingeschränkten Möglichkeiten infolge der Behinderung und durch eine Diskriminierung gegenüber anderen Menschen mit geistiger Behinderung?

Die Situation von Frau K. ergibt sich aus dem Jahrhundertgesetz «Pflegeversicherung». Danach erhalten Menschen mit geistiger Behinderung, die pflegebedürftig sind und in einem Heim der Behindertenhilfe leben, nur geringe Leistungen der Pflegekassen: bis zu 500 Mark im Monat. Die höheren Beträge von derzeit bis zu 2800 Mark können nur beansprucht werden, wenn die Person in einem anerkannten Pflegeheim lebt.

Verschiedene Träger der Sozialhilfe wollen sich von den Kosten entlasten und drängen darauf, daß möglichst viele Menschen mit geistiger Behinderung in Zukunft in Pflegeheimen oder Pflegeabteilungen leben. Das betrifft insbesondere ältere Menschen mit geistiger Behinderung, aber auch Menschen wie Frau K., die einen hohen Unterstützungsbedarf haben und deshalb in besonderer Weise auf pädagogische und pflegerische Hilfe angewiesen sind.

Die 45jährige Anneliese K. wird in einem Altenheim mit Personen zusammenleben, die im Durchschnitt 83 Jahre alt sind, sie soll auf einer Station mit 19 anderen, völlig fremden Personen leben, sie soll von Pflegerinnen und Pflegern betreut werden, die durch ihr Verhalten überfordert sind, sie soll am Besuch der Förder- und Betreuungsgruppe gehindert werden; sie soll mit 45 Jahren zum «alten Eisen» gehören. Und dies alles nur, weil die Sozialhilfe Kosten sparen möchte.

Frau K. wird unter diesen Bedingungen die mühsam erworbene Selbständigkeit in kurzer Zeit verlieren und tatsächlich zum «Pflegefall» werden. Der Mitarbeiter des Landesamtes aber spart Kosten ein – und kann sich später auch noch in seiner Entscheidung bestätigt fühlen.

Menschen mit geistiger Behinderung haben Anspruch auf eine bedarfsgerechte Hilfe, unabhängig von der Art und dem Ausmaß der Behinderung. Dieser Rechtsanspruch muß immer wieder eingefordert werden, andernfalls besteht die Gefahr, daß es zwei Klassen von behinderten Menschen gibt: Bei der einen Klasse «lohnt» sich das Bemühen um Förderung und Eingliederung, bei der anderen Klasse reduziert sich die Hilfe auf Pflege- und Versorgungsleistungen. Deshalb fordern die großen Fachverbände der Behindertenhilfe ein steuerfinanziertes eigenständiges Leistungsgesetz für behinderte Menschen.

Der Gesetzgeber muß eine klare Regelung formulieren, die den Rechtsanspruch auch für sehr schwer behinderte Menschen sichert, die einen Wechsel des Lebensortes aus reinen Kostengründen verhindert und die die Strategie der Träger der Sozialhilfe beendet. Vielleicht reicht es aus, daß die Leistungen der Pflegekassen für pflegebedürftige Personen in Einrichtungen der Behindertenhilfe erhöht werden.

MUTTER UND KIND WOHLAUF?

„Es ist ein Junge. Leider sehr schwer behindert. ‚Wollen Sie es überhaupt sehen?' fragte die Krankenschwester meine Mutter" (Tilmann Kleinau, München). „Nachdem sich herumgesprochen hatte, daß Timo behindert ist, hat uns fast niemand mehr gratuliert. Keiner hat sich mit uns gefreut. Alle hatten nur Mitleid. Aber mit Mitleid zieht man dem anderen die Kraft weg. Statt dessen hätte ich jemanden gebraucht, der mir tatkräftig zur Seite steht" (Judith von dall'Armi, München). „Wenn ich mit Leah, die ein Kind mit Down-Syndrom ist, über die Straße gehe, höre ich: ‚Das hätte man doch verhindern können. Das hätte man doch schon vor der Geburt erkennen können.' Und was dann, frage ich mich?" (Tina Winter, Wetzlar).

„Niemand darf wegen seiner Behinderung benachteiligt werden." (Art. 3 Abs. 3 Grundgesetz)

Eine Initiative
der Aktion Sorgenkind und
85 Verbänden und Organisationen
der Behindertenhilfe
und -selbsthilfe.

http://www.aktion-sorgenkind.de/grundgesetz/

Aktion GRUND GESETZ

Katja Weiske/Katja de Bragança

«Das muß doch heutzutage nicht mehr sein»

Ein kritischer Blick auf die (Un-)Möglichkeiten der vorgeburtlichen Diagnostik

Frau G. ist zum Zeitpunkt ihrer ersten Schwangerschaft 29 Jahre alt. Sie ist Sprachwissenschaftlerin und arbeitet an ihrer Dissertation. Sie und ihr Mann freuen sich sehr über die Ankündigung ihres ersten Wunschkindes. In der 15. Schwangerschaftswoche nimmt die betreuende Gynäkologin bei Frau G. Blut ab, um einen Triple-Test durchzuführen. Sie vermittelt ihrer Patientin den Eindruck, daß es sich hierbei um eine gewöhnliche Routine-Untersuchung handelt, die bei allen Schwangeren veranlaßt wird. Über die möglichen Konsequenzen eines ungewöhnlichen Ergebnisses spricht die Ärztin mit Frau G. nicht. Wenige Tage später muß sie ihrer Patientin jedoch mitteilen, daß es laut Test-Ergebnis «ein Risiko von 1 : 3 für die Geburt eines behinderten Kindes» gebe. Sie erläutert auch die chromosomale Ursache des Down-Syndroms. Der tief beunruhigten Frau G. gibt sie den Rat, sich nicht allzu viele Sorgen zu machen, da das Testergebnis «nicht viel zu sagen» hätte.

Frau G. erfährt aber nicht, daß der Triple-Test eine hohe Rate falsch-positiver Ergebnisse hervorbringt. Von 1000 untersuchten Schwangeren im Rahmen dieses Tests gibt es eine Auffälligkeit im Sinne einer statistisch erhöhten Wahrscheinlichkeit für ein Kind mit Down-Syndrom in 80 bis 100 Fällen. Nur zwei bis vier Frauen davon sind jedoch tatsächlich betroffen. Verschiedene Faktoren können zu diversen Fehlinterpretationen der Testergebnisse führen. Läßt sich beispielsweise das Entwicklungsstadium des Kindes nicht ganz exakt bestimmen, kann es schon zu einer Verschiebung der Meßwerte kommen. Auch ein Infekt in der Frühschwangerschaft (z. B. eine Erkältung) kann Einfluß auf die drei gemessenen Hormone haben und so zu einem falsch-positiven Ergebnis führen. Doch wie soll man die Ergebnisse deuten?

Das Ehepaar G. möchte sich möglichst schnell weitere Informationen beschaffen und sucht zu diesem Zweck die humangenetische Beratungsstelle einer Universität auf. Dort erfahren sie, daß nur eine Chromosomenanalyse genauen Aufschluß darüber geben kann, ob das Kind ein Down-Syndrom hat. Die beratenden Ärzte schlagen vor, zunächst den Triple-Test zu wiederholen, legen jedoch gleich einen Termin zur Fruchtwasseruntersuchung fest. Das Ehepaar G. möchte nun Gewißheit haben. Schon in diesem ersten Beratungsgespräch wird die Abtreibung scheinbar wertneutral als «Alternative» bei einem positiven Befund von den Medizinern vorgeschlagen. Durch Sätze wie «Überlegen Sie es sich gut, Ihr zweites Kind wird mit großer Sicherheit gesund sein», fühlt sich das Ehepaar zum Schwangerschaftsabbruch regelrecht ermuntert. Für die werdenden Eltern steht jedoch bereits zu diesem Zeitpunkt fest: Sie möchten ihr Wunschkind bekommen und ohne Einschränkung annehmen. Damit gehört das Ehepaar G. zu jenen fünf Prozent aller Paare in Deutschland, die nach der vorgeburtlichen Diagnose «Down-Syndrom» ihr Kind zur Welt bringen. 95 Prozent aller Schwangerschaften, bei denen diese Diagnose gestellt wird, werden abgebrochen.

Am Tag der Fruchtwasseruntersuchung kommt auch das Ergebnis des zweiten Triple-Tests. Die Wahrscheinlichkeit lautet diesmal 1 : 2. Für Frau G. steht nun fest, daß ihr Kind Down-Syndrom hat. Sie macht sich große Sorgen, daß bei der bevorstehenden Fruchtwasserentnahme ihrem Kind etwas passieren könnte – das Abortrisiko als Folge des Eingriffs liegt zwischen 0,5 und 1,8 Prozent. Sie äußert diese Ängste kurz vor dem Eingriff. Die Ärzte reagieren mit Unverständnis, und die Patientin hört die Worte: «Ihr Risiko, ein behindertes Kind zu bekommen, ist weit höher als das eines Abortes durch die Fruchtwasserentnahme.» Während des Eingriffs in anonymer Atmosphäre fühlt sich Frau G. ausgeliefert und bereut ihre Zustimmung zu dieser Untersuchung.

In den folgenden Wochen zu Hause besorgt sich das Ehepaar G. verschiedenste Literatur zum Thema Down-Syndrom, nimmt ersten Kontakt zur EDSA Deutschland (Europäische Down Syndrom Assoziation Deutschland e. V.), einer Selbsthilfevereinigung, auf und informiert sich gründlich über die Fördermöglichkeiten für Kinder mit Down-Syndrom. Das lange Warten (vier Wochen) auf das Ergebnis der Chromosomenanalyse ist für die Eltern erträglich, da für beide schon feststeht, daß sich der Verdacht bestätigen würde. Der Chromosomenbefund bringt dann letztlich die Gewißheit: Sie erwarten eine Tochter mit Down-Syndrom. Natürlich durchlebt auch die Familie G. in diesen

Wochen einen vermutlich wichtigen Trauerprozeß: den Abschied von der Vorstellung eines gesunden, «perfekten» Kindes. Auch sie hätten es sich nicht ausgesucht, ein behindertes Kind zu bekommen, und müssen mit dieser Tatsache erst einmal fertig werden. Doch ihnen hilft die Sicht nach vorne. Sie eignen sich immer mehr Wissen über das Down-Syndrom an und interessieren sich besonders für die verschiedenen Fördermöglichkeiten für ihre Tochter.

So erhoffen sie sich auch von einem zweiten Beratungsgespräch im humangenetischen Institut wertvolle Tips in diese Richtung. Beide sind jedoch tief enttäuscht vom Verlauf dieser Beratung. Die Ärzte reagieren mit Überraschung, Irritation und letztlich Ablehnung auf den festen Entschluß der Eltern, ihr Kind zur Welt zu bringen. Herr G. hat den Eindruck, daß die Ärzte fest damit gerechnet hatten, sie würden sich für einen Schwangerschaftsabbruch entscheiden. Eine Beratung, aufbauend auf dem bedingungslosen «Ja» der Eltern zu ihrem Kind, findet nicht statt. Vielmehr hat das Ehepaar das Gefühl, als unwissend und naiv eingestuft zu werden. «Sollen wir Ihnen mal Bilder zeigen, oder haben Sie solche Menschen schon einmal gesehen?», werden sie gefragt. Nachdem klar ist, daß der Entschluß des Ehepaars G. feststeht, ist für die Ärzte die Beratung zu Ende. Der hinzugezogene Professor, von dem sich die Eltern wertvolle Tips erhoffen, wirft nur einen kurzen Blick in die Akte, wünscht ihnen alles Gute und verabschiedet sich wieder. Als einzige Information wird dem Ehepaar die Adresse einer kleinen Selbsthilfegruppe mitgeteilt und eine Broschüre in die Hand gedrückt, in der anhand einer Bildergeschichte die Ursache des Down-Syndroms erklärt ist. Angesichts ihres bereits erworbenen Wissens empfinden die Eltern dies als Farce. Als Fazit der humangenetischen Beratung resümieren beide: «Eine positive Einstellung zum Wert des menschlichen Lebens ist uns nicht begegnet.»

Auch durch die Reaktionen der Umwelt fühlt sich das Ehepaar einem Druck ausgesetzt, ihr Kind abzutreiben. Gespräche mit Verwandten und Bekannten verlaufen oft «traurig». Viele wollen die Diagnose einfach nicht wahrhaben, und nicht selten werden Frau G. und ihr Mann in die Rolle der Tröstenden gedrängt.

Die restliche Zeit der Schwangerschaft bereitet sich das Ehepaar G. auf die Geburt ihrer besonderen Tochter vor. Eine gezielte Ultraschalldiagnostik gibt glücklicherweise keine Hinweise auf körperliche Fehlbildungen (40–60 Prozent aller Kinder mit Down-Syndrom kommen mit einem Herzfehler zur Welt). Schon jetzt melden sie sich und ihre Tochter in einer englischen Fachklinik an, wo individuelle Therapie- und Lernprogramme ausgearbeitet werden, die zu Hause durchgeführt werden können. Die Eltern sind bereit, ihre Tochter willkommen zu heißen. Doch sie müssen auch mit der Rolle der «Exoten» leben, die möglichst nicht auffallen sollen, was sich durch «Erlebnisse am Rande» zeigt. Die betreuende Hausgynäkologin sagt zu Frau G. nach dem Ergebnis der Fruchtwasseruntersuchung: «Wir schleusen Sie hier als ganz normale Patientin durch.»

Nach der ohne Komplikationen verlaufenen Entbindung teilt sich Frau G. ein Zimmer mit einer jungen vietnamesischen Mutter, weil, wie das Krankenhauspersonal sich ausdrückt, «für sie Schlitzaugen etwas ganz Normales sind» (Kinder mit Down-Syndrom haben meist eine charakteristische schräge Lidachsenstellung). Doch das Ehepaar G. ist sehr glücklich mit seiner kleinen Tochter, die es von Anfang an annehmen und optimal fördern kann. Durch die pränatale Diagnose haben die Eltern den Schock schon verarbeiten und sich vor der Geburt schon intensiv mit dem Thema Down-Syndrom beschäftigen können. Dies empfinden sie als sehr hilfreich. Trotzdem bleiben beide der Pränatalmedizin gegenüber sehr kritisch. Eine Fruchtwasseruntersuchung würde Frau G. heute nicht mehr vornehmen lassen. Am meisten enttäuscht sind sie jedoch von der humangenetischen Beratung, die sie erfahren haben.

In den letzten Jahren haben sich die Möglichkeiten, Krankheiten und Entwicklungsstörungen schon pränatal zu diagnostizieren, enorm erweitert. Durch die Chromosomenanalyse bei einer Fruchtwasseruntersuchung kann jedoch nur ein Bruchteil aller genetischen Erkrankungen und Entwicklungsstörungen beim ungeborenen Kind erkannt werden. Das allgemeine Fehlbildungsrisiko für Neugeborene liegt zwischen drei und acht Prozent. Nur ein geringer Teil davon sind genetisch bedingte Erkrankungen und Entwicklungsstörungen. Doch gerade in bezug auf diese Erkrankungen sind die Therapiemöglichkeiten noch sehr begrenzt. Durch einen positiven Befund werden die Eltern letztlich vor die schwierige Entscheidung gestellt, sich für oder gegen das Leben ihres behinderten oder kranken Kindes zu entscheiden. Der Verlauf der genetischen Beratung, wie sie das Ehepaar G. erfahren hat, spiegelt auch eine problematische gesellschaftliche Entwicklung wider. Durch die Möglichkeit des Schwangerschaftsabbruchs im Falle eines behinderten

Kindes wird der Druck auf Eltern, nur «gesunde» Kinder zu gebären, immer größer. Die Geburt eines Kindes mit Down-Syndrom «muß doch heutzutage nicht mehr sein». Auch der Sinn intensiver Forschung in bezug auf Therapiemöglichkeiten wird hierbei in Frage gestellt. Schon heute werden bezüglich des Lebens eines behinderten Menschen in der Versicherungsbranche Kosten-Nutzen-Analysen aufgestellt.

Das Ehepaar G. ist kein Einzelfall. Viele Frauen machen die Erfahrung, daß sie nicht rechtzeitig und nicht ausreichend über die Methoden der pränatalen Diagnostik und ihre Konsequenzen aufgeklärt werden, sondern eine Auseinandersetzung mit diesem Thema erst beginnt, wenn ein «routinemäßig» durchgeführter Triple-Test ein ungewöhnliches Ergebnis bringt. Auch eine anschließende Fruchtwasseruntersuchung wird von den Ärzten oft mehr oder weniger «verordnet», ohne daß die Frauen angehalten werden, sich diesen Schritt mit all den möglichen Folgen (Abortrisiko durch die Entnahme, Konsequenz eines positiven Ergebnisses, Durchführung eines Schwangerschaftsabbruchs bei fortgeschrittener Schwangerschaft) genau zu überlegen. Nur durch eine genaue Aufklärung zu einem möglichst frühen Zeitpunkt in der Schwangerschaft kann eine Frau bewußt von ihrem Recht auf «Nicht-Wissen» Gebrauch machen oder sich ebenso bewußt für verschiedene Methoden der Pränataldiagnostik entscheiden. Im letzteren Fall wäre es sehr wichtig, daß die Schwangere bei allen Schritten von einem Arzt ihres Vertrauens begleitet wird.

Im Zuge der Neufassung des § 218 Strafgesetzbuch (StGB) im Jahre 1995 wurde folgendes vom Gesetzgeber festgelegt: Eine Abtreibung wegen Behinderung muß mit der «Gefahr einer schwerwiegenden Beeinträchtigung des körperlichen oder seelischen Gesundheitszustandes der Schwangeren» (§ 218 a, Abs. 2 StGB) einhergehen. Eine zeitliche Frist innerhalb der Schwangerschaft entfällt (im Gegensatz zur generell geltenden 12-Wochen-Frist). Doch wer soll entscheiden, was unzumutbar ist? Letztlich möchten die Mediziner durch eine angeblich «wertfreie» Beratung der Mutter bzw. den Eltern die Entscheidung überlassen. Die Beratung findet hier im Spannungsfeld zwischen dem Selbstbestimmungsrecht der Frau/der Eltern und dem Lebensschutz statt. Die Humangenetikerin Prof. Schroeder-Kurth sagte 1985: «Pränatale Diagnostik kann nur als Angebot zur Abklärung eines individuellen Risikos und als Lösungsversuch aus einem sehr persönlichen Dilemma verstanden und vertreten werden.» Doch durch welche Einflüsse kommen Eltern dazu, eine in beide Richtungen sehr schwere Entscheidung zu fällen? Und das in einer Gesellschaft, in der durch die Möglichkeiten der Pränatalmedizin immer weniger akzeptiert wird, daß «Behindertsein» zum Spektrum menschlichen Lebens gehört und auch Ärzte nicht immer bereit sind, den Wert des menschlichen Lebens (auch des behinderten oder kranken) zu vermitteln? Erfahrungen aus der gynäkologischen Praxis zeigen, daß die Haltung des Arztes zu den verschiedenen Möglichkeiten der Pränataldiagnostik sehr wohl die Entscheidung der Schwangeren mitbestimmt. Es ist ein gewaltiger Unterschied, ob ein Arzt in der 15. Schwangerschaftswoche seiner Patientin sagt: «Wir machen da jetzt eine Untersuchung, damit Sie kein behindertes Kind kriegen», oder ob er die Schwangere über die Möglichkeiten der Pränataldiagnostik mit all ihren Konsequenzen aufklärt und sie dazu anhält, *vor* Inanspruchnahme einer entsprechenden Untersuchung das Für und Wider für sich ganz persönlich abzuwägen.

In der Neufassung des § 218 ist festgelegt, daß bei der medizinischen Indikation im Gegensatz zu anderen Schwangerschaftsabbrüchen keine Beratungspflicht und keine Drei-Tage-Überlegungsfrist besteht (kritische Stimmen zweifeln an, ob dies mit der in der Verfassung festgeschriebenen Gleichstellung behinderter Menschen zu vereinbaren ist!).

Sehr wohl hat die Schwangere jedoch einen Rechtsanspruch auf Beratung. Und gerade hier sollte der Ratsuchenden neben der Abtreibung auch immer die Möglichkeit des Austragens der Schwangerschaft aufgezeigt werden. Entscheiden sich Eltern für ihr krankes oder behindertes Kind, sollten sie durch kompetente Beratung bezüglich der Lebensperspektiven und Fördermöglichkeiten unterstützt und nicht in eine Außenseiterposition gedrängt werden.

Bei den bestehenden Beratungsangeboten hat die Praxis jedoch große Defizite gezeigt. Deshalb ist eine Beratung durch direkt oder indirekt betroffene Fachleute anzubieten. Die behandelnden Ärzte sind gesetzlich dazu zu verpflichten, auf solche Beratungsangebote hinzuweisen. Neben dem bestehenden Rechtsanspruch auf Beratung muß in § 218 Strafgesetzbuch also für den Konfliktfall ein Rechtsanspruch auf Betroffenenberatung verankert werden.

Raimund Schmid

Das letzte Rad am Wagen

Wo bleibt das Recht der Eltern auf Information und umfassende Betreuung?

Die Vorfreude auf das erwartete Kind war bei Manuela und Jürgen J. groß. Unmittelbar vor der Geburt kamen wie so oft aber auch Unsicherheit und Angst dazu: Wird das Kind gesund zur Welt kommen? Wird die Geburt glatt verlaufen? Bei der Geburt von Tanja J. traten Komplikationen auf. Und als das Neugeborene erstmals die linke Hand bewegte, war der Vater schockiert. Die Finger des Kindes waren zusammengewachsen, und auch das Aussehen von Tanja J. wich von der Norm ab.

Die Eltern erfahren, daß ihr Kind mit einem sogenannten Apert-Syndrom zur Welt gekommen ist. Diese ausgeprägteste Form unter den kraniofazialen (wörtlich: Schädel und Gesicht betreffenden) Fehlbildungen ist eine genetische Störung, die vor allem Fehlbildungen des Kopf-Mittelgesichts-Bereichs und des Bewegungsapparates zur Folge hat. Hinzu kommt, daß die Finger und die Zehen teilweise knöchernd zusammengewachsen sind. Das Apert-Syndrom ist eine äußerst seltene Fehlbildung. Es kommt nur einmal unter 100000 Geburten vor. Gut 200 Betroffene dürfte es derzeit in Deutschland geben. Und deshalb gibt es auch nur wenige Informationen über das Krankheitsbild.

Dies bekam auch die Familie J. zu spüren, die nach der Diagnose verständlicherweise alles über das Apert-Syndrom erfahren wollte. Außer englischsprachigen Texten, die mit unverständlichen Fachausdrücken gespickt waren, bekamen die Eltern kaum Informationen. Und auch sonst standen sie zunächst weitgehend alleine da, obwohl sich bei ihnen in kurzer Zeit alles veränderte: der tägliche Rhythmus, das Verhältnis der Eltern untereinander und ihr psychisches Befinden, die Konfrontation mit der näheren Umgebung und die Sorgen um das Kind, um das sich ab jetzt alles drehte. Ab sofort konnten die Eltern praktisch nur noch an den nächsten Krankenhausaufenthalt und an die nächste Operation denken. Dabei waren sie gerade am Anfang weitgehend auf sich gestellt.

Die gleichen Erfahrungen hat Sabine G. gemacht. Ihr Kind leidet am Silver-Russel-Syndrom, einer sehr seltenen Kleinwuchsform im Kindesalter, die mit einem extremen Untergewicht verbunden ist. Die «tröstenden» Worte des Arztes nach der Diagnose zeigen, wie wenig einfühlsam Mediziner nach einer solchen Diagnose sein können: «Ihr Kind», so meinte der Arzt, «wird aber schon größer werden als die kleinwüchsigen Leute vom Zirkus.» Andere Mediziner kannten das Syndrom gar nicht oder behandelten den kleinwüchsigen Dennis G. mehr als Anschauungsobjekt denn als Patienten. Ein angesehener Facharzt für Ernährungsprobleme an einer Uniklinik brachte es in seiner Unkenntnis sogar fertig, die Verantwortung für das extreme Untergewicht von Dennis den Eltern zuzuschreiben: «Kein Wunder, daß dieses Kind so aussieht, wenn die Mutter nur Karottenbrei füttert.»

Deutliche Perspektiven für das Kind eröffneten sich für Familie G. erst nach einem Jahr, nachdem die Mutter Kontakt zu einer Familie mit einem älteren Silver-Russel-Kind bekommen hatte. Dies war ein Meilenstein für das Wohlergehen von Mutter und Kind, weil sich Sabine G. zum ersten Male mit anderen Betroffenen über die gleichen Probleme und Ängste unterhalten und die weiteren Möglichkeiten für das Kind ausloten konnte. Das gleiche Schlüsselerlebnis hatte die Familie J. mit Tanja. Doch auch Jürgen J. gelang es nur nach langer Zeit und rein zufällig, Adressen von anderen Betroffenen zu erfahren. Diese mangelnde Fürsorge sehen die Familien als klare Benachteiligung für sich und ihre Kinder. Wenn die Ärzte schon wenige oder gar keine Kenntnisse über eine bestimmte Fehlbildung haben, so sollten sie wenigstens wissen, wo sich die Eltern kundig machen können. Jürgen J.: «Wenn ich mich zurückerinnere, daß weder der Gynäkologe noch der untersuchende Kinderarzt wußte, wo er sich über die Mißbildung erkundigen kann, wird mir angst und bange.»

Genauso schlimm ist es, wenn Eltern auf eine falsche Fährte gelenkt werden. So sind Eltern von Apert-Syndrom-Kindern zu Kinderchirurgen vermittelt worden, die noch nie eine kraniofaziale Operation durchgeführt haben. Ganz düster sieht es schließlich zumeist auch bei der Information über die spätere Versorgung und Therapie des Kindes aus. Dies betrifft vor allem die sozialrechtliche Beratung, die Nachsorge und die psychosoziale Begleitung des Kindes. Die Versorgung ist in diesen Bereichen jedoch elementar für die weitere Entwicklung der betroffenen Kinder und das Wohlergehen der gesamten Familie.

In der Realität werden die Eltern hier mit einer ganzen Reihe von Benachteiligungen konfrontiert:

- Beispiel psychosoziale Versorgung: Eltern, die erfahren, daß ihr Kind eine Behinderung oder Fehlbildung hat, haben keinen gesetzlichen Anspruch auf psychosoziale Betreuung und Begleitung. Chronisch kranke oder behinderte Erwachsene hingegen bekommen eine solche Betreuung häufig automatisch angeboten. Bei Kindern und Jugendlichen ist dies ebenfalls bei Krebs und Mukoviszidose der Fall, wo Spendengelder den Einsatz von Psychologen und Sozialarbeitern auf Dauer garantieren. Für die meisten anderen Erkrankungen, Behinderungen oder Fehlbildungen im Kindesalter ist im Normalfall weder ambulant noch stationär ein Psychologe oder Sozialpädagoge greifbar.

- Beispiel Schwerbehindertenrecht und Pflegeversicherung: Eltern behinderter Kinder werden auch hier erheblich benachteiligt, da oft willkürliche Pflegezeiten zugrunde gelegt werden. Nicht dazu zählen zum Beispiel alle Therapien, die nötig sind, um dem Kind etwas beizubringen. Bei alten Menschen dagegen, denen verlorengegangene Fähigkeiten wieder antrainiert werden sollen, erfolgt eine solche Anrechnung. Ebenfalls nicht als Pflegezeit anerkannt wird die Aufsicht von Kindern, die man nicht allein lassen kann. Dies gilt zum Beispiel für hyperaktive oder auch für geistig behinderte Kinder, die Gefahren nicht zureichend erkennen oder abschätzen können.

  Schließlich bereitet auch die unterschiedliche Einstufung der Kinder im Schwerbehindertenrecht den Eltern große Probleme. Eine Studie der Universität Erlangen, in der 550 Eltern herzkranker Kinder zu den Ergebnissen ihrer Anträge bei den Versorgungsämtern befragt worden sind, kam zu einem verblüffenden Ergebnis: Bei vollkommen gleicher Diagnose lagen die Einstufungen des Grades der Behinderung zwischen 30 und 100 Prozent. Nicht nur der besonderen Situation herzkranker Kinder wird durch diese Praxis im Schwerbehindertenrecht in völlig ungenügender Weise Rechnung getragen.

- Beispiel Nachsorge: Auch hier fühlen sich heute viele Eltern mit ihren betroffenen Kindern benachteiligt, weil die Nachsorge vor Ort (ambulante Betreuung, psychosoziale Dienste, Kontakte zu Eltern-

Selbsthilfegruppen, Finanzierungsfragen) unbefriedigend geregelt ist. Die Betroffenen müssen zumeist das Heft selbst in die Hand nehmen, wenn sie die Nachsorge ihres Kindes vor Ort auf Dauer gewährleisten wollen. Noch schlechter sieht es jedoch bei der familienorientierten Rehabilitation aus, einem der Herzstücke der Nachsorge. Durch die Spargesetze im Gesundheitswesen kommen immer weniger Kinder und Eltern in den Genuß rehabilitativer Nachsorgeprogramme. Daß die Rehazeiten zudem beschnitten worden sind und – wenn überhaupt – nur noch in größeren zeitlichen Abständen bewilligt werden, schadet den Eltern wie den Kindern in gleicher Weise. «Mutter und Kind wohlauf»? – Davon kann angesichts dieser Verschärfung der Reha-Richtlinien wohl kaum die Rede sein.

Ein Patentrezept, um die angesprochenen und weiteren Benachteiligungen von Eltern behinderter, kranker oder fehlgebildeter Kinder und Jugendlicher zu beheben, gibt es sicherlich nicht. Angesichts der angespannten finanziellen Lage im Gesundheitswesen sehen es viele Betroffene bereits als Erfolg an, wenn weitere Einschnitte politisch verhindert werden können. Trotzdem wäre auch unter diesen restriktiven Bedingungen vieles machbar, was zunächst gar keine Kosten verursachen würde. Dazu müßten unter anderem folgende Forderungen umgesetzt werden:

- Mediziner und andere Berufsgruppen im Gesundheitswesen sollten die Eltern nach einer Erstdiagnose oder nach Klinikaufenthalten oder Operationen stets darüber informieren, wo sie sich weiter sachkundig machen können. Schon ein kurzer Hinweis auf übergeordnete Koordinations- oder Informationsstellen, auf weiterführende Literatur oder auf einen Spezialisten würde oft weiterhelfen. Auch Ärzte können heute angesichts mehrerer tausend Erkrankungen und Störungen im Kindesalter nicht über jede Erkrankung im Detail Bescheid wissen.
- Die Kompetenz erfahrener Eltern oder von organisierten Eltern-Selbsthilfegruppen sollte auch vom professionellen Medizinbetrieb in stärkerem Maße anerkannt werden. Je seltener eine Erkrankung im Kindesalter ist, desto größer ist der Wissensvorsprung von Eltern über die Krankheit selbst und vor allem darüber, wie diese im Alltag am besten bewältigt werden kann.

Schließlich wird man aber auch nicht daran vorbeikommen, neue Versorgungsmodelle zu kreieren, die auch finanzielle Mittel erfordern. Dazu zählen zum Beispiel Maßnahmen wie:

- die Schaffung regionaler Notruftelefone, an die sich betroffene Eltern gerade in der ersten Zeit nach der Geburt mit all ihren drängenden Fragen wenden können;
- die Etablierung psychosozialer Dienste im ambulanten wie im stationären Bereich für kranke und behinderte Kinder und Jugendliche. Die Finanzierung dieser Dienste müßte gesetzlich geregelt werden;
- einheitliche und großzügigere Regelungen für die Begutachtung und für die Einstufung des Grades der Behinderung bei gleichen Krankheiten.

Erst wenn diese und auch andere Forderungen umgesetzt werden, wird nicht mehr von einer Benachteiligung behinderter oder chronisch kranker Kinder und Jugendlicher und deren Eltern gesprochen werden können. Nicht nur die Familien J. und G., die mit der Gründung von Elterninitiativen ihr Schicksal in die eigene Hand nehmen mußten, warten auf solche ergänzenden Hilfen durch den Staat schon allzulange vergeblich.

WARUM IST KEINER DEINER MITSCHÜLER BEHINDERT?

„Im Kindergarten gehörte Moritz zu uns. Weil der nicht so schnell lernen kann, wird er jetzt mit dem Bus in eine andere Schule gebracht. Ich finde es schade, daß ich Moritz jetzt nicht mehr treffe" (Florian Meier, Name geändert). „Nachdem ich die Aufnahmeprüfung zur weiterführenden Schule bestanden hatte, wurde mein Vater zum Schulleiter bestellt. ‚Ihre Tochter ist eine zu große Belastung für den Unterrichtsablauf', hieß es. Alle meine Freundinnen gingen aber zu dieser Schule. Nur ich mußte in ein Heim für körperbehinderte Mädchen, weit weg von allen Freunden und meinen Eltern" (Marita Boos-Waidosch, Mainz).

„Niemand darf wegen seiner Behinderung benachteiligt werden." (Art. 3 Abs. 3 Grundgesetz)

Eine Initiative der Aktion Sorgenkind und 85 Verbänden und Organisationen der Behindertenhilfe und -selbsthilfe.

http://www.aktion-sorgenkind.de/grundgesetz/

Aktion GRUND GESETZ

Manfred Rosenberger

Schulische Aussonderung – inhuman und unnötig

«Aussonderung macht kaputt ...», lautete das Motto des 9. Treffens der Bundesarbeitsgemeinschaft «Gemeinsam leben – gemeinsam lernen/Eltern gegen Aussonderung» im Mai 1991 in Berlin, nicht lange nach dem Fall der Mauer. Schon Mitte der 80er Jahre hatte ich am Beispiel einer Familie in der DDR erlebt, daß dieses Motto seine Berechtigung hat: Jeden Sonntagabend, wenn der achtjährige Sohn, der aufgrund einer Spastik nicht in die Schule am Wohnort gehen durfte, von einem Bus abgeholt wurde, um in einem Internat die Schulwoche zu verbringen, flossen Tränen. – Schlimme, graue Vergangenheit? Auch heute noch stürzt die schulische Aussonderung von Kindern und Jugendlichen mit besonderem Förderbedarf Familien ins Unglück. – In diesem Jahr, fast 25 Jahre, nachdem der Deutsche Bildungsrat mit einer Empfehlung vielfältige und positive Erfahrungen mit einer möglichst weitgehenden nichtaussondernden schulischen Förderung in Gang setzte, könnte der Kampf einer Familie, ihrer Tochter den Besuch einer weiterführenden Schule zu erstreiten, die Wende bringen. (Vgl. dazu auch den folgenden Beitrag von Frühauf/Rademacker)

Ruth S. wird 1984 mit Spina bifida (offenes Rückenmark) geboren. Von dieser offenen Stelle im Rückenmark an abwärts ist sie gelähmt. Zur Fortbewegung braucht sie einen Rollstuhl. Mit Hilfe eines Zivildienstleistenden und sonderpädagogischer Unterstützung, vor allem in Mathematik, besucht sie die Grundschule an ihrem Wohnort. Im Sommer 1995 wechselt sie an eine integrierte Gesamtschule. Dort sieht man sich nicht in der Lage, die differenzierte und erfolgreiche Förderung der Grundschule fortzusetzen. Schon im Dezember erfolgt die Zuweisung zur Sonderschule durch die Schulverwaltung. Doch damit sind die Eltern nicht einverstanden. Sie legen Widerspruch ein. Fast zwei Jahre wird diese Auseinandersetzung dauern und durch alle Instanzen gehen: Schulamt, Bezirksregierung, Verwaltungsgericht, Oberverwaltungsgericht, Bundesverfassungsgericht. Im Frühsommer 1997 gelingt es den Eltern mit Hilfe des Bundesverfassungsgerichts, die Urteile der Verwaltungsgerichte, die die Sonderschulzuweisung der Schulverwaltung bestätigten, außer Kraft zu setzen – bis zur Entscheidung in der Hauptsache, die das Bundesverfassungsgericht spätestens im Herbst 1997 treffen will, ziemlich genau drei Jahre nach der Ergänzung von Art. 3,3 Grundgesetz – «Niemand darf wegen seiner Behinderung benachteiligt werden.» –, auf die sich die Eltern berufen.

Nach dieser Entscheidung werden wir vermutlich wissen, ob es unrecht und nicht verfassungskonform ist, wenn mit einem lapidaren Hinweis auf angeblich nicht vorhandene Mittel die Aussonderung in eine Sonderschule gegen den Willen der Betroffenen verfügt wird, zumal wenn der oder die Betroffene in einem Bundesland lebt, dessen Schulgesetz einen vorrangigen Anspruch auf nichtaussondernde schulische Förderung konstatiert.

Was gibt Grund zur Hoffnung, daß nichtaussondernde schulische Förderung in Zukunft in Deutschland leichter zu verwirklichen sein wird? Ich möchte pädagogische, juristische, aber auch fiskalische und ethische Argumente anführen:

- Nach einem Vierteljahrhundert der Erprobung nichtaussondernder Schulkonzepte liegen zahlreiche wissenschaftliche Untersuchungen vor, die belegen, daß – ausreichende Rahmenbedingungen wie nicht zu große Klassen und genügend Personal vorausgesetzt – die Zufriedenheit aller Schülerinnen und Schüler sowie ihrer Eltern in der Regel sehr hoch ist, daß die Leistungen im kognitiven Bereich mindestens so gut wie bei getrennter Beschulung sind und daß das Sozialverhalten oft besser ist. Letzteres ist in einer Zeit zunehmender Verrohung gar nicht zu überschätzen.
- Der Verfassungszusatz von 1994 in Art. 3,3 des Grundgesetzes hatte eine Reihe von Stellungnahmen und Gutachten namhafter Juristen zur Folge, in denen es als Benachteiligung und damit als Verstoß gegen die Verfassung angesehen wird, wenn Kinder und Jugendliche gegen ihren Willen oder den ihrer Eltern auf Sondereinrichtungen verwiesen werden. Hinzu kommt das ebenfalls in der Verfassung stehende Recht der Eltern auf Erziehung ihres Kindes (Art. 6,2 Grundgesetz), das mit der aus Art. 7,1 Grundgesetz abgeleiteten Organisationsgewalt des Staates in schulischen Angelegenheiten in Einklang zu bringen ist. Derzeit ist die vom Bundesverfassungsgericht im Hinblick auf die Wahl der Oberschule bereits 1972 geforderte «gleichrangige Partnerschaft» zwischen Eltern und Staatsgewalt bei

der Entscheidung zwischen Sonderschule und Regelschule noch nicht spürbar.

- Nachdem es inzwischen auch Untersuchungen gibt, die belegen, daß – sofern richtig gerechnet wird und nicht nur die Lehrerstunden, sondern zum Beispiel auch Transportkosten, Kosten für das übrige Personal oder Gebäudekosten berücksichtigt werden – die nichtaussondernde schulische Förderung nicht teurer ist als die Förderung in Sonderschulen, spricht auch das Kostenargument für eine möglichst umfassend angelegte integrative Beschulung.
- Nichtaussondernde Förderung, in der Schule wie in allen anderen Lebensbereichen, ist jedoch primär kein monetäres Problem (schon gar nicht in einem so reichen Land wie Deutschland), sondern ein humanitäres. Es ist höchste Zeit, daß das, was in Italien, Skandinavien und vielen angelsächsischen Ländern bereits Normalität ist, auch in Deutschland zur Regel wird und nicht die oft hart erkämpfte Ausnahme bleibt: eine nichtaussondernde Förderung für Menschen mit Beeinträchtigungen in allen Lebensbereichen, also auch in der Schule.

Was ist zu tun, damit dies im Bereich der Schule möglichst bald verwirklicht wird?

1. Kurzfristig sind die Schulgesetze der Bundesländer so zu novellieren, daß auf Wunsch der betroffenen Schüler/innen bzw. ihrer Eltern eine nichtaussondernde Förderung gewährleistet wird. Dieses Wahlrecht darf nicht durch eventuell nicht bereitzustellende Mittel («Haushaltsvorbehalt») zum bloßen Antragsrecht degradiert werden.
2. Mittelfristig ist unser Schulsystem nach dem Prinzip «Schule ohne Aussonderung» zu gestalten, das heißt: Mindestens bis zur 10. Klasse – wie in fast allen europäischen Nachbarländern und den USA – ist ein Gesamtschulsystem einzurichten, das selbstverständlich auch Schülerinnen und Schülern mit Beeinträchtigungen offensteht.
3. Um die integrative Potenz dieses Schulsystems zu stärken, sind ausreichende Mittel bereitzustellen, damit genügend junge Lehrerinnen und Lehrer eingestellt und altgediente Lehrkräfte rechtzeitig fortgebildet werden können. Dies käme allen Schülerinnen und Schülern zugute.

Diese Investitionen in ein gutes Schulsystem sollten den Verantwortlichen in einem demokratischen, sozialen und wohlhabenden Rechtsstaat nicht zu teuer sein. Sie zahlen sich aus – nicht nur monetär, sondern vor allem auch humanitär.

Theo Frühauf / Olaf Rademacker

Freie Schulwahl für alle!

Ruth S., das Bundesverfassungsgericht und die Folgen

Wohl die meisten Kinder und Jugendlichen mit Behinderung und ihre Eltern finden sich mit den häufig sehr belastenden Entscheidungen der Schulbehörden für die Beschulung in einer entfernten Sonderschule ab. Zunehmend aber sind Eltern und ihre behinderten Kinder nicht mehr bereit, derartige Entscheidungen der Schulaufsicht zu akzeptieren und suchen Rechtsschutz vor den Verwaltungsgerichten und in Einzelfällen bis hinauf zum Bundesverfassungsgericht. Dabei erzielten die Eltern von Ruth S., eines behinderten Kindes aus Niedersachsen, im Sommer 1996 nach einem langen Weg durch die Instanzen einen spektakulären Erfolg: Im «Eilverfahren» (Einstweilige Anordnung) hob das Bundesverfassungsgericht mit Beschluß vom 30. 07. 1996 (Az: BVR 1308/96) die Überweisung des Kindes von der fünften Klasse der Gesamtschule auf die Sonderschule, die sogar vom niedersächsischen Oberverwaltungsgericht bestätigt worden war, auf, weil sie gegen das Verbot der Diskriminierung wegen einer Behinderung verstieß.

Allerdings zeigt der Fall auch, welche enormen Widerstände zu überwinden sind und welche Kraftanstrengungen dabei behinderten Menschen und ihren Eltern abverlangt werden: Das niedersächsische Oberverwaltungsgericht hat nämlich danach erneut im Sinne der zuständigen Schulbehörde entschieden. Dieser Beschluß mußte erneut durch das Bundesverfassungsgericht aufgehoben werden (Beschluß vom 4. April 1997, Az. 1 BVR 9/97). Und auch dabei handelt es sich nur um eine vorläufige Regelung. Die Odyssee durch die Instanzen ist keineswegs beendet.

Allerdings sind die für den Außenstehenden oft widersprüchlich erscheinenden Gerichtsentscheidungen häufig nicht auf die unterschiedliche Interpretation des geltenden Rechts und die dargestellten Widerstände gegen die Umsetzung der verfassungsgerichtlichen Rechtsprechung zurückzuführen. In der Regel hängen sie vielmehr von der Formulierung der Frage ab, über die das Gericht im Einzelfall zu entscheiden hat. So ging es in zwei ablehnenden Entscheidungen des Verwaltungsgerichts Karlsruhe, die fast zeitgleich mit dem Beschluß des Bundesverfassungsgerichts ergangen waren, nicht um die Frage der Rechtmäßigkeit einer Zuweisung zur Sonderschule, sondern darum, ob die antragstellenden Schüler einen Rechtsanspruch auf die sonderpädagogische Förderung – also auf die staatlichen Leistungen – haben, die sie zum Besuch einer allgemeinen Schule benötigen (Beschluß vom 31. 7. 1996, AZ 10 K 2071/96 sowie Beschluß vom 2. 7. 1996, AZ 3 K 1740/96).

Kein Rechtsanspruch auf Förderleistungen

Auf den ersten Blick mag diese Entscheidung spitzfindig erscheinen. Aus rechtlicher Sicht ist sie jedoch grundlegend: In der Rechtsprechung wird das in Schulgesetzen verankerte Recht auf Bildung regelmäßig nicht als individuell einklagbarer Anspruch verstanden. Ebenso läßt sich aus den geltenden schulrechtlichen Bestimmungen kein Anspruch auf sonderpädagogische Förderleistungen ableiten. Das heißt, der Staat ist nicht verpflichtet, den sonderpädagogischen Förderbedarf für ein behindertes Kind in einer Regelschule abzudecken. Auch das 1994 im Grundgesetz verankerte Verbot der Diskriminierung von Menschen wegen ihrer Behinderung (Art. 3 Abs. 3 Satz 2 des Grundgesetzes) begründet nach ganz überwiegender Auffassung keinen Anspruch auf staatliche Leistungen oder sonstige Fördermaßnahmen im Sinne eines Nachteilsausgleichs.

Erfolgversprechender ist deshalb die Durchsetzung der erforderlichen Hilfen gegenüber dem Sozialhilfeträger. Gemäß §§ 39, 40 Abs. 1 Nr. 3 des Bundessozialhilfegesetzes (BSHG) haben wesentlich behinderte oder von einer solchen Behinderung bedrohte Menschen einen individuell durchsetzbaren Anspruch auf Hilfen zu einer angemessenen Schulbildung. Obwohl es weder in den Landesschulgesetzen noch in der Verfassung einen Rechtsanspruch auf die Bereitstellung der für die integrative Beschulung erforderlichen Mittel gibt, haben Verwaltungsgerichte schon häufiger Sozialhilfeträger zur Übernahme der Kosten zum Beispiel eines sogenannten Integrationshelfers als Maßnahme der Eingliederungshilfe nach dem Bundessozialhilfegesetz verpflichtet.

Sonderschule gegen den erklärten Elternwillen ist diskriminierend

Ausgangspunkt der Entscheidung des Bundesverfassungsgerichts vom 30. 7. 1996 im Fall von Ruth S. waren Regelungen im niedersächsischen Schulgesetz, nach denen Schüler, die eine sonderpädagogische Förderung brauchen, vorrangig Regelschulen besuchen sollen. Im Lichte des verfassungsrechtlichen Diskriminierungsverbots zugunsten behinderter Menschen folge aus diesem Regel-Ausnahme-Verhältnis eine erhöhte Begründungspflicht, wenn davon abweichend eine Sonderschulzuweisung erfolgen solle. Deshalb dürfe die integrative Beschulung nach niedersächsischem Schulrecht nicht abgelehnt werden mit dem pauschalen Hinweis auf die Funktionsfähigkeit der Regelschulen bei begrenzten organisatorischen und personellen Mitteln. Nun stellt sich die Frage, ob die Entscheidung des Bundesverfassungsgerichts nur in Niedersachsen und in Bundesländern mit vergleichbaren schulrechtlichen Regelungen (z. B. in Brandenburg und Schleswig-Holstein) Wirkung entfaltet oder darüber hinaus.

Wenn man die Diskussion um die Tragweite des neuen Diskriminierungsschutzes für behinderte Menschen im Grundgesetz verfolgt, wird man die Bedeutung des Bundesverfassungsgerichtsbeschlusses allerdings nicht auf bestimmte Bundesländer begrenzen können: Das Bundesverfassungsgericht hat mit seinem Beschluß die entscheidende Frage beantwortet, ob die Zuweisung zur Sonderschule überhaupt eine «Benachteiligung» im Sinne des neuen verfassungsrechtlichen Diskriminierungsschutzes für Behinderte sein kann. Schließlich ließe sich auch die Auffassung vertreten, daß es sich bei der Sonderschule um ein auf die besonderen Bedürfnisse behinderter Menschen zugeschnittenes Förderangebot handelt und nicht um eine Diskriminierung. Nach der Zielrichtung der Grundrechte darf hier jedoch nicht der Gedanke der «paternalistischen Fürsorglichkeit des Staates» bzw. ein aus «objektiver Sicht» bestimmtes Wohl des Behinderten ausschlaggebend sein. Vielmehr geht es um dessen Handlungsfreiheit beim Zugang zu allgemeinen staatlichen Leistungen. Deshalb bedeutet ein Ausschluß von Regeleinrichtungen stets eine Benachteiligung, selbst wenn ihm gleichzeitig die speziellen Fördermöglichkeiten einer Sondereinrichtung angeboten werden.

Das bedeutet nicht, daß die Zuweisung eines Schülers zur Sonderschule generell verfassungswidrig wäre. Das Diskriminierungsverbot wegen einer Behinderung aus Art. 3 Abs. 3 Grundgesetz erlaubt eine Ungleichbehandlung behinderter Menschen, wenn es dafür einen zwingenden Grund gibt. Entscheidend ist aber immer die Situation im Einzelfall; ein pauschaler Hinweis auf begrenzte personelle oder finanzielle Mittel reicht – wie das Bundesverfassungsgericht klargestellt hat – nicht aus. Und diese Feststellung knüpft nicht an das niedersächsische Schulgesetz an, sondern an das in der Verfassung der Bundesrepublik verankerte Diskriminierungsverbot zugunsten behinderter Menschen. Deshalb können diese Grundsätze im gesamten Bundesgebiet Geltung beanspruchen.

Für Schleswig-Holstein, das allerdings im Schulgesetz auch einen Vorrang der integrativen Beschulung verankert hat, ist dies im Anschluß an die Entscheidung des Bundesverfassungsgerichts durch das Schleswig-Holsteinische Oberverwaltungsgericht bestätigt worden (Beschl. vom 19. 9. 1996, Az 3 M 81/96). Und auch der Bayerische Verwaltungsgerichtshof erkennt an, daß die Zuweisung eines Kindes zur Sonderschule gegen dessen Willen eine diskriminierende Maßnahme ist, die in das Grundrecht nach Art. 3 eingreift (Bayerischer VGH, Entscheidung vom 11. 12. 1996, At. 7 B 96/2586). Allerdings soll dieser Eingriff wegen der «staatlichen Schulhoheit», die das Gericht offenbar als «Gegengrundrecht des bayerischen Staates» aus Art. 7 Abs. 1 Grundgesetz herausliest, gerechtfertigt sein. Ob diese faktische Entwertung des verfassungsrechtlich verankerten Diskriminierungsverbots vor dem Bundesverfassungsgericht Bestand haben könnte, erscheint zweifelhaft.

Vielfältige Konzepte in den Bundesländern

Der richtungweisende Beschluß des Bundesverfassungsgerichts wird allerdings keine schnelle Veränderung der gegenwärtigen Situation bewirken können. Nach wie vor werden nur wenige behinderte Kinder und Jugendliche integrativ unterrichtet. In keinem Bundesland gibt es ein bedarfsdeckendes Angebot für behinderte Kinder mit sonderpädagogischem Förderbedarf in allgemeinen Schulen. In allen Bundesländern übersteigt die Zahl der Anträge von Eltern auf gemeinsamen Unterricht bei weitem die Zahl der verfügbaren Plätze. Etwa 350000

Kindern, die eine Sonderschule besuchen, stehen schätzungsweise 15 000 behinderte «Integrationskinder» im Sinne des § 39 BSHG gegenüber, die eine allgemeine Schule besuchen. Das sind nicht einmal 5 Prozent. Andererseits sind die Fortschritte unverkennbar, die in den vergangenen Jahren bei der integrativen Beschulung behinderter Kinder erzielt wurden. Während die Kultusministerkonferenz die Möglichkeiten einer Integration behinderter Schüler in allgemeinen Schulen 1972 noch eher ablehnend beschrieben hatte, stellen die «Empfehlungen der Kultusministerkonferenz zur sonderpädagogischen Förderung in den Schulen der Bundesrepublik Deutschland» (1994) nicht mehr die schulische (Sonder-)Institution in den Vordergrund, sondern den sonderpädagogischen Förderbedarf des Schülers. Sie treffen keine Festlegung, in welcher Schulform dieser Bedarf gedeckt wird.

In den verschiedenen Bundesländern haben sich in den letzten Jahren unterschiedliche Organisationsformen und Vorgehensweisen in der sonderpädagogischen Förderung behinderter Kinder entwickelt: Zum einen eine allgemeine sonderpädagogische Grundversorgung, die sich entweder auf Schulen oder einzelne Klassen (z. B. in Hamburg) oder auf einzelne Regionen bezieht und den beteiligten Schulen eine autonome Entscheidung über die Verteilung der zugewiesenen Ressourcen auf die Schulen in dieser Region überläßt (Bremen); zum anderen eine auf das jeweilige Kind bezogene Zumessung von Förderstunden, die es dann individuell an seinen Lernort mitbringt (Integrationsklassen oder Einzelintegration).

Kosten spielen die wesentliche Rolle

Alle Bundesländer mit der Möglichkeit lernzieldifferenzierter gemeinsamer Unterrichtung haben als Vorbehalt verankert, daß nur bei entsprechender sonderpädagogischer Ausstattung der Zugang zur allgemeinen Schule eröffnet wird. Auch wenn in mehreren Bundesländern keine gesetzlichen Ausgrenzungsbestimmungen für bestimmte Formen und Schweregrade behinderter Kinder bestehen, so ist doch auch in diesen Ländern zu beobachten, daß Personen mit umfänglichem sonderpädagogischem Förderbedarf wegen schwerer Behinderungen die sonderpädagogische Förderung aufgrund knapper Ressourcen eher verweigert wird. In den Vordergrund wird offenbar politisch das Ziel gestellt, möglichst vielen Kindern den gemeinsamen Unterricht zu ermöglichen und daher vorrangig solche Kinder zu berücksichtigen, die von den bereitgestellten Haushaltsmitteln nur kleinere Teile «verbrauchen».

Durch die Finanzkrise in den öffentlichen Haushalten wird die Umsetzung der vielfach positiven Erfahrungen bei der integrativen Beschulung behinderter Kinder somit wesentlich erschwert. Darunter leiden besonders schwerer behinderte Kinder mit einem hohen Förderbedarf. Entscheidend für Erfolg oder Mißerfolg im gemeinsamen Unterricht sind neben pädagogischen Standards auch die materiellen Rahmenbedingungen. Derartige Standards gilt es künftig unabhängig vom Lernort Sonderschule oder allgemeine Schule abzusichern.

Für die weitere Entwicklung ist der Beschluß des Bundesverfassungsgerichts vom 30. 7. 1996 ein wichtiges Signal. Die Schulbehörden müssen dem Willen des behinderten Kindes und seiner Eltern bei der Entscheidung über die Schulform künftig sehr viel mehr Gewicht beimessen als bisher. Das Wahlrecht auf integrative Förderung muß in den Schulgesetzen verankert werden. Ohne zwingenden Grund dürfen behinderte Kinder nicht mehr gegen ihren Willen von der Regelschule an die Sonderschule überwiesen werden. In der gegenwärtigen Situation, in der der Bedarf behinderter Menschen und ihrer Eltern nach integrativer Beschulung das Angebot bei weitem übersteigt, müssen die Bundesländer endlich handeln und die integrativen Schulformen vorrangig ausbauen.

Bettina Theben

Blinder Bariton, gehörlose Geigerin, rollender Romeo – nicht an deutschen Hochschulen

Vor einigen Monaten wandte sich Gisela P., die seit mehreren Jahren psychisch krank ist, an die Beratung für behinderte Studierende an der Berliner Humboldt-Universität. Sie wollte sich ihren Jugendtraum erfüllen und an einer anderen Hochschule bildende Kunst studieren. Freilich bereitete ihr der DDR-Fachschulabschluß Probleme: Ob sie auch ohne Abitur aufgenommen werden könne, fragte sie. Die Beraterin rief zur Klärung bei der Studienberatung der gewünschten Hochschule an, konnte das Anliegen jedoch nicht eruieren: Die Gesprächspartnerin war weniger am Problem als vielmehr an der Behinderung interessiert. Auf die Gegenfrage, warum dies denn für eine Aussage zur Studienvoraussetzung so wichtig sei, hieß es: «Na, wenn sie im Rollstuhl sitzt, kann sie hier nicht studieren.» Dann brauche sie sich auch nicht zu bewerben. Das sei nun mal so. Auch mit anderen Behinderungen sei es sehr schwer, insofern wäre es wichtig, Namen und Behinderung zu kennen.

Diese kleine Episode weist auf ein großes Problem: Behinderte und chronisch kranke Menschen, die ein Studium an einer Hochschule für Kunst, Musik, Film oder Schauspiel aufnehmen möchten, werden stets schon vor der Zulassung mit Vorurteilen, mangelnder Sensibilität, falschem Mitleid und offener Ablehnung konfrontiert. In der Konsequenz gibt es bisher in Deutschland noch nicht einmal ein Dutzend behinderter Absolventen solcher Hochschulen.

Während in Universitäten und Fachhochschulen mittlerweile nach einer Umfrage des HIS-Institutes im Auftrag des Deutschen Studentenwerkes ca. 13 Prozent der Studierenden behindert oder chronisch krank sind, während es dort die gesetzlich geregelte Möglichkeit gibt, eine Prüfung (Zulassung, Leistungsnachweis oder Abschlußprüfung) bei gleichem fachlichem Anspruch in veränderter und der Behinderung entsprechender Weise zu absolvieren, spiegelt die Situation an den künstlerischen und musischen Hochschulen die Lage wider, in der sich behinderte Studiosi an allgemeinen Hochschulen vor 20 Jahren befanden. So sehen weder das Berliner Hochschulgesetz noch die Satzungen oder Prüfungsordnungen der entsprechenden Ausbildungsstätten die Möglichkeit einer Zulassungs- und Prüfungsmodifikation vor. Eine Chance auf die Aufnahme in musische und künstlerische Studiengänge haben daher höchstens solche behinderte Aspiranten, deren Einschränkung unauffällig ist und ihnen die gleiche Leistung wie ihren nichtbehinderten Kommilitonen ermöglicht (quasi ‹graue Integration›).

Doch es sind nicht nur die formalen Kriterien, die bisher verhindern, daß sehbehinderte Pianisten, rollstuhlfahrende Schauspielerinnen oder Regisseure mit Epilepsie von staatlichen Hochschulen ausgebildet werden. Spätestens an den Auffassungen der Prüfungskommissionen, Studienberatungen und Dozenten scheitert ein Studienwunsch: Behinderten Studieninteressenten werden regelmäßig die baulichen, organisatorischen oder personellen Probleme, die ihre Anwesenheit auslösen würde, sehr plastisch geschildert. Wer sich davon nicht abschrecken läßt, scheitert an der zweiten Hürde: dem Aufnahmeverfahren.

Auch ohne einschlägige Regelung könnten Prüfungskommissionen in Berlin etwa aus dem Hochschulgesetz, das allen Hochschulen die besondere Berücksichtigung der Belange behinderter Studierender auferlegt, aus dem Gleichstellungsgebot der Landesverfassung sowie schließlich aus dem Benachteiligungsverbot des Artikel 3, Abs. 3, Satz 2 Grundgesetz die Möglichkeit des Nachteilsausgleichs ableiten und realisieren. Statt dessen wird jedoch die Orientierung am Guten, Schönen und Wahren der Kunst konventionell verstanden. Stellvertretend für viele ähnliche Argumentationen sei die Auffassung einer Berliner Hochschule, an der auch Schauspieler ausgebildet werden, genannt: Studienvoraussetzung ist hier, wie an den anderen staatlichen Hochschulen, ein Gesundheitszeugnis der Interessenten. Zu Recht, wie man in der Verwaltung meint: Schließlich umfasse die Ausbildung Reiten, Tanzen, Fechten, Akrobatik und vieles mehr, dafür müsse man fit sein. Abgehen könne man von diesen Anforderungen jedoch nicht – auch im Interesse der Studierenden: Man vermittle ja alle Absolventen weiter, so daß man sich dem Markt anpassen müsse; behinderte Schauspieler würden nun mal nicht nachgefragt.

Dem Argument, es ginge ja nicht um spezielle «Behindertenrollen», sondern um die Besetzung regulärer Rollen, mochte man sich ebensowenig anschließen wie dem Einwand, auch in vielen anderen Bereichen, etwa den Geisteswissenschaften, führe ein Studium sehr oft nicht direkt zu einer Einstellung. Ebenso verschloß man sich der Tatsache, daß ein Studium dem einzelnen eine persönliche und fachliche Qualifikation bringe, die auch unabhängig von der sofortigen Anwendbarkeit auf dem Arbeitsmarkt für ihn wichtig sei, und daß im übrigen die spätere berufliche Umsetzbarkeit der Ausbildung auch bei nichtbehinderten Menschen zu Studienbeginn nicht abwägbar sei.

Auch wird das kreative Potential, das in behinderten Schauspielern stecken kann, überhaupt nicht wahrgenommen. So bleibt es letztlich bei der Argumentation, die etwa behinderte Psychologen vor Jahrzehnten gehört haben: Ihr findet ja doch keinen Arbeitsplatz, warum sollen wir euch dann überhaupt entsprechende Studienbedingungen schaffen? – Was dort heute überkommen ist und zu Recht sofort als Diskriminierung erscheint, ist an musischen und künstlerischen Hochschulen noch immer ein schlagendes Argument. Bei der Berliner Hochschule jedenfalls sieht man keinen Handlungsbedarf, allenfalls einen Sonderstudiengang könne man sich unter Umständen vorstellen …

Ein weiterer Einwand wurde erstaunlich deutlich geäußert: Behinderte Menschen entsprächen nicht dem Schönheitsideal, seien unästhetisch – und daher sei die Bühne nicht der richtige Ort für sie. Darin scheint der Kern der Ablehnung zu liegen. Weil man Behinderungen als unappetitlich und störend empfindet, werden Behinderte aus einem ganzen, einem wichtigen Bereich der Bildung und Kultur ausgeschlossen.

Dennoch gibt es sie – erfolgreich: Behinderte Künstlerinnen und Künstler, die meist ihre Ausbildung autodidaktisch erwarben oder sich durch Privatstunden erkaufen mußten: Peter Radtke etwa, ein Schauspieler, der sicher nicht dem gängigen Schönheitsideal entspricht, gelangte zu Anerkennung nicht erst, als er unter George Tabori am Wiener Burgtheater spielte; Klaus Kreuzeder, rollstuhlfahrender Saxophonist mit Erfolg weit über die Grenzen Deutschlands hinaus; Christina Schönfeld, gehörlose Schauspielerin und Sängerin, die in den renommierten Neue-Musik-Produktionen Helmut Oehrings, die Laut- und Gebärdensprache miteinander verbinden, auftritt; oder die kleinwüchsigen Kabarettistinnen Doris Tibackx und Alida Pisu, das Münchner Crüppel-Cabaret. Ein Blick in andere Staaten: Andrea Bocelli zum Beispiel, blinder Sänger mit klassischer Ausbildung auf Erfolgskurs, Izhak Perlman, gehbehinderter Geigenvirtuose mit Weltniveau, Christopher Reeve, der auch im Rollstuhl weiter als Schauspieler arbeiten möchte und dem dies sicher niemand verwehrt, oder Vic Chesnutt, Sänger und Gitarrist mit Tetraplegie und einer Fangemeinde in ganz Europa, USA und Kanada.

Behinderung und Kunst schließen sich nicht aus – wie sollte es auch anders sein: Warum sollten behinderte Menschen generell keine und nichtbehinderte Menschen generell eine künstlerische Begabung haben? Vielmehr scheint diese Kombination oft für besondere Kreativität zu bürgen – wirft man einen Blick auf die zahlreichen behinderten Künstler, deren Werke ganz selbstverständlich in unseren Kulturkanon eingegangen sind, von deren Behinderung die allermeisten, gerade nichtbehinderten, Menschen aber gerne absehen: Am bekanntesten ist die schwergradige Hörbehinderung Beethovens oder der ‹Wahnsinn› van Goghs, aber wer weiß schon, daß der spanische Maler Goya gehörlos, daß der englische Poet John Milton, einer der großen Dichter, blind war, daß der Maler Toulouse-Lautrec und die Malerin Frida Kahlo körperbehindert waren?

Diese Beispiele zeigen, wie realitätsfern und verzerrt die Vorstellungen der Kunst-, Musik-, Film- und Schauspielhochschulen in Deutschland sind. Behinderte und chronisch kranke Studieninteressenten sollten sich nicht sofort von den Schilderungen der Hochschulen abschrecken lassen. Sie sollten vielmehr Kontakt zu Beratungsstellen beim Studentenwerk und vor allem zu Interessengemeinschaften behinderter Studierender aufnehmen, die es in den allermeisten Universitätsstädten gibt; oder zu der Bundesarbeitsgemeinschaft behinderter und chronisch kranker Studierender und AbsolventInnen. Hier wird ihnen ermöglicht, von Erfahrungen anderer zu profitieren, gemeinsam mit anderen Betroffenen Strategien zu entwickeln, das Gespräch mit den Behindertenbeauftragten der Hochschulen und der Studienabteilung zu suchen.

Auch wenn die Satzung oder Prüfungsordnung der jeweiligen Hochschule keine Prüfungsmodifikation vorsieht, sollten sich behinderte Bewerber auf die Regelung im entsprechenden Landes-Hochschulgesetz, das Gleichstellungsgebot, das in fast allen Landesverfassungen als Zielbestimmung aufgenommen ist, und schließlich auf das Benachteiligungsverbot des Art. 3 Grundgesetz beziehen und nicht nur einen Härtefallantrag (bevorzugte Zulassung zum Studium), sondern auch einen Antrag auf Prüfungsmodifikationen stellen. Wenn dies nicht in einer Einzelaktion geschieht, sondern begleitet von Öffentlichkeitsarbeit und der Unterstützung anderer, sind die Chancen so schlecht nicht.

Problematisch allerdings ist eine Klage im Falle der Ablehnung, weil regelmäßig die Hochschulen nicht verpflichtet sind, Ablehnungsgründe mitzuteilen. Daher und weil einzelne Anträge keine Dauerlösung sind, müssen die Hochschulgesetze der Bundesländer einen Passus erhalten, der künstlerischen und musischen Ausbildungsstätten die Gewährung von Nachteilsausgleichen und Prüfungsmodifikationen vorschreibt. Außerdem erscheint ein Diskussionsprozeß an den einschlägigen Hochschulen dringend geboten. Behinderte Menschen müssen nicht deswegen in das Kulturleben und die kulturelle Ausbildung eingebunden werden, weil das ‹nett› ist, sondern weil ihre jahrzehntelange strukturelle Ausgrenzung eine Diskriminierung darstellt, die beendet werden muß.

WARUM HABEN SIE KEINE BEHINDERTE KOLLEGIN?

„Wenn beim Vorstellungsgespräch das Wort Epilepsie fällt, kann ich meine Bewerbung schon abschreiben" (Renate Schultner).
„Einem Behinderten traut erst mal niemand echte Leistungsfähigkeit zu, und beweist er sie dennoch, gibt es tausend ‚gute' Gründe, ihn trotzdem nicht einzustellen – ein Aufzug kann nicht eingebaut werden, das Haus ist zu alt, die Gänge sind für uns Rollstuhlfahrer zu eng, man weiß nicht, ob die Kolleg(inn)en sich auf Dauer mit ihrer Hilfsbereitschaft nicht überfordert fühlen, und selbst wenn, sieht es keiner gern, wenn mein Betreuer dabei ist ... All diese Argumente habe ich oft hören müssen, und sobald mich jemand persönlich sah, bekam ich nicht einmal die Chance, mich zu beweisen" (Tilmann Kleinau, Stuttgart).

„Niemand darf wegen seiner Behinderung benachteiligt werden." (Art. 3 Abs. 3 Grundgesetz)

Eine Initiative
der Aktion Sorgenkind und
85 Verbänden und Organisationen
der Behindertenhilfe
und -selbsthilfe.

http://www.aktion-sorgenkind.de/grundgesetz/

Aktion GRUND GESETZ

H.-Günter Heiden

«Jede Absage war wie ein Schlag ins Gesicht!»

Marion C., 27 Jahre alt, sehbehindert, besuchte Sonder- und Regelschulen und absolvierte anschließend eine Ausbildung zur Verwaltungsfachangestellten. Doch das reichte ihr nicht. Sie wollte Sozialwesen studieren. Bereits die Suche nach einem Praktikumsplatz im Sozialbereich gestaltete sich schwierig: Das Sozialamt in Hannover gab ihr zwar eine Zusage, aber kein Ausbilder war bereit, sie anzuleiten. Schließlich gelang es ihr, in einer Werkstatt für Behinderte einen Praktikumsplatz zu bekommen.

Gut, daß wenigstens die Aufnahme in die Fachhochschule klappte. Marion C. ist sehr stolz darauf, daß sie nicht aufgrund ihres Härtefallantrages (wegen ihrer Behinderung), sondern wegen ihrer guten Zeugnisse genommen wurde. Die Bibliothek der Hochschule schaffte dann auch für sie und andere behinderte Studierende ein Lesegerät an. Ihr Studium hat sie erfolgreich beendet, ist nun Diplom-Sozialpädagogin und sucht verzweifelt eine Stelle: «Ich habe innerhalb von sieben Monaten sehr viele Bewerbungen geschrieben, ich denke etwa 70 bis 100. Irgendwann hörte ich einfach auf zu zählen.» Die schriftlichen Absagen hat sie gezählt – es sind genau sechzig. Und die taten weh, berichtet Marion C.: «Jede Absage war wie ein Schlag ins Gesicht, die eine mehr, die andere weniger.»

Besonders geschmerzt haben die Absagen eines Blindenverbandes oder von kirchlichen Organisationen. Die Absagen werden unterschiedlich begründet, zum Beispiel: «Als einzelne Person mit allen Aufgaben einer gemeindlichen Jugendarbeit vertraut, würde es für Sie an manchen Punkten schwierig werden. Darum wagt unsere Gemeinde nicht, Sie einzustellen. Wir können nur erahnen, wie weh es tun kann, wieder eine Absage zu erhalten.» Marion C. empfindet solche Äußerungen als zynisch. Außerdem beklagt sie die mangelnde Flexibilität bei Arbeitgebern und Arbeitsamt: «Eine gängige Absage ist das Argument, daß ich ja nicht Auto fahren könne. Warum kann man dann nicht zusätzlich eine ABM-Stelle dafür einrichten oder einen Zivi einstellen?»

Wenn mobilitäts- oder sinnesbehinderte Menschen auf dem allgemeinen Arbeitsmarkt auf Stellensuche sind, so wird ihnen häufig nicht viel zugetraut. Aus Unternehmen, die viel Erfahrung mit behindertem Personal haben, wird jedoch oft berichtet, daß die behinderten Mitarbeiterinnen und Mitarbeiter besonders motiviert, leistungsstark und verhältnismäßig selten krank sind. Der Leistungswille behinderter Menschen führt nicht selten zu Selbstausbeutung: Sie wollen beweisen, daß sie mindestens so gut sind wie ihre nichtbehinderten Kolleginnen und Kollegen.

Deshalb ist es nur schwer nachvollziehbar, warum Marion C. trotz guter Qualifikationen keinen Arbeitsplatz findet, denn mit öffentlichen Mitteln, vor allem aus der Ausgleichsabgabe, kann behinderten Menschen der Weg ins Erwerbsleben geebnet werden: So werden behinderungsbedingte Arbeitsplatzanpassungen und auch Wohnungsumbauten recht großzügig finanziert, jedoch nur für behinderte Menschen, die einen unbefristeten Arbeitsvertrag bekommen können. Bei AB-Maßnahmen, die eigens auch für die benachteiligte Gruppe der schwerbehinderten Arbeitnehmerinnen und Arbeitnehmer eingerichtet wurden, werden diese Leistungen in der Regel jedoch nicht erbracht.

Diese Praxis wird durch das Schwerbehindertengesetz (SchwbG) geregelt, das seit 1974 für die berufliche Eingliederung maßgeblich ist. In § 5 dieses Gesetzes wird festgelegt, daß private und öffentliche Arbeitgeber, die 16 und mehr Arbeitsplätze aufweisen, auf «wenigstens»(!) sechs Prozent dieser Arbeitsplätze «Schwerbehinderte zu beschäftigen» haben. Paragraph 11 regelt die bereits erwähnte Ausgleichsabgabe, nach der pro Monat und pro nicht besetzten Pflichtplatz derzeit 200 Mark vom Arbeitgeber zu zahlen sind. Aus den so gesammelten Mitteln wird die Arbeits- und Berufsförderung behinderter Menschen finanziert.

Doch betont der Gesetzgeber ausdrücklich: «Die Zahlung der Ausgleichsabgabe hebt die Pflicht zur Beschäftigung Schwerbehinderter nicht auf.» Und wer diese Pflicht «vorsätzlich oder fahrlässig» nicht erfüllt, muß sogar nach § 68 wegen dieser «Ordnungswidrigkeit» mit 5000 Mark Geldstrafe rechnen. Hört sich ja gar nicht so schlecht an, mag mancher denken und sich noch mehr darüber wundern, warum Marion C. keine Arbeit findet.

Doch gibt es kaum ein vergleichbares Gesetz in Deutschland, dessen konsequente und vorsätzliche Mißachtung mit bloßen moralischen Appellen quittiert wird. So hat die Quote von «wenigstens» sechs Prozent diese Marke nie erreicht. Der Höchststand betrug in der alten Bundesrepublik 1982 gerade einmal 5,9 Prozent, seitdem geht sie kontinuierlich zurück. 1995 betrug sie nur mehr vier Prozent, nach einer Stichprobe der Bundesanstalt für Arbeit ist sie im Jahr 1996 sogar auf 3,8 Prozent gesunken. Nach Angaben des 3. Behindertenberichts der Bundesregierung erfüllen rund 75 Prozent aller Arbeitgeberinnen und Arbeitgeber ihre Beschäftigungspflicht nicht oder nicht in vollem Umfang. Sie zahlen lieber die geringe Ausgleichsabgabe von 200 Mark.

Doch damit nicht genug: Anfang August 1997 forderte die Bundesvereinigung Deutscher Arbeitgeberverbände (BDA), die Pflichtquote auf fünf Prozent zu senken, da die Quote nicht erfüllbar sei: «Die Wirtschaft zahlt eine Ausgleichsabgabe für Schwerbehinderte, die es gar nicht gibt», behauptet die BDA. Sie argumentierte damit, daß 1995 insgesamt 516000 Pflichtplätze nicht besetzt gewesen seien, demgegenüber habe es nur 179000 arbeitslose Schwerbehinderte gegeben. Mit der Senkung könnte die Wirtschaft um eine halbe Milliarde Mark entlastet werden, rechneten die Arbeitgeber vor.

Doch diese Rechnung stimmt nur auf den ersten Blick, da sie die verdeckte Arbeitslosigkeit unberücksichtigt läßt. Nach einer Studie, die sich 1995 mit der Situation behinderter Frauen im Ostteil Berlins befaßte, wurde eine offizielle Arbeitslosenquote von sieben Prozent für die behinderten Frauen ermittelt, gleichzeitig gaben aber 44 Prozent der befragten Frauen an, gerne wieder arbeiten zu wollen. Dieser Unterschied ist zum einen dadurch zu erklären, daß die betroffenen Frauen massiv in die Rente abgedrängt werden (vgl. dazu auch den Artikel von Eckert in diesem Buch). Zum anderen melden sich viele behinderte Frauen und Männer gar nicht erst beim Arbeitsamt, da sie sowieso keine Chance auf einen Arbeitsplatz haben.

Auch Bundesarbeitsminister Norbert Blüm kritisierte laut Zeitungsberichten den Vorstoß der Arbeitgeber als «falsches Signal» angesichts einer gestiegenen Zahl von 195000 arbeitslosen Schwerbehinderten im Jahr 1996 und verwies auf eine vom Bundesverfassungsgericht bestätigte Vermittlungsreserve von etwa 1,3 Millionen Arbeitsplätzen für Schwerbehinderte.

Kaum bekannt ist in der Öffentlichkeit, daß es außerdem weitreichende Möglichkeiten für Arbeitgeberinnen und Arbeitgeber gibt, bereits jetzt weniger Ausgleichsabgabe zu zahlen: Zum einen können sich Firmen teilweise von ihrer Beschäftigungspflicht freikaufen, indem sie Aufträge an Werkstätten für Behinderte vergeben. Für die Firmen lohnt sich das Geschäft: Sie bekommen gute Arbeit zu Billigpreisen und können 30 Prozent des Rechnungsbetrages auf die Ausgleichsabgabe anrechnen lassen. Zum anderen wird die Einstellung eines behinderten Menschen je nach Schwere oder Beeinträchtigung mehrfach angerechnet, um etwaige besondere Belastungen der Arbeitgeber auszugleichen. So wird die Beschäftigung eines rollstuhlfahrenden Richters aus Kassel gewertet, als habe der öffentliche Arbeitgeber gleich drei Pflichtplätze besetzt. Dabei steht fest, daß der Richter seinen Beruf vollwertig ausüben kann.

Besonders betroffen von der dramatischen Situation auf dem Arbeitsmarkt sind behinderte Frauen wie Marion C.: Laut Mikrozensus 1995 bestreiten nur rund 13 Prozent der behinderten Frauen ihren überwiegenden Lebensunterhalt aus einer Erwerbstätigkeit. Bei den behinderten Männern waren es etwa 20 Prozent. Noch drei Jahre vorher lagen die Zahlen für die Frauen bei 16 Prozent, die der Männer bei 30 Prozent.

Da die generelle Massenarbeitslosigkeit von rund elf Prozent (Mai 1997) von der Regierungspolitik nicht konsequent bekämpft wird, wundert es nicht, daß auch im Bereich der Arbeitslosigkeit schwerbehinderter Menschen keine durchgreifenden Maßnahmen gestartet werden. Hier liegt die Arbeitslosenquote mittlerweile bei 17,9 Prozent (Mai 1997). Die jährliche Vermittlungszahl schwerbehinderter Arbeitssuchender bei den Arbeitsämtern liegt im Durchschnitt zwischen 25 000 und 30 000, eine magere Ausbeute.

Deshalb sind im Zuge einer effektiven Arbeitsmarktpolitik für alle arbeitslosen Menschen folgende Maßnahmen für behinderte Arbeitssuchende zusätzlich erforderlich:

- Keine Absenkung der Pflichtquote!
- Die Vergabe öffentlicher Aufträge ist an die Erfüllung der Pflichtquote zu koppeln.
- Deutliche Erhöhung der Ausgleichsabgabe auf zunächst 400 Mark bis hin zu einem durchschnittlichen Monatsverdienst.

- Die Hälfte der Pflichtplätze ist mit behinderten Frauen zu besetzen; die Hälfte der Ausgleichsabgabe ist für behinderte Frauen zu investieren.
- Begleitende Hilfen im Arbeitsleben sind auch bei befristeten Stellen zu gewähren.

Jutta vom Hofe/Reinhard Jankuhn

Ohne Schongang: Viel Arbeit für wenig Lohn in den Behinderten-Werkstätten

Lino S. arbeitet seit zehn Jahren in einer Werkstatt für angepaßte Arbeit. Für den 29jährigen ist der Ausdruck «angepaßte Arbeit» zutreffend. Das hatte er jedenfalls bisher immer so empfunden, denn seine Tätigkeit in der Werkstatt entsprach seiner Behinderung und seinen Fähigkeiten. Der Düsseldorfer verfilmt im Auftrag einer nahe gelegenen Firma Dokumente auf Mikrofilm, eine Tätigkeit, die ihm großen Spaß macht und die er gut bewältigt. Lino S. hat eine spastische Lähmung und ist auf den Rollstuhl angewiesen; außerdem gilt er aufgrund einer Lese- und Schreibschwäche als lernbehindert.

Doch seit einiger Zeit macht ihm der Arbeitsdruck in der Werkstatt mehr und mehr zu schaffen: «Ich muß am Tag meine 1000 Aufnahmen auf den Film kriegen, egal ob ich mich gut oder schlecht fühle, sonst gibt es Ärger mit dem Auftraggeber.» Wir sind eben ein Dienstleistungsunternehmen, heiße es dann in der Werkstatt, und die Konkurrenz nehme überall zu. Wenn die Werkstatt weiter bestehen solle, dann müsse man das Pensum schaffen. Lino: «Oft sagt dann der Gruppenleiter, der Auftrag muß schnell fertig werden. Kannst du heute mal auf deinen Sport verzichten?»

Der Mikroverfilmer verdient 400 Mark im Monat. Damit liegt sein Lohn bereits über dem Durchschnitt in Werkstätten für behinderte Menschen. Zufrieden ist er nicht mit diesem Mini-Verdienst. Er wünscht sich zumindest so viel Lohn, daß er nicht mehr aufs Sozialamt angewiesen ist. Doch Lino schränkt sofort ein: «Angesichts meiner Behinderung und meines Status in so einem Betrieb kann ich mich wohl nicht beklagen.» Er weiß, daß er nicht die gleichen Rechte hat, wie sie jedem anderen Arbeitnehmer in der privaten oder öffentlichen Wirtschaft zustehen. So hat er in seiner Werkstatt zum Beispiel keinerlei Mitbestimmungsrechte. Da ist es auch nur ein schwacher Trost, daß er «sehr nette Chefs hat, die uns schon mal mit einbeziehen, wenn Aufträge reinkommen». Aber, so der 29jährige weiter, «insgesamt wünsche ich mir mehr Mitbestimmung in unserer Werkstatt».

Es gibt noch mehr Probleme, die Lino S. Sorge bereiten. «Wir arbeiten demnächst mit CD-ROM», sagte der Mikroverfilmer. «Ich als Lernbehinderter habe davor große Angst. Ich kann schlecht lesen, und vielleicht schaffe ich dann meine Arbeit nicht mehr.» Am liebsten wäre ihm, es bliebe alles beim alten, doch der Auftraggeber drängt bereits zur Umrüstung auf die neue Technik.

Von seinem alten Traum ist nach zehn Jahren Arbeit in der Werkstatt nicht mehr viel übriggeblieben: dem Traum von einem ganz normalen Arbeitsplatz in einem normalen Betrieb. Denn «eigentlich», sagt der Mikroverfilmer, «soll die Arbeit in der Werkstatt ja auf die Eingliederung in den allgemeinen Arbeitsmarkt hinauslaufen». Doch die Realität sieht anders aus. Für fast alle Behinderten ist die Werkstatt die Endstation. «Ich sage mir immer, ich darf die Hoffnung nicht aufgeben», meint der Düsseldorfer, «aber ich weiß, daß meine Chancen gleich Null sind.»

Der Verdienst der Mitarbeiter in Werkstätten für Behinderte schwankt je nach Region und allgemeinem Lohnniveau zwischen rund 100 Mark und Spitzensätzen von über 700 Mark. Der Durchschnittssatz liegt bei 220 Mark im Monat.

Für die meisten der 150000 Beschäftigten in den Werkstätten für Behinderte bedeutet das, daß sie für acht Stunden Arbeit am Tag nur ein Taschengeld bekommen. Sie bleiben auf Sozialhilfe oder auf die Unterstützung ihrer Familie angewiesen; einige erhalten zusätzlich eine kleine Rente. Von einem «Arbeitsplatz» in der Werkstatt zu sprechen ist für viele Behinderte Etikettenschwindel. Die Arbeit in der Werkstatt bleibt, so die Mitarbeiter, eine Pseudo-Berufstätigkeit.

Seit fast zehn Jahren kämpfen die Mitarbeiter und zum Teil auch die Leiterinnen und Leiter der knapp 1200 Werkstätten für Behinderte in der Bundesrepublik für bessere Bedingungen. Doch bisher hat sich so gut wie nichts geändert.

«Manchmal habe ich den Eindruck, wir sind nur dafür da, um in den Werkstätten die Produktion zu steigern und weiterhin finanziell ausgebeutet zu werden.» So lautete schon 1988 das ernüchternde Fazit eines Erfahrungsberichtes von Angelika Kastner, Mitarbeiterin einer Werkstatt für Behinderte im Ruhrgebiet, beim 1. Alternativen Werkstättentag. Heute würde sie es wahrscheinlich genauso formulieren.

Politik und Sozialhilfeträger scheuen davor zurück, die Forderungen der Behinderten nach gerechteren Löhnen und der Anerkennung der

Mitarbeiter als Arbeitnehmer mit allen Rechten und nicht nur ihren Pflichten aufzugreifen. Bisher hängt die Höhe des Taschengeldes vom Ertrag der Werkstatt ab. Sie muß ohne jegliche Zuschüsse und Subventionen wirtschaften. Was nach Abzug aller Kosten und der Rückstellung für Investitionen übrigbleibt, wird verteilt. Dies geschieht nach einem «ausgeklügelten Punktesystem, das von Werkstatt zu Werkstatt variiert», so Udo Sierck, Autor zahlreicher Veröffentlichungen zur Emanzipation behinderter Menschen, «das aber immer die Hierarchie und die interne Konkurrenz der Ausgeschlossenen forciert». Bewertet werden manuelle und intellektuelle Fähigkeiten, Leistungen und Arbeitsverhalten. Hinzu kommen laut Sierck Kriterien zum Sozialverhalten. Einige Beispiele aus den Bewertungsbögen: ‹Nach den Pausen unaufgefordert weiterarbeiten›, ‹zur Werkstatt wollen und hierbleiben wollen› oder sich in verschiedenen Situationen ‹angepaßt verhalten›. Sierck nennt dies «eine Verletzung der Grundrechte des Menschen.»

Daß die Vergütung der Arbeit in den Behindertenwerkstätten nicht ausreicht, um unabhängig vom Elternhaus zu wohnen, hob Sierck schon beim Alternativen Werkstättentag 1988 hervor. Daß sich seitdem zugunsten der Betroffenen praktisch nichts geändert hat, machte Ludwig Schäfer, Mitarbeiter der Werkstätten Hainbachtal in Offenbach, in seinem Referat anläßlich der 2. Paulskirchenkonferenz der BAG WfB im Juni 1997 deutlich. Er beklagte sich dabei über seinen Monatslohn von 245 Mark, der zwar noch über dem Bundesdurchschnitt liege, aber: «Davon kann ich kein selbständiges Leben führen!»

Hinzu kommt eine weitere Ungleichbehandlung der Mitarbeiter, die in jedem anderen Betrieb undenkbar wäre. So wird «den leistungsfähigeren Behinderten eine Art Solidarabgabe zugunsten der Leistungsschwachen abverlangt», so Georg Endemann, Dozent für Rehabilitationsrecht, den Behinderten also vom sowieso geringen Durchschnittslohn noch einmal ein Teil abgezwackt.

Diese Form der «Solidarität» der Behinderten untereinander sollte aber nicht ausgerechnet von denen verlangt werden, die sich an solchen Solidaritätszahlungen gar nicht beteiligen. Im übrigen ist die Entlohnung nach Ansicht von Endemann auch das Vehikel für die Gewerkschaften, die Rechtsstellung der behinderten Mitarbeiter in den Werkstätten zu verbessern. Denn welcher Gewerkschafter kann guten Gewissens hinnehmen, daß in den Werkstätten ein sich ‹Lohn› nennender Durchschnittsbetrag von rund 220 Mark monatlich bei der offensichtlichen Arbeitsintensität gezahlt wird? Gleichzeitig ist der Mini-Verdienst nach der Reform des Sozialhilferechts in einigen Bundesländern weiter gesunken. Der Grund: Die Behinderten sollen einen größeren Kostenbeitrag für Wohnen und Essen bezahlen. Für manche Mitarbeiter bleiben danach keine 100 Mark mehr im Monat übrig. Und selbst dieses Taschengeld ist in manchen Werkstätten in Frage gestellt. Denn viele Einrichtungen sind einem derart harten Konkurrenzkampf ausgesetzt, daß sie um ihr Überleben fürchten müssen.

«Wir haben für einen großen Autohersteller Teile fürs Handschuhfach hergestellt, für 24 Pfennig pro Stück. Dann hat das Gefängnis in Dresden die gleiche Arbeit für 12 Pfennig pro Stück gemacht, da waren wir den Auftrag los.» Jürgen K. aus Hoyerswerda kennt noch mehr Fälle, in denen seiner Werkstatt ein Auftrag durch die Lappen gegangen ist, weil andere billiger waren. Die großen Auftraggeber aus der Automobilindustrie vergeben immer mehr Arbeiten in sogenannte Billiglohnländer. Vor allem in den neuen Bundesländern bekommen die Werkstätten Konkurrenz von polnischen oder tschechischen Firmen, die mit Niedrigstlöhnen die Preise unterbieten. Hinzu kommt: Traditionelle Tätigkeiten wie Verpackung, einfache Montage- oder Sortiertätigkeiten werden immer häufiger von Automaten übernommen.

Wenn aber das fertige Paket oder das Holzspielzeug aus der Maschine kommt, müssen die Werkstätten nach neuen Marktnischen suchen. Diese haben sie zum Teil auch schon gefunden: Spastisch gelähmte Mitarbeiter kontrollieren den Feinschliff von Operationsnadeln, Menschen mit Down-Syndrom recyceln ausgediente Computer und Fernsehgeräte, hirngeschädigte Mitarbeiter bauen Maßküchen für Rollstuhlfahrer. Doch auch der Einstieg in den High-Tech-Markt ist zweischneidig. Vielen behinderten Mitarbeiterinnen und Mitarbeitern geht es wie Lino S. Sie haben Angst, die Umstellung auf eine neue, anspruchsvollere Tätigkeit nicht zu schaffen. So drohen manche Werkstätten und mit ihnen die Menschen, die dort arbeiten, im harten Konkurrenzkampf unterzugehen. Einige private Werkstätten mußten schon schließen, wurden jedoch von öffentlichen Trägern übernommen und weitergeführt. Es bleibt der Widerspruch: Einerseits gelten die Werkstätten als Schonraum, innerhalb dessen den Beschäftigten weniger Rechte zugestanden werden; andererseits sind sie Spielball des Marktes so wie jeder andere Betrieb auch, mit hohen Anforderungen an die Beschäftigten.

Bei der Konkurrenz um Arbeit und Aufträge droht auch das eigentliche Ziel der Werkstätten verlorenzugehen, nämlich behinderte Menschen auf eine Berufstätigkeit auf dem normalen Arbeitsmarkt vorzubereiten und sie dort einzugliedern. «Die Werkstattleiter haben doch viel zu viel mit dem Geschäftlichen zu tun, um sich auch noch darum zu kümmern, daß wir woanders eine Arbeit finden», klagt Wilfried A., der in einer Werkstatt in Norddeutschland arbeitet. Und eine Mitarbeiterin aus einer rheinland-pfälzischen Werkstatt äußert den Verdacht, daß manche Werkstatt-Chefs gerade die Leistungsfähigeren, die die besten Chancen auf eine Stelle außerhalb der Werkstatt hätten, gerne bei sich behalten. «Die sorgen ja für mehr Tempo und größere Stückzahlen.» Die Statistiken der Bundesarbeitsgemeinschaft Werkstätten für Behinderte geben den Skeptikern Recht: Nach einer Umfrage der Arbeitsgemeinschaft kann, so der Pressesprecher, «nur eine verschwindend geringe Zahl von Behinderten vermittelt werden, etwa zwischen ein und drei Promille.»

Insgesamt rund 400 Mitarbeiter aus Werkstätten für Behinderte haben an den beiden Alternativen Werkstättentagen des Bundesverbandes für Körper- und Mehrfachbehinderte 1988 und 1995 teilgenommen. Um ihre Arbeitsbedingungen in der Werkstatt entscheidend zu verbessern, forderten sie unter anderem:

- Anerkennung als Arbeitnehmer;
- qualifizierte, am Betriebsverfassungsgesetz orientierte Mitbestimmungsrechte;
- einen gesetzlich garantierten Mindestlohn, der ihnen ein finanziell eigenständiges Leben – unabhängig von der Sozialhilfe – ermöglicht;
- verbesserte Eingliederungschancen auf dem allgemeinen Arbeitsmarkt und damit Rückkehr zum Anspruch auf Rehabilitation;
- Recht auf Fort- und Weiterbildung;
- Subventionen durch die öffentliche Hand als Ausgleich für die große Zahl der Schwerbehinderten in den Werkstätten;
- Umwandlung der Werkstätten in Gemeinnützige Beschäftigungsgesellschaften.

Die letzte Forderung dient dem Ziel, den Ghettocharakter der Werkstätten aufzuheben. In den Beschäftigungsgesellschaften sollen nichtbehinderte Menschen, die auf dem allgemeinen Arbeitsmarkt ähnlich wie behinderte Menschen benachteiligt werden, als gleichrangige Kolleginnen und Kollegen mit Behinderten zusammenarbeiten. Für die Umsetzung dieser Forderung setzt sich insbesondere der vom Bundesverband für Körper- und Mehrfachbehinderte unterstützte «Arbeitskreis Werkstätten für Behinderte» ein. Gerade in wirtschaftlich härteren Zeiten, in denen Behinderte noch weniger Konjunktur haben als sonst, können diese Betriebe eine Zwischenlösung bieten zwischen dem für viele unerreichbaren allgemeinen Arbeitsmarkt und dem «Abstellgleis» Behindertenwerkstatt.

Norbert Berentz

«Zwischen allen Stühlen»

Kurt K., Jahrgang 1968, lebt in Bonn. Er gilt heute als geistig-psychisch behindert und hat eine erhebliche Lernschwäche: Seine Fähigkeit zum logischen Denken ist beeinträchtigt. Das war nicht immer so. Diese Behinderung hat sich erst im Laufe der Jahre ausgeprägt, insbesondere durch eine unglückliche Kindheit und fehlende bzw. mangelhafte Förderung in Elternhaus und Schule. Kurt erreichte den Hauptschulabschluß mit passablem Notenschnitt, nur im Rechnen gab es ein schwaches «ausreichend». Der Übergang in eine Berufsausbildung gestaltete sich allerdings schwierig.

Schon damals, Mitte der achtziger Jahre, war offensichtlich, daß Kurt K. der besonderen Hilfe und Unterstützung bedurfte. Er bekam sie aber nicht. Eltern, Pädagogen und Ärzte ignorierten das Problem. Nach zwei fehlgeschlagenen Ausbildungsversuchen im Einzelhandel gelang es schließlich, im öffentlichen Dienst einen Großbetrieb zu finden, der ihn zu einem insgesamt erfolgreichen Berufsabschluß führte. Verhängnisvoll für seine weitere Entwicklung wirkten sich die Kündigung beim bisherigen Arbeitgeber und der Wehrdienst aus. Nach der Bundeswehr stellte das Versorgungsamt bei ihm eine «geistige Behinderung» fest; mit einem Grad von 50 erhielt er die Anerkennung als Schwerbehinderter.

Nun fingen die Probleme der beruflichen Eingliederung erst richtig an. Er galt fortan als «ungelernt», da sein Abschluß im einfachen Postdienst außerhalb der Bundespost nicht als Berufsausbildung anerkannt wird. Also mußte eine neue Ausbildung oder eine Umschulung her. Begutachtungen des Medizinischen Dienstes des Arbeitsamtes ergaben aber, daß er den Anforderungen einer Ausbildung oder Umschulung nicht gewachsen sei. Alle mehr oder weniger intensiven Vermittlungsbemühungen des Arbeitsamtes scheiterten letztlich.

Kurt K., dem man seine Behinderung nicht ansieht, saß sozusagen «zwischen allen Stühlen». Für ein normales Arbeitsverhältnis galt er als «zu schwach», für die Behindertenwerkstatt (WfB) aber als «zu stark». Kein Arbeitgeber war bereit, ihm eine feste Anstellung zu bieten, ihm die Chance zur beruflichen Eingliederung zu geben. Also wurde Kurt K. langfristig arbeitslos, unterbrochen von kurzfristigen Beschäftigungen im gemeinnützigen Sektor und Arbeitsbeschaffungsmaßnahmen. Nach sieben langen Jahren der Arbeitslosigkeit und fehlgeschlagener beruflicher Eingliederungsversuche wurde er schließlich in die Werkstatt für Behinderte «abgeschoben» – wie er es selber sieht. Für zwei Mark die Stunde arbeitet er heute als angelernte Kraft in der Druckerei der Werkstatt.

So wie Kurt ergeht es leider vielen tausenden behinderten Menschen. Sie sind entweder langfristig arbeitslos oder werden in die Behindertenwerkstätten abgedrängt, wo sie in Anbetracht ihrer Leistungsstärke jedoch «fehlplaziert» sind. Vor dem Hintergrund einer anhaltend hohen und noch weiter steigenden Massenarbeitslosigkeit erhalten die Werkstätten für Behinderte einen Zulauf aus Personenkreisen, für die sie eigentlich nicht gedacht waren. Allein in den 90er Jahren ist die Zahl der in den Werkstätten beschäftigten Behinderten enorm gestiegen, und zwar von knapp 90000 auf nunmehr über 150000. Vor dem Hintergrund der schwierigen Arbeitsmarktlage ist die Tendenz weiter steigend, weil es bis heute praktisch kaum eine Alternative zur Behindertenwerkstatt gibt – außer der Arbeitslosigkeit (und die ist bei Behinderten bekanntlich viel stärker ausgeprägt als bei Nichtbehinderten). Bereits 1992 hat der Sozialverband Reichsbund darum konzeptionelle Vorschläge zur Förderung besonderer Beschäftigungsbetriebe für Behinderte vorgelegt. Angesichts der schwerwiegenden Benachteiligung behinderter Menschen auf dem Arbeitsmarkt kommt es heute darauf an, über das klassische Instrumentarium zur beruflichen Eingliederung Schwerbehinderter hinaus auch neue Wege und Konzepte für besonders betroffene Personengruppen zu erproben und diese im Schwerbehinderten- und Arbeitsförderungsrecht dauerhaft zu verankern. Neben dem Modell der Integrationsfachdienste (vgl. dazu den Artikel von Behncke in diesem Buch) sind hier die Integrationsfirmen eine gute, wenngleich kaum bekannte Alternative.

Integrationsfirmen sind Betriebe des allgemeinen Arbeitsmarktes, die Behinderte – und zwar solche, deren Eingliederung in das Arbeitsleben trotz Ausschöpfens aller Fördermöglichkeiten und des Einsatzes von Fachdiensten auf besondere Schwierigkeiten stößt – beschäftigen und (soweit erforderlich) auch qualifizieren, in andere Betriebe vermitteln und nachgehend betreuen. Integrationsfirmen ergänzen die vorhandenen Angebote und Dienste zur Eingliederung Behinderter in den allgemeinen Arbeitsmarkt. Sie verstehen sich als «Brücke» zur Eingliederung Behinderter in das Arbeitsleben. Sie sollen auch den Übergang von Behinderten aus Werkstätten auf den allgemeinen Arbeitsmarkt ermöglichen und sich der behinderten Abgänger aus Sonderschulen annehmen, wenn für sie sonst nur die Aufnahme in eine WfB in Betracht kommt.

Rund 15 Jahre nach der Gründung der ersten Integrationsfirmen, damals vorwiegend als «Selbsthilfefirmen» für psychisch Behinderte konzipiert, gibt es in Deutschland heute erst 200 solcher Betriebe, die rund 3000 Schwerbehinderten einen Arbeitsplatz bieten. Meist sind es kleinere Betriebe (bis zu 20 Beschäftigten), teilweise gibt es auch die Form einer «geschützten Abteilung» in Großbetrieben. Dies ist leider nur ein Tropfen auf den heißen Stein; mittlerweile sind über 190000 Schwerbehinderte arbeitslos.

Was würde es für Kurt K. bedeuten, wenn er in einer solchen Firma Beschäftigung finden könnte? Im Unterschied zur Behindertenwerkstatt hätte er ein normales Arbeitsverhältnis mit einem ordentlichen Arbeitsvertrag. Statt eines Taschengeldes erhielte er eine leistungsgerechte bzw. tarifliche Entlohnung, die ihn unabhängig von der Sozialhilfe und vom Elternhaus machen würde. Ein reguläres Arbeitsverhältnis wäre auch grundlegende Voraussetzung für ein selbstbestimmtes Leben in eigener Verantwortung.

Daß es erst so wenige Integrationsfirmen gibt, liegt vor allem daran, daß sich diese Firmen und Beschäftigungsprojekte ohne besondere öffentliche Förderung im Wettbewerb mit anderen Firmen nur schwer behaupten können. Im Unterschied zu anderen Betrieben des allgemeinen Arbeitsmarktes, die zumeist nicht einmal die Beschäftigungspflichtquote (6 Prozent Schwerbehinderte) erfüllen, arbeiten in Integrationsfirmen größtenteils Schwerbehinderte, die sonst keine Beschäftigungschancen hätten. Dies setzt der üblichen betriebswirtschaftlich-effektiven Arbeits- und Produktionsweise bestimmte Grenzen. Derartige Nachteile werden jedoch nach geltendem Recht nicht oder nur höchst unzureichend ausgeglichen.

Deshalb sind heute dauerhafte rechtliche und finanzielle Rahmenbedingungen notwendig, die die bestehenden Integrationsfirmen langfristig sichern helfen und die weitere Entwicklung neuer Beschäftigungsinitiativen für Behinderte vorantreiben. Der Reichsbund hat dazu konkrete Vorschläge und Forderungen:

- Zum Ausgleich der besonderen Belastungen und in Anerkennung der Leistungen der Integrationsfirmen muß über die individuellen Leistungen des Schwerbehinderten- und Rehabilitationsrechts hinaus die Möglichkeit einer institutionellen Förderung (projekt- und unternehmensbezogen) eröffnet werden.
- In jedem Einzugsgebiet einer Werkstatt für Behinderte (WfB) muß es auch mindestens eine größere Integrationsfirma geben. Entsprechend den verschiedenen Außenstellen einer WfB muß es darüber hinaus auch weitere Projekte (kleinere Integrationsfirmen, -betriebe, -abteilungen) geben.
- Wie die WfB brauchen Integrationsfirmen ein eigenes Anerkennungsverfahren und die Möglichkeit der Anrechnung ihrer Umsätze auf die Ausgleichsabgabe der Auftraggeber, um Wettbewerbsnachteile ausgleichen zu helfen.
- Ein ungelöstes Problem ist die Anerkennung des Schwerbehindertenstatus bei psychisch Behinderten, die sich aus verschiedenen Gründen dem förmlichen Anerkennungsverfahren nicht unterziehen. Hier müssen im Interesse der Betroffenen auch Alternativen zu dem Verfahren anerkannt werden, um eine Förderung aus Mitteln der Ausgleichsabgabe zu ermöglichen.
- Wesentliches Ziel des Gesetzes zur Sicherung der Eingliederung Schwerbehinderter in Arbeit, Beruf und Gesellschaft (Schwerbehindertengesetz/SchwbG) ist die berufliche Eingliederung auf dem *allgemeinen* Arbeitsmarkt. Integrationsfirmen und -fachdienste gehören dazu. Entsprechend dieser Zielsetzung sind die Mittel der Ausgleichsabgabe vorrangig für Leistungen zur beruflichen Eingliederung auf dem allgemeinen Arbeitsmarkt zu verwenden und nicht länger überwiegend zur institutionellen Förderung von WfB und Wohnstätten.

Rolf Behncke

Kosten sind kein Argument

Arbeiten außerhalb der Werkstatt für Behinderte

Peter H. begeistert sich für Baumaschinen jeder Art, für Gabelstapler und Traktoren. Wenn er über seinen Wunschberuf nachdenkt, dann sieht er sich als Gabelstaplerfahrer oder im Führerhäuschen einer Baumaschine. Diesen Wunsch hegt er schon lange, auch wenn er weiß, daß es schwierig sein wird, ihn in die Realität umzusetzen, «schwieriger, als ich das erwartet habe».

Peter H. ist spastisch gelähmt. Er sitzt in einem elektrisch betriebenen Rollstuhl, den er mit einer Hand steuern kann. In diesem Rollstuhl bewegt er sich sicher und furchtlos durch die Großstadt. Peter H. kann zwar nur wenig lesen und schreiben, verfügt aber über ein präzises Gedächtnis, das es ihm ermöglicht, sich sicher in öffentlichen Räumen zu orientieren.

Peter H. ist ein sehr kommunikativer junger Mann, offen geht er auf andere zu und versteht es, Menschen für sich einzunehmen. In dieser Offenheit zeigt er wenig Befangenheit, auch wenn seine Spastik ihm eine nur mühselige sprachliche Verständigung ermöglicht.

Aufgrund seiner Behinderungen wird Peter H. als einziger Arbeitsort die Werkstatt für Behinderte zugewiesen. Bis vor wenigen Jahren gab es keine realen Wahlmöglichkeiten.

Technisch hervorragend ausgestattete Werkstätten für Behinderte, Berufsbildungs- und Berufsförderungswerke waren der einzige Ort der beruflichen Rehabilitation. Für viele Menschen mit Behinderung ist das sicherlich eine Möglichkeit, sinnvolle Arbeit zu leisten, für andere allerdings auch ein Ort im Abseits normaler Lebens- und Arbeitsbezüge. In diesem Abseits möchte Peter H. nicht länger leben und arbeiten.

Menschen mit schweren Behinderungen bleiben ausgeschlossen

Die Situation der beruflichen Eingliederung für Menschen mit einer Behinderung hat sich auch in der Bundesrepublik in den letzten Jahren etwas gewandelt. Sogenannte Eingliederungs-, Integrationsfachdienste oder auch Arbeitsassistenzen haben begonnen, ein besonderes Unterstützungsinstrumentarium zu entwickeln, mit dem die berufliche Eingliederung von Menschen mit Behinderung in Betrieben des allgemeinen Arbeitsmarktes möglich wird. Zum Unterstützungsangebot gehören die individuelle Vermittlung auf einen geeigneten Arbeitsplatz bzw. seine Einrichtung, die personelle Assistenz im Qualifizierungsprozeß am Arbeitsplatz sowie die umfassende Beratung des Arbeitgebers hinsichtlich der Bedingungen der Beschäftigung von Schwerbehinderten, die Möglichkeit, Lohnkostenzuschüsse zu beantragen und Arbeitsplätze technisch entsprechend den Behinderungen umzugestalten.

Die Erfolge dieser neuen Ansätze sind beeindruckend. In den letzten fünf Jahren wurden vor allem Menschen mit einer geistigen Behinderung, die zuvor entweder über gar keine Arbeitserfahrung oder nur über die Arbeitserfahrung aus einer Werkstatt für Behinderte verfügten, in reguläre Beschäftigungsverhältnisse dauerhaft integriert. Es wurde sichtlich bewiesen, daß es möglich ist, Menschen mit Behinderungen zu vermitteln, die in früheren Jahren vom Arbeitsamt als nichtvermittlungsfähig eingestuft wurden. Die Erfahrungen belegen aber auch, daß es überwiegend Personen mit weniger schweren Behinderungen sind, die so den Übergang auf den allgemeinen Arbeitsmarkt schaffen. Personen mit größeren Einschränkungen bleiben auf Grund des höheren Unterstützungsbedarfs nach wie vor davon ausgeschlossen.

Bislang wurde der Aufbau derartiger Alternativen in der sozialpolitischen Diskussion wesentlich unter Kostengesichtspunkten diskutiert. Dieses Argument kommt natürlich noch viel stärker zum Tragen, wenn über den Unterstützungsanspruch von Menschen mit schweren Behinderungen wie Peter H. gesprochen wird.

Auch Peter H. hat sich vor einigen Jahren an einen Integrationsfachdienst in seiner Stadt gewendet, um von dort die erforderlichen Unterstützungsleistungen zu bekommen. Gemeinsam überlegten Peter H. und die Mitarbeiter/innen des Fachdienstes, welche beruflichen Eingliederungschancen er hat. Aber auch die Mittel und Möglichkeiten des Fachdienstes sind begrenzt. Denn derzeit ist kein Kostenträger in Deutschland bereit, die Kosten für die erforderliche langfristige Assistenz am Arbeitsplatz zu übernehmen. Auch die Bereitschaft eines privaten Unternehmers, die zweifellos eingeschränkten Arbeitsleistungen von Peter H. zu akzeptieren, wird sich in Grenzen halten, wenn er mit keinerlei langfristiger Lohnkostensubventionierung rechnen kann.

Was wäre, wenn...

Wenn Peter H. feststellt, daß «es wohl sehr schwierig sein wird, einen Arbeitsplatz zu finden», dann spricht er mit seinen Worten über die Erfahrung dieser einengenden Bedingungen, die von ihm eindeutig als eine Diskriminierung erlebt werden.

Wenn man sich in Funktionsweise und Finanzierungsstrukturen des bestehenden Rehabilitationssystems hineindenkt, wird es allerdings zunehmend unverständlich, warum gerade Kostengesichtspunkte die Ursache für den dauerhaften Ausschluß von Menschen mit schweren Behinderungen aus normalen Arbeits- und Lebensbezügen sein sollen. Peter H.s Arbeitsplatz in der WfB kostet den Sozialhilfeträger Monat für Monat 2400 Mark. Zusätzlich wird aus der gleichen Kasse sein Wohngruppenplatz sowie Hilfe zum Lebensunterhalt gezahlt, da die kärgliche Werkstattvergütung nicht ausreicht, die Lebenshaltungskosten zu finanzieren. Neuere Analysen über Mittelaufwendungen und Einsparungen der ambulanten Form der beruflichen Integration haben ergeben, daß den finanziellen Aufwendungen für Begleitung am Arbeitsplatz und Lohnkostenzuschüsse auf der einen Seite erhebliche Einsparungen des Sozialhilfeträgers gegenüberstehen, wenn ein Arbeitnehmer mit Behinderung anstelle eines teuren WfB-Platzes unterstützte Arbeit auf dem allgemeinen Arbeitsmarkt annimmt.

Unter Umständen ist auch darüber nachzudenken, inwieweit Arbeit in integrativer Umgebung auch unterhalb eines sozialversicherungspflichtigen Beschäftigungsverhältnisses möglich sein kann, zum Beispiel für Menschen mit schweren Behinderungen, die von ihrer Leistungsfähigkeit her auf dem Arbeitsmarkt nicht konkurrieren können.

Warum sollte es nicht möglich sein, daß Peter H. Verfügungsgewalt über die für den WfB-Platz Monat für Monat gezahlten 2400 Mark bekommt, um sich damit ein Unterstützungsangebot «einzukaufen», das seinen Vorstellungen davon, was und vor allen Dingen wo er arbeiten möchte, am ehesten entspricht. Peter H. hätte nur wenig Probleme mit einem derartigen Zuwachs an Autonomie in seinem Berufsleben.

Ob er dann seinen Traum, Gabelstaplerfahrer zu werden, verwirklichen kann, bleibt fraglich – mit Hilfe entsprechender Assistenz und technischen Umrüstungen ist es aber nicht ausgeschlossen. Außerdem ist Peter H. kompromißfähig. Er könnte sich auch eine Tätigkeit als Stadtkurier vorstellen. Wichtig ist ihm vor allem, in normaler Umgebung zu arbeiten und auch nichtbehinderte Kollegen zu haben. Mit seiner Persönlichkeit wüßte er Arbeitgeber und Kollegen zu überzeugen – und einen Arbeitsbegleiter würde er gleich mitbringen.

Hannelore Loskill

Die Mär von der Chancengleichheit

Es war einmal eine sehbehinderte junge Frau, Hannelore B., die sehr glücklich war, als sie nach 51 erfolglosen Bewerbungen schließlich eine Stelle in der Datenverarbeitung im öffentlichen Dienst erhielt: in einem Universitätsrechenzentrum in Nordrhein-Westfalen. Die Zeit verging. Aus Lochkarten wurden Terminals, Maschinen und Programme änderten sich. Doch die junge Frau stellte sich trotz weiter nachlassenden Sehvermögens immer wieder auf die Veränderungen ein. Aber eines Tages war es damit vorbei: Durch eine massive Veränderung im Augenhintergrund verlor Hannelore B. über 10 Prozent ihres ohnehin schon eingeschränkten Sehvermögens. Von einem Tag auf den anderen konnte sie weder lesen noch schreiben, an ihrem Arbeitsplatz konnte sie weder den Bildschirm noch andere Daten erkennen. Selbst langjährige Kollegen konnte sie nur noch an der Stimme identifizieren. Was war zu tun? «Sie müssen sich erst einmal entscheiden, ob Sie Ihre Tätigkeit weiter ausüben oder ob Sie den Arbeitsplatz wechseln wollen», sagte man ihr. Hannelore B. entschied sich fürs Bleiben, und so wurde dann der lange Weg der Rehabilitation in Form einer «beruflichen Anpassungsmaßnahme» im Berufsförderungswerk Düren in Angriff genommen. Sechs Monate sollte diese Maßnahme dauern. Sechs Monate, in denen sie nur Übergangsgeld statt des Gehalts beziehen würde, denn sie wurde freigestellt «ohne Fortzahlung der Bezüge». Ob es denn keine andere Möglichkeit gebe, fragte sie in der Personalabteilung. Die gäbe es schon, sagte man ihr, wenn die Freistellung im dienstlichen Interesse sei, aber: «Es kann uns ja schließlich egal sein, ob Sie sehen können oder nicht.»

Rund zwei Jahre nach dem einschneidenden Ereignis kehrte Hannelore B. «angepaßt» an Ihren Arbeitsplatz zurück – ausgestattet mit neuem Wissen, aufgefrischten Fähigkeiten und allerlei technischem Gerät: der «behindertenspezifischen Arbeitsplatzausstattung». Und weil diese vom Rentenversicherungsträger beschafft worden war, ging sie in das Eigentum von Hannelore B. über – sie mußte dann auch die

Versicherung (gegen Diebstahl, Beschädigung u.ä.) für die Geräte selbst bezahlen.

Hannelore B. wollte sich jedoch auch beruflich weiter qualifizieren. Und so studierte sie jedes Jahr eifrig das «ADV-Fortbildungsprogramm» des NRW-Innenministeriums und versuchte, sich für Lehrgänge anzumelden, die für ihr Arbeitsgebiet sinnvoll erschienen. Doch immer sagte man ihr, das habe keinen Zweck, man sei in dem Amt, das die Kurse durchführe, nicht auf Sehbehinderte eingerichtet. So blieb ihr nichts anderes übrig, als sich die Lehrgangsunterlagen aushändigen zu lassen, was jedoch nur gelegentlich möglich war, und die Fortbildung im Selbststudium am Arbeitsplatz durchzuführen.

Eines Tages erfuhr Hannelore B. von einem einwöchigen EDV-Kurs für Sehbehinderte in Heidelberg. Da ihr klar war, daß ihre Dienststelle diesen teuren Kurs nicht bezahlen würde, wandte sie sich an den Landschaftsverband Rheinland. Sie erhielt auch sofort die mündliche Zusage für die Finanzierung. Einzige Bedingung: eine Bescheinigung des Arbeitgebers über das bestehende Beschäftigungsverhältnis. Und die wurde ihr verweigert. Begründung: Sie könne ja «wer weiß welche Ansprüche» daraus ableiten. Dank der verständnisvollen Einsicht der Mitarbeiterin beim Landschaftsverband genügte schließlich eine Kopie des Arbeitsvertrages. Doch damit nicht genug: Als Hannelore B. den Sonderurlaub für die Teilnahme am Kurs beantragte, bestand ihr Chef auf dem schriftlichen Vermerk, daß sie ihrem Arbeitgeber gegenüber keinerlei Ansprüche geltend machen werde, wenn der Landschaftsverband nicht alle Kosten erstatte.

Auch wenn es Hannelore B. gelungen ist, nach neun Jahren eine Erneuerung ihrer Arbeitsplatzausstattung zu erreichen, hat sich die – nun nicht mehr ganz so junge – Frau daran gewöhnen müssen, daß ihre speziellen Bedürfnisse von ihrem Arbeitgeber ignoriert werden: Beförderung durch den Fahrdienst der Uni, um den umständlichen, teilweise gefährlichen Weg zum Arbeitsplatz zu verkürzen und zu sichern – abgelehnt; Verlagerung des Arbeitsplatzes in ein anderes Gebäude innerhalb des weitläufigen Geländes – abgelehnt; häuslicher Arbeitsplatz (Telearbeit) – abgelehnt.

Die alltägliche Benachteiligung ist fast schon zur Selbstverständlichkeit geworden. Wie weit sie selber diese Benachteiligung zuläßt, wurde Hannelore B. kürzlich bewußt, als sie an einem mehrtägigen Seminar als einzige Sehbehinderte teilnahm: Folie auf Folie wurde aufgelegt und diskutiert. Niemand hatte daran gedacht, für sie die Unterlagen wenigstens in gedruckter, wenn schon nicht in vergrößerter Form bereitzuhalten. Aber diesmal hat sie ihrem Unmut darüber Ausdruck verliehen. Ob mit Erfolg, wird das Folgeseminar zeigen ...

Fazit: Die berufliche Chancengleichheit liegt für behinderte Frauen und Männer in weiter Ferne. Es sind noch etliche Änderungen in den verschiedenen Rechtsbereichen notwendig, um dem im Grundgesetz vorgeschriebenen Benachteiligungsverbot Nachdruck zu verleihen:

- Wenn ein behinderter Arbeitnehmer des öffentlichen Dienstes an einer beruflichen Rehabilitationsmaßnahme teilnimmt, die von einem Rentenversicherungsträger finanziert wird, so dürfen ihm daraus keine finanziellen Nachteile entstehen.
- Im BAT (Bundesangestelltentarif) sind zwar die Möglichkeiten einer Freistellung festgelegt, es ist jedoch nirgendwo definiert, wann eine solche Freistellung im «dienstlichen Interesse» ist. Damit behinderte Beschäftigte nicht der Willkür der Personalverwaltung ausgesetzt sind, müssen sowohl im BAT als auch im Beamtenbesoldungsrecht klare Richtlinien für solche Fälle vorgegeben werden. Außerdem müssen die gewählten Schwerbehindertenvertretungen die Kompetenz erhalten, an solchen Entscheidungen maßgeblich mitzuwirken.
- Wird im Rahmen einer Reha-Maßnahme der Arbeitsplatz mit einer behinderungsspezifischen Zusatzausstattung versehen, dann darf die Verantwortung des Rehabilitationsträgers nicht mit der Beschaffung enden. Es müssen eindeutige Regelungen geschaffen werden, wer für Folgekosten zuständig ist. Es ist ein Unding, daß ein Behinderter für eine eventuell notwendige Ersatzbeschaffung selbst verantwortlich sein soll. Schließlich bekommt er ja vom Arbeitgeber auch keine Vergütung dafür, daß er seine «eigenen» Geräte am Arbeitsplatz zur Verfügung stellt.

  Die Landesregierung in NRW ist für ihre Einrichtungen Selbstversicherer, vorausgesetzt, die Gegenstände wurden auch durch das Land ganz oder teilweise beschafft. Gehen jedoch die im Rahmen einer Reha-Maßnahme beschafften Geräte in das Eigentum des Behinderten über, so fühlt sich der öffentliche Arbeitgeber nicht mehr zuständig. Es sind auch nirgendwo Ansätze für Kompromißlösungen zwischen Reha-Träger und Dienstherren sichtbar.
- Für die Weiterbildung der sehbehinderten Beschäftigten in NRW

müssen endlich die entsprechenden Voraussetzungen geschaffen werden. Im Landesamt für Datenverarbeitung und Statistik in Düsseldorf, in dem seit vielen Jahren EDV-Fortbildungslehrgänge für die Landesbediensteten durchgeführt werden, gibt es nach wie vor keinerlei Möglichkeiten, an den Kursen teilzunehmen. Obwohl immer wieder die Segnungen der Computertechnologien gerade für Sehbehinderte und Blinde gepriesen werden, fehlen entsprechende Zusatzausstattungen. Es ist dringend notwendig, die Anzahl der sehbehinderten Beschäftigten in NRW zu ermitteln, um eine Grundlage für eine Änderung zur erarbeiten. Hier ist das Ministerium für Arbeit, Gesundheit und Soziales in NRW gefordert, die Angebote des Innenministeriums für die Weiterbildung Sehbehinderter durch die notwendigen Verordnungen auch möglich zu machen.

Franz-Josef Hanke

Kein Job für Blinde!

Mit ihrem Praktikum in der örtlichen Blindenschule wollte sich Nina B. auf ihren Wunschberuf als Erzieherin vorbereiten. Die blinde Abiturientin plante ein Studium der «Heilpädagogik» im Anschluß an die Erzieherausbildung. Gerne wollte sie ihre Erfahrungen mit der eigenen Behinderung an blinde und hochgradig sehbehinderte Kinder und Jugendliche weitergeben. Doch in der Blindenschule erfuhr sie alles andere als Ermutigung, als sie mit der Schulleitung über ihre Absichten sprach. Man bedeutete ihr, sie könne ja wohl kaum die Aufsicht über die blinden Schüler führen und sei deshalb für den Erzieherberuf ungeeignet.

Besonders enttäuscht war die Praktikantin von ihren Kolleginnen und Kollegen: «Eine Bemerkung kam von einer Erzieherin, sie könne sich nicht vorstellen, mit Blinden zusammenzuarbeiten. Und der Direktor sagte, er würde lieber eine Halbtagskraft nehmen, die sehen kann und voll einsetzbar sei, als eine Ganztagskraft, die blind ist.»

Nina hingegen hält sich sehr wohl für fähig, den Erzieherberuf kompetent auszuüben: «Diese sture Haltung kann ich nicht verstehen. Der Job besteht doch nicht nur daraus, Aufsicht zu führen. Ich kann doch für andere Freizeitangebote oder Einzelförderung zuständig sein.»

Angesichts der Ablehnung, die ihr in der Blindenschule entgegenschlug, glaubte Nina B. jedoch nicht an eine Chance in ihrem Wunschberuf. Frustriert gab sie deshalb ihren Berufswunsch auf und suchte sich einen anderen Job. Ihre Hoffnung hat sie aber nicht endgültig begraben, zumal sie die Arbeit als Telefonistin nicht gerade befriedigend findet: «Ich habe den tollsten Job aller Zeiten, sitze in einer Telefonzentrale und verblöde elendiglich. Aber mit einer Berufsberaterin vom Arbeitsamt, die ich privat kenne, will ich nun doch noch mal ausprobieren, was ich sonst machen kann. Ich denke an eine Ausbildung zur Ergotherapeutin oder Logopädin.»

Telefonist und Masseur sind zwei klassische Blindenberufe. Auch von der Arbeitsverwaltung werden Blinde immer wieder in diese Ausbildungsgänge hineingedrängt, obwohl sie vielleicht gar nicht dafür geeignet sind. Vielfach bestehen Vorurteile gegenüber der Flexibilität und der Leistungsfähigkeit blinder Mitarbeiter.

Nina B. ist also kein Einzelfall. Wie ihr ergeht es vielen Blinden, die sich um eine Stelle bewerben. Häufig müssen sie Jobs annehmen, die weit unterhalb ihrer erworbenen Qualifikation liegen. Wenn sie überhaupt eine Arbeit finden.

«Viele Arbeitgeber haben Angst, einen Blinden oder Sehbehinderten einzustellen, auch wenn er fachlich qualifiziert ist. Sie haben Angst: Wie kriegt dieser Blinde seinen täglichen Arbeitsweg geregelt? Wie kommt der alleine aufs Klo? Was macht er in der Frühstückspause, beim Mittagessen und so weiter? Da besteht unheimlich viel Aufklärungsbedarf», bemerkt Rudi Ullrich.

Ullrich weiß, wovon er spricht. Der Pressesprecher der Deutschen Blindenstudienanstalt in Marburg ist selbst stark sehbehindert. Eigene Erfahrungen im Marketing und der Tourismusbranche vergleicht er mit Beobachtungen der Berufswege von Absolventen seiner Einrichtung. Immer wieder müssen die Abgänger der Marburger Blindenschule die Erfahrung machen, daß Arbeitgeber sie zu Vorstellungsgesprächen gar nicht erst einladen.

Furcht vor dem Thema «Blindheit» findet man sogar bei Leuten, die von Berufs wegen die Kompetenzen von Führungskräften einschätzen. Als der blinde Systemberater Franz-Erwin Kemper Personalberater zu einem Seminar über blinde Führungskräfte einladen wollte, reagierten sie ablehnend. Man fürchtete, eine Nennung in Zusammenhang mit dem Thema «Blindheit» könne dem Image des jeweiligen Personalberatungsunternehmens schaden.

Dabei sind Blinde und Sebhinderte nach Kempers Erfahrung auch in der Privatwirtschaft durchaus zu Spitzenleistungen fähig, wenn sie nur die nötigen Arbeitsbedingungen vorfinden: «Es gibt eine sehbehinderte Führungskraft in einer großen deutschen Bank; dieser junge Mann leitet die EDV-Revision, ist also einer der mächtigen Leute in diesem Unternehmen. Er ist Führungskraft geworden, weil er sehr leistungsfähig ist und obwohl er sehbehindert ist.»

Günter R. war Manager in der Computerindustrie. Als er von einem «Headhunter» auf einen Stellungswechsel angesprochen wurde, offenbarte er dem Personalberater seine Behinderung. Schlagartig verlor der «Researcher» daraufhin das Interesse an dem blinden Top-Manager.

Dabei gibt es besondere Fördermöglichkeiten zum Ausgleich blindheitsbedingter Benachteiligungen am Arbeitsplatz.

Von den zuständigen Hauptfürsorgestellen erhalten viele Blinde einen Assistenten zugesprochen, der ihnen zeitweise bei der Ausübung ihres Berufs zur Seite steht. Finanziert wird diese Arbeitsplatz-Assistenz – ebenso wie die behindertengerechte Ausstattung des Arbeitsplatzes – aus der Ausgleichsabgabe. Für Menschen mit Sehbehinderungen können davon sprechende Computer, Brailleschriftzeilen für eine Übertragung des Bildschirminhaltes in Blindenschrift oder auch Großbildschirme angeschafft werden. Arbeitgeber können in der Anfangszeit auch einen Zuschuß zu den Lohnkosten erhalten, damit sie einen Behinderten einstellen.

Bisher hat diese Regelung jedoch nicht zum gewünschten Erfolg geführt. In den vergangenen Jahren ist die Zahl behinderter Arbeitsloser vielmehr ständig gestiegen. Offenbar ist die Ausgleichsabgabe zu niedrig, um wirklich Druck auf Arbeitgeber auszuüben, Behinderte einzustellen.

Selbst Arbeitgeber, die eigentlich über die Fähigkeiten und Einschränkungen blinder Mitarbeiter Bescheid wissen müßten, reagieren ablehnend, wie das Beispiel von Nina B. belegt. Und auch bei Stellen, die sich um die berufliche Integration Behinderter kümmern, herrschen mitunter Klischees vor, die sich für die Betroffenen nachteilig auswirken können.

So werden Blinde oft in eine Richtung gedrängt, die weniger ihren eigenen Wünschen als vielmehr den falschen Vorstellungen ihrer Umgebung entspricht. Immer noch werden Blinde zu Korbmachern oder Bürstenbindern ausgebildet, obwohl es für diese Berufe heute praktisch keinen Arbeitsmarkt mehr gibt.

Zur Verschlechterung der Situation Behinderter trägt die allgemeine hohe Arbeitslosigkeit gleich in doppelter Weise bei: Einerseits können Arbeitgeber in aller Regel auf genügend Bewerber ohne Beeinträchtigung zurückgreifen, die sie einem Behinderten erfahrungsgemäß vorziehen. Andererseits verringern sich angesichts der sinkenden Zahl von Arbeitsplätzen auch die Bemessungsgrundlagen für die Berechnung der Pflichtplätze und damit der Ausgleichsabgabe.

Da nun weniger Geld vorhanden ist, haben die Hauptfürsorgestellen inzwischen begonnen, an der Ausstattung von Behinderten-Arbeitsplätzen zu sparen. Insbesondere die Arbeits-Assistenz soll nur noch auf höchstens drei Jahre befristet finanziert werden. Damit ist gerade für Blinde die Ausübung qualifizierter Berufe enorm erschwert. Arbeitsassistenz muß unbefristet sein, um wirklich einen Ausgleich behinderungsbedingter Benachteiligung dauerhaft zu gewährleisten.

Durch eine deutliche Erhöhung der Ausgleichsabgabe käme nicht nur mehr Geld zusammen; dadurch könnte auch der Druck auf die Arbeitgeber verstärkt werden, ihrer gesetzlich verankerten Pflicht nachzukommen, mindestens sechs Prozent Schwerbehinderte zu beschäftigen. Außerdem ist die Beratung des Arbeitsamts durch qualifizierte Personen durchzuführen, die die Lebensrealität behinderter Menschen aus eigener Anschauung genau kennen.

«Wie es in einer Gesellschaft aussieht, kann man daran erkennen, wie sie ihren Behinderten hilft», sagte Bundespräsident Roman Herzog im Juni 1997 beim Besuch der Deutschen Blindenstudienanstalt in Marburg. Was für die gesamte Gesellschaft gilt, stimmt auch für ihre Teile. Insofern sind Arbeitsplätze für Behinderte ein Indikator für ein menschenfreundliches Betriebsklima.

Arbeit ist in unserer Gesellschaft wesentlich zur Bestimmung der sozialen Position. Ein Arbeitsplatz ist Voraussetzung für die Sicherung von Wohlstand, aber er gehört auch zur Teilhabe an der Gesellschaft. Auch Behinderte haben ein Recht auf die grundgesetzlich garantierte freie Berufswahl. Wer Behinderte aus dem Arbeitsleben ausgrenzt, der schließt sie damit aus einem wesentlichen Bereich des gesellschaftlichen Lebens aus.

GESCHLECHT: ~~WEIBLICH~~. BEHINDERT.

„Als alleinstehende Frau mit Behinderung und Kind fiel ich immer auf. Mal war es Anerkennung, dann totale Ablehnung. Meine Tochter bekam dies täglich zu spüren. Eine behinderte Mutter zu haben war nicht leicht für sie. Es wurde mir nicht zugetraut, sie zu versorgen, ihr die notwendige Liebe und Fürsorge zu geben" (Ingrid Schmidt, Name geändert). „ ‚So eine kann ich meinen Geschäftspartnern nicht zumuten.' Mit diesem Kommentar wies der Chef meine Bewerbung um den Job im Empfang seiner Firma zurück" (Elke Krinke, Mannheim). „Ich spürte, daß ich meinen Kinderwunsch sogar gegen die Ärztin durchsetzen mußte. Ich mußte aufpassen, daß sie mir keine Abtreibung aufschwatzte" (Vera Marx, Bottrop).

„Niemand darf wegen seiner Behinderung benachteiligt werden." (Art. 3 Abs. 3 Grundgesetz)

Eine Initiative
der Aktion Sorgenkind und
85 Verbänden und Organisationen
der Behindertenhilfe
und -selbsthilfe.

http://www.aktion-sorgenkind.de/grundgesetz/

Aktion GRUNDGESETZ

Claudia Seipelt-Holtmann

Mütter mit Behinderung gibt es einfach nicht

Die Krankenkasse von Claudia S. – Spastikerin, sie benutzt Gehhilfen – finanzierte ihr während einer Risikoschwangerschaft wegen der großen Anstrengungen bei der Haushaltsführung und Betreuung ihres ersten Kindes eine Haushaltshilfe bis zum Ende des dritten Lebensmonats ihres zweiten Kindes. Danach bat Claudia S. um eine Verlängerung der Finanzierung, bis ihr zweites Kind allein sitzen, stehen und laufen könne. Sie begründete ihren Bedarf mit einer sogenannten Präventionsmaßnahme zur Gesunderhaltung bei zu großer körperlicher Belastung, da eine Frau mit einer Behinderung körperlich stärker belastet wird als nichtbehinderte Frauen – und weil Mütter nicht nur ein Jahr, sondern mindestens achtzehn Jahre gebraucht werden.

Die Krankenkasse zeigte zwar Verständnis für diese Situation, lehnte den Antrag aber mangels gesetzlicher Grundlage ab. Frau S. sei eben aktuell nicht krank, sondern völlig gesund.

Auch in der Pflegeversicherung ist die Lebenssituation von Müttern mit Behinderung nicht berücksichtigt. Die Assistenz bei der Versorgung und Pflege eines nichtbehinderten Kleinkindes ist in den Pflegemodulen nicht vorgesehen.

Der ältere Sohn von Frau S. besucht eine heilpädagogische integrative Kindertagesstätte der Lebenshilfe. Die Kinder mit Behinderung werden durch ein Busunternehmen, das vom Landschaftsverband oder von Landessozialämtern finanziert wird, von zu Hause abgeholt und wiedergebracht. Frau S., die ihren Jungen wegen des Babys nicht mehr selbst bringen konnte, fragte nach, ob ihr Sohn nicht mit diesem Bus fahren könnte. Die Antwort: Dies sei nicht möglich, denn ihr Sohn sei ja nicht behindert – und eine Behinderung der Mutter sei in den gesetzlichen Bestimmungen nicht vorgesehen.

Die Beispiele zeigen: Zwar gibt es für Kinder mit Behinderung gesetzliche Bestimmungen zur Entlastung der Mutter – wenn auch unzureichende –, aber für eine Mutter mit Behinderung offensichtlich nicht.

Daß Menschen mit Behinderung eine Familie gründen, hat im Denken unserer Gesellschaft keinen Platz. Menschen mit Behinderung, vor allem Frauen, werden vielmehr als geschlechtsneutral angesehen. Man traut ihnen nicht zu, daß sie Kinder bekommen, Mutter und Hausfrau sein können.

Vielen schwangeren Frauen mit Behinderung wird zu einer humangenetischen Beratung, zur Abtreibung oder generell im Vorfeld zur Sterilisation geraten, obwohl aus medizinischer Sicht dazu kein Anlaß besteht. Oft macht sich hier das gängige Vorurteil bemerkbar, nach dem Frauen mit Behinderungen auch Kinder mit Behinderungen bekommen. Die bittere Ironie dabei ist: Hätte Frau S. Kinder mit Behinderung, wären Entlastung und Unterstützung möglich.

In der Arbeitsgemeinschaft Schwangerschaft/Mutterschaft im Netzwerk von Frauen und Mädchen mit Behinderungen Nordrhein-Westfalen stellen wir immer wieder fest: Auf der Suche nach technischen Hilfsmitteln zu unserer Entlastung, zur Versorgung und Pflege unserer Kinder bekommen wir von öffentlichen und privaten Beratungsstellen generell Tips und Hilfsmittel für das behinderte Kind angeboten. Die Reha-Industrie hat uns Mütter mit Behinderung noch nicht als potentielle Käuferinnen wahrgenommen. Technische Hilfen sind also bis jetzt «Marke Eigenbau», nicht «auf Rezept» zu erhalten und erfordern somit einen hohen finanziellen Mehraufwand.

Es gibt also keine entlastenden Hilfen für Mütter mit Behinderung. Wir stoßen vielmehr oft auf Überforderung und Ratlosigkeit. Mütter mit Behinderung gibt es einfach nicht, denn die Gesetzgebung zugunsten behinderter Menschen orientiert sich an einer typisch männlichen Erwerbsbiographie. So sind bestimmte Nachteilsausgleiche wie Hilfen zur Kraftfahrzeugbeschaffung oder Wohnungsanpassungen von Erwerbstätigkeit abhängig. Wir Mütter mit Behinderung können wegen unserer Familienpflichten meist nicht auch noch erwerbstätig sein. Also stehen uns solche Hilfen nicht zu. Nach dem Sozialrecht können sie als Gnadenakt gewährt werden, was aber angesichts der angespannten Haushaltslage immer seltener vorkommt. Das ist ungerecht: Würden wir unsere Energie für einen Halbtagsjob einsetzen, dann hätten wir beispielsweise einen Rechtsanspruch auf die Finanzierung notwendiger Autoumbauten. Wenn wir aber unsere Kinder zum Kindergarten und Turnverein bringen und die Einkäufe für eine vielköpfige Familie erledigen, steht uns dasselbe nicht zu.

Wo bleibt das Recht auf gleichberechtigte Teilhabe? Wo werden wir Frauen mit Behinderung, hier Mütter, berücksichtigt? Das Kinder- und Jugendhilfegesetz (KJHG) bietet zwar Unterstützung, wird aber vielfach der Situation von Müttern mit Behinderung nicht gerecht, da es zum Beispiel keine Haushaltshilfe berücksichtigt (§ 20 [Betreuung und Versorgung des Kindes in Notsituationen] und § 27, Abs. 2 [Hilfen zur Erziehung] in Verbindung mit § 32 [Erziehung in der Tagesgruppe]). Bisher gibt es keine gesetzliche Grundlage, die eine Kombination der Assistenz bei Kindern und Haushalt ermöglicht.

Mutter mit Behinderung zu sein bedeutet in diesem Land, ein hohes Maß an Energie und Kraftaufwand, Selbstbehauptung, Selbstbewußtsein und vor allem Flexibilität entwickeln zu müssen, um sich diese Lebensperspektive zu ermöglichen.

Vor dem Hintergrund der stark belastenden Situation für Mütter mit Behinderung fordern wir:

- die Einkommensgrenze bei der Festlegung der Höhe des Erziehungsgeldes ab dem 7. Lebensmonat des Kindes für Mütter mit Behinderungen höher zu setzen, um dem spezifischen Mehrbedarf für die Versorgung und Pflege der Kinder Rechnung zu tragen;
- die generelle Finanzierung oder Bezuschussung einer Assistentin für Kinder und Haushalt;
- die generelle Finanzierung eines Führerscheins und eines Autos;
- die generelle Finanzierung des Umbaus technischer Hilfen auf Rezept;
- die generelle Finanzierung und gesetzliche Verankerung eines Bustransfers älterer Geschwister zum Kindergarten oder zur Schule;
- die Berücksichtigung von Müttern mit Behinderung bei der baulichen Gestaltung von Kindergärten und Schulen (barrierefreier Zugang);
- die Berücksichtigung der Mütter mit Behinderung bei den Maßnahmen zur Förderung des beruflichen Wiedereinstiegs für Frauen nach der Erziehung (Kinderpause);
- zur Unterstützung der besonderen Situation von Müttern mit Behinderung ein Beratungskonzept nach dem Prinzip des *peer counseling* (Betroffene beraten Betroffene) in die Praxis umzusetzen.

Christine Karches / Doris Kühn

Benachteiligung von Frauen mit geistiger Behinderung im Arbeitsleben

Anna K. arbeitet seit fünf Jahren in der Werkstatt für Behinderte (WfB). Ihr Arbeitsplatz in der Textilgruppe gefiel ihr gut. Sie wußte, was sie tun mußte, und verstand sich mit der Gruppenleitung. Ihre Freundin arbeitete in der Nachbargruppe, so war in der Pause der Weg zu einem Plausch nie weit. Es traf sie sehr, als sie erfuhr, daß sie ausleihweise in eine andere Abteilung der WfB sollte. Sie wollte nicht, weil es dort laut ist. Und der Umgang mit den Mitarbeiterinnen und Mitarbeitern dort mißfällt ihr. Das Klima dort macht sie nervös. Dann passieren ihr Fehler, das will sie nicht. Dennoch half ihr Protest wenig. Anna K. ging in diese Abteilung. Sie hatte von ihren Möglichkeiten her keine Chance, dagegen anzugehen. Ihr «Nein, ich will dort nicht hin» fand kein Gehör, reichte nicht aus, um sich durchzusetzen. Die zwingenden organisatorischen und wirtschaftlichen Gründe wurden über ihr Interesse gestellt.

Ähnlich ergeht es Petra S. Sie findet, daß sie handwerklich begabt ist, und hat große Freude an handwerklichem Tun. In der WfB arbeitet sie in der Küche. Sie putzt Gemüse, schält Kartoffeln, spült Geschirr und wischt Tische. Sie will dort nicht arbeiten und hat dies auch schon mehrfach formuliert. Sie ist unzufrieden mit ihrer Situation. Dennoch muß sie weiterhin dort arbeiten. Ein Einzelfall? Leider nein.

Frauen mit geistiger Behinderung, die in einer WfB arbeiten, äußerten sich 1995 im Rahmen eines Seminars der Lebenshilfe:

- «Ich würde lieber an einem Außenarbeitsplatz arbeiten. Das geht aber nicht, weil die WfB mich braucht.»
- «Ich möchte im technischen Bereich arbeiten mit vielen Frauen.»
- «Ich möchte in der Schreinerei arbeiten und nicht in der Küche. Da verdiene ich auch mehr.»
- «Es soll offizielle Versetzungsanträge geben in der WfB. Und dann sollen Versetzungen der Reihe nach gehen.»
- «Ich möchte den Arbeitsplatz wechseln, innerhalb und außerhalb der WfB.»

- «Männliche Mitbewohner in Wohnheimen und Werkstätten sollen genausoviel und genauso schnell Hausarbeit tun.»
- «Wir wollen wie Erwachsene behandelt werden. Wir sind keine Kinder. Ich möchte wie ein normaler Mensch behandelt werden. Ich möchte für voll genommen werden.»
- «Männer sollen Frauen nicht vergewaltigen und belästigen. Allen Männern in der WfB soll das gesagt werden.»

Diese Beispiele machen deutlich, daß Benachteiligung am Arbeitsplatz in der WfB von Frauen mit geistiger Behinderung erlebt wird. Sie sind in der Lage, sich zu Wort zu melden und zu benennen, was ihnen mißfällt, welche Veränderungen sie auf den Weg bringen wollen, wenn sie die Gelegenheit und den Raum dazu erhalten, wie dies zum Beispiel in Seminaren, in Gesprächskreisen oder auch im Werkstattrat möglich sein kann. Leider geschieht dies noch immer viel zu wenig.

Mitarbeiterinnen in Einrichtungen scheinen erst allmählich zu realisieren, daß sich die Arbeits- und Lebenswelt von Frauen mit einer (geistigen) Behinderung, mindestens was den Faktor Benachteiligung angeht, mitnichten von der Situation nichtbehinderter Frauen unterscheidet. Die letzte Aussage veranschaulicht darüber hinaus: Die Benachteiligung von Frauen in der WfB ist nicht ohne den Aspekt der sexuellen Diskriminierung zu diskutieren. Männer und Frauen in den Werkstätten müssen als solche wahrgenommen werden und dürfen nicht auf die Eigenschaft «Behindert-Sein» beschränkt werden.

Frauen mit geistiger Behinderung stehen jedoch noch ganz am Anfang ihrer Emanzipation. Dagegen hat sich die Lebenswirklichkeit und gesellschaftliche Situation von nichtbehinderten Frauen in den letzten 40 Jahren deutlich verändert: Frauen haben per Gesetz die gleichen Chancen der Gestaltung des politischen, wirtschaftlichen und sozialen Lebens und nutzen diese auf vielfältige Art und Weise. In persönlichen Lebenszusammenhängen ist die Vereinbarkeit von Familie und Beruf für viele nichtbehinderte Frauen erreichbar geworden.

Für Frauen mit Behinderungen sieht dies meist völlig anders aus. Erstmalig nahm die Krüppel-Bewegung Anfang der 80er Jahre die Lebenssituation von Frauen mit Behinderung in den Blick und prägte den Begriff der «doppelten Diskriminierung»; als Frauen und als behinderte Menschen.

Diese Plattform, die sich Frauen mit einer Körperbehinderung geschaffen haben, ist für Frauen mit geistiger Behinderung noch nicht in Sicht. Ihnen fehlt ein Sprachrohr, eine Lobby, die sich für ihre Interessen einsetzt und ihnen Gelegenheit gibt, für eigene Vorstellungen und Bedürfnisse öffentlichen Raum zu beanspruchen. Eine Möglichkeit sind hier die Selbsthilfegruppen, die sich im Rahmen der Diskussion um Selbstbestimmung von Menschen mit geistiger Behinderung gegründet haben. Die Frage, inwieweit Frauen mit geistiger Behinderung diesen Raum nutzen werden bzw. schon nutzen, um ihre spezifische Situation miteinander zu diskutieren, oder dazu von außen angeregt werden, läßt sich momentan nicht beantworten. Feststellbar ist aber eine Zunahme der Beteiligung von Frauen in den Werkstatträten, den Mitarbeitervertretungen von Menschen mit Behinderung in den WfBs.

Trotz dieser erfreulichen Tendenz fehlt in den Werkstätten für Behinderte das Bewußtsein für die Lebenssituation von Frauen mit geistiger Behinderung. WfB-Strukturen sind weitgehend männlich geprägt.

Beispiel Werkstättenverordnung: In Paragraph 6 wird die Möglichkeit zur Teilzeitbeschäftigung formuliert, «wenn es wegen Art und Schwere der Behinderung notwendig erscheint». Für behinderte Mitarbeiterinnen aber, die Kinder zu versorgen haben, hat der Gesetzgeber die Chance zur Teilzeitbeschäftigung nicht eingeräumt. Ob den Beschäftigten dies gewährt wird oder nicht, liegt im Ermessen des jeweiligen Werkstattträgers und wird dementsprechend uneinheitlich gehandhabt. Ebenso hängt der Mutterschutz von der einzelnen WfB ab und ist nicht gesetzlich garantiert, da für die behinderten Mitarbeiterinnen (und Mitarbeiter) in WfBs nicht die allgemeinen Arbeitnehmerrechte gelten.

Für die Mehrzahl von Frauen mit Behinderung gilt jedoch, daß sie in besonderem Maße auf eine eigene Erwerbs- oder Berufstätigkeit angewiesen sind. Tatsache ist, daß Frauen in den Werkstätten für Behinderte in der Minderheit sind und viele von ihnen auch dort an den tradierten und somit schlechter bezahlten Arbeitsplätzen tätig sind. Andere unterstützen nach dem Schulabschluß den familiären Haushalt und gehen keinerlei Erwerbstätigkeit nach.

Strategien zur Unterstützung und Veränderung

Wie kann konkrete Unterstützung aussehen? Offensichtlich gibt es für die Frauen nach ihrem «Nein, ich will das nicht» keine Handlungsmöglichkeiten mehr, wenn sich niemand ihrer Anliegen annimmt. Es gibt keine Anlaufstelle in der WfB, an die sich die Frauen selbständig wenden können, die mit ihnen gemeinsam und für sie Lösungsmöglichkeiten und Strategien erarbeitet. Und es müßte sich bei dieser Unterstützung oder Assistenz um Personen handeln, die nicht in das Gefüge der WfB eingebunden sind, damit sie die Mitarbeiterinnen uneingeschränkt unterstützen können.

Eine weitere Möglichkeit zur Unterstützung sind Werkstatträtinnen, die sich als Vertrauenspersonen für die Belange der Mitarbeiterinnen einsetzen. Allerdings kann in der WfB die Gestaltung, Mitbestimmung und Einflußnahme eines Werkstattrates nur soweit gedeihen, wie man(n) es zuläßt. Natürlich benötigen diese Gremien Experimentierfelder, sich zu erproben, sich zu entwickeln, und Vorbilder, die sich mit geschlechtsspezifisch relevanten Fragestellungen auseinandersetzen. Generell muß diese Mitwirkung analog zum Betriebsrat den Status von Mitbestimmung erhalten. Weiter ist eine Begleitung der Werkstatträtinnen durch eine unabhängige Person ihres Vertrauens zu gewährleisten. Und es gilt, eine Quote für Werkstatträtinnen einzuführen.

In Anlehnung an das Vorbild betrieblicher oder kommunaler Frauenbeauftragter sind bereits einige wenige WfBs dazu übergegangen, ergänzend zu den WfB-Gremien Frauenbeauftragte zu installieren, die sich ausschließlich mit den Problemstellungen der Mitarbeiterinnen in den WfBs auseinandersetzen und ihnen Unterstützung zukommen lassen. Allerdings gilt es auch hier, eine unabhängige Unterstützung zu gewährleisten. Dies kann neben einer Vertrauensperson auch durch Frauenbeauftragte aus anderen WfBs geschehen, die in vernetzten Arbeitsgruppen von Professionellen unabhängige Strukturen schaffen, um sich gegenseitig zu unterstützen.

Wie eine Frauenbeauftragte die behinderten Mitarbeiterinnen wirkungsvoll unterstützen kann, zeigen zwei Beispiele aus einer Werkstatt. Die Frauenbeauftragte dort ist Anlaufstelle und kümmert sich um die Nöte.

- «Eine Kollegin wurde immer von einem Kollegen in das Gebüsch gezogen. Sie wurde dann von dem Kollegen angefaßt. Er wurde dreimal verwarnt. Die Frauenbeauftragte kümmert sich jetzt darum, daß der Kollege versetzt wird.»

- «Ein Kollege ist einer Kollegin bis aufs Klo gefolgt. Wenn ich nicht sofort beim Sozialdienst Bescheid gesagt hätte, hätte er bestimmt Schlimmeres angestellt.»

Jede Werkstatt muß per Verordnung oder Gesetz verpflichtet werden, entsprechende Strukturen zur Unterstützung der behinderten Mitarbeiterinnen zu schaffen. Darüber hinaus sind auch behinderte Mitarbeiterinnen, die schwanger sind oder bereits Kinder haben, gesetzlich besser abzusichern: Der sonst übliche Mutterschutz muß auch für diese Frauen gelten, und behinderte Mütter müssen auch stundenweise in WfBs arbeiten können.

Anita Grießer

Über ihren Kopf hinweg – Frauen in der beruflichen Rehabilitation

Anne L., heute 25 Jahre alt, ist im Sommer 1996 nach Kassel gezogen. Ursprünglich stammt sie aus München, wo sie aufwuchs und die Sonderschule für Sehbehinderte und Blinde besuchte. Anne L. ist seit ihrer frühen Kindheit weitgehend blind, obwohl immer wieder operativ versucht wurde, einen Sehrest zu erhalten.

Die Sonderschule hat sie in unangenehmer Erinnerung: Oft fühlte sie sich entmündigt und bevormundet. Nach der Schule begann sie eine Ausbildung zur Masseurin, die sie nach der Geburt ihres ersten Kindes abbrechen mußte. Sie erzog ihr Kind und machte daneben an der Volkshochschule die mittlere Reife in der Hoffnung, sich dadurch größere Berufswahlmöglichkeiten zu erschließen. Dann wurde ihr Mann plötzlich nach Kassel versetzt. Ihr Sohn ist mittlerweile drei Jahre alt und geht in den Kinderhort. Für Anne ist klar, daß sie erneut eine Ausbildung in Angriff nehmen will. Sie möchte hinzuverdienen, eigene Rentenansprüche erwerben, und sie hat Spaß am Arbeiten. «Nur» Hausfrau zu sein, kann sie sich auf Dauer nicht vorstellen. Ihr neues Ziel, Verwaltungsfachangestellte zu werden, scheitert aber bislang daran, daß sie trotz zahlreicher Bewerbungen keinen ortsansässigen Betrieb gefunden hat, der sie ausbilden würde. Im Gegenteil: Sie mußte immer wieder erfahren, daß man es ihr nicht zutraut. In einer Antwort auf ein Bewerbungsschreiben wurde das besonders deutlich. Der Ausbildungsleiter teilte ihr mit, daß er «mit allen zuständigen Stellen» (nur nicht mit ihr!) gesprochen habe und zu dem Ergebnis gekommen sei, daß eine betriebliche Ausbildung nicht möglich ist. Er schrieb: «Der Ausbildungsleiter unseres Hauses ist bis nach Soest/Westfalen gereist und hat mit dem Lehrkörper des dortigen Blindeninstitutes die Möglichkeiten der betrieblichen Ausbildung erörtert. Auch von diesem Institut, das mit der Ausbildung Blinder im Bereich von Verwaltungen bereits Erfahrungen gesammelt hat, wird von der betrieblichen Ausbildung in der Verwaltung vor Ort wegen nicht überwindbarer Schwierigkeiten abgeraten. Vielmehr wird vorgeschlagen, die internatsmäßige

Ausbildung durchzuführen, da in diesen Institutionen alle technischen Hilfsmittel (...) und speziell ausgebildete Pädagogen und Ausbilder vorhanden sind.»

Für Anne ist das unfaßbar. Gerade ist es ihr gelungen, von Bevormundungen frei zu bleiben, und schon will man sie wieder in die Rolle der zu betreuenden Behinderten drängen. Lieber verzichtet sie, als sich darauf einzulassen.

Das Beispiel von Anne L. zeigt, wie wenig Rücksicht auf die persönliche Situation genommen wird. Als sei es einer Mutter zumutbar, fern des Wohnortes in einem Internat mit sonderpädagogischer Betreuung ausgebildet zu werden. Über ihren Kopf hinweg glaubten sogenannte Experten zu wissen, was das angeblich Beste für sie sei.

Eine wohnortnahe Ausbildung oder Umschulung ist für viele behinderte Menschen immer noch ein Traum. Erschwerend hinzu kommt die anhaltende Massenarbeitslosigkeit, die behinderte Menschen überproportional trifft. So liegt die Arbeitslosenquote schwerbehinderter Menschen inzwischen bei 18 Prozent.

Für die Betroffenen, die eine Ausbildung oder Umschulung anstreben, bedeutet die angespannte Lage auf dem Arbeitsmarkt, daß sie entweder die weit vom Heimatort entfernt gelegenen Sondereinrichtungen der beruflichen Bildung aufsuchen oder auf eine berufliche Eingliederung verzichten müssen. Besonders Frauen sind hier immer wieder vor eine schwere Entscheidung gestellt, wenn sie Kinder haben oder nahe Angehörige pflegen und deshalb auf eine wohnortnahe Eingliederung angewiesen sind. Es kommt erschwerend hinzu, daß sich die berufliche Integration von Frauen mit Behinderung und gesundheitlichen Einschränkungen immer noch weitgehend an männlichen Erwerbsbiographien und Lebensmustern orientiert. Deutlich wird dies

1. an den Berufsbildern: In Berufsbildungs- und Berufsförderungswerken werden hauptsächlich traditionell männliche Berufe aus dem technischen Bereich zur Ausbildung angeboten;
2. an der Anzahl der Teilnehmer in Maßnahmen (70 Prozent Männer, 30 Prozent Frauen);
3. an den Einkommensverhältnissen: Laut Mikrozensus 1995 verfügen zwei Drittel aller behinderten Frauen nicht über ein existenzsicherndes Einkommen, das heißt, sie haben monatlich weniger als 1800 Mark netto zur Verfügung. Dasselbe trifft auf rund ein Drittel der behinderten Männer zu.

Behinderte Frauen, die schon in der Vergangenheit beruflich besonders benachteiligt waren, sind vom Sozialabbau überproportional betroffen. Deshalb gilt es, sie besonders zu unterstützen und zu fördern, um einer weiteren Ausgrenzung entgegenzuwirken. Einige exemplarische Forderungen dazu:

- geschlechtsdifferenzierte Statistiken und Erhebungen, um Handlungsbedarf offenzulegen;
- flächendeckendes Angebot von Beratungsstellen im Sinne des *peer counseling* (Betroffene beraten Betroffene);
- Rechtsanspruch auf berufsfördernde Leistungen bei wohnortnaher Rehabilitation;
- wohnortnahe Teilzeitangebote für Ausbildung und Umschulung;
- Quotierung der Mittel der Ausgleichsabgabe (die Hälfte muß zur beruflichen Eingliederung behinderter Frauen ausgegeben werden);
- Quotierung bei der Besetzung der Pflichtplätze (jeder zweite Platz ist mit einer behinderten Frau zu besetzen);
- Quotierung der Schwerbehindertenvertretungen;
- Respekt vor den spezifischen Bedürfnissen behinderter Frauen;
- behördenübergreifende Kooperation.

Artikel 3 des Grundgesetzes verbietet ausdrücklich die Benachteiligung von Frauen und behinderten Menschen. Somit ist der Gesetzgeber aufgerufen, der doppelten Diskriminierung behinderter Frauen endlich wirkungsvoll entgegenzutreten.

Elke Bartz

Anja lacht nicht mehr

Anja Z. war eine junge Frau, die gerne lachte. Alle mochten sie, weil sie immer fröhlich war. Jetzt muß sie das Lachen wieder lernen.

Sie wurde mit dem Down-Syndrom geboren. Mongoloid, sagt der Volksmund zu den Menschen, bei denen das Chromosom 21 dreifach vorkommt (Trisomie 21). Wegen ihrer schrägstehenden Augen haben sie Ähnlichkeit mit Menschen, die in der Mongolei leben. Die Trisomie 21 ist mit mehr oder minder schweren sogenannten geistigen Behinderungen verbunden. Doch nicht das Bewußtsein ihrer Beeinträchtigung war der Grund, warum Anja Z. das Lachen verlernte.

Anja Z. arbeitete in einer Werkstatt für Behinderte. Auf dem freien Arbeitsmarkt hatte sie keine Chancen, eine Stelle zu bekommen. Sie freute sich jeden Morgen, wenn der Bus der Werkstatt kam und sie abholte. In der Werkstatt fand sie unter anderen Menschen mit körperlichen und geistigen Handicaps ihre Freundinnen und Freunde. Außerdem hatte sie das Gefühl, etwas Sinnvolles zu tun und als gleichwertig anerkannt zu sein. Abends brachte der Bus sie wieder heim. Die Eltern wähnten Anja Z. in guten Händen.

Wie viele Menschen mit Down-Syndrom ist Anja Z. eine sehr liebebedürftige Frau, die gerne Kontakt zu anderen suchte. In Werkstätten für Behinderte arbeiten neben den Menschen mit Behinderungen Betreuerinnen und Betreuer, die sich um sie «kümmern» sollen. Ihre Aufgabe ist es, Anja Z. und den anderen die Arbeit zu erklären und sie anzuleiten. Außerdem helfen sie, wenn nötig beim Essen, den Toilettengängen und ähnlichem. Leider gibt es immer wieder Menschen, die ihren Betreuungsauftrag mißverstehen.

Irgendwann passierte, was Anja Z. verwirrte und erschreckte. Die junge Frau wurde von einem «Betreuer» mehrfach sexuell mißbraucht. Sie hatte nicht gelernt, «nein» zu sagen. Anja Z. wußte, daß sie es einfacher hatte, wenn sie allem, was von ihr verlangt wird, zustimmte. So war sie ein leichtes Opfer. Wie oft der Mann die hilflose Frau ausnützte und wie lange er das noch getan hätte, weiß niemand.

Nicht Anja Z. verriet ihn. Zwar merkten die Eltern, daß ihre Tochter morgens nicht mehr voll Freude zum Werkstattbus lief, sondern zum Einsteigen aufgefordert werden mußte, doch maßen sie dem keine besondere Bedeutung bei. Eine Mitarbeiterin der Werkstätte beobachtete, wie sich der «Betreuer» Anja Z. sexuell näherte. Sie merkte auch, daß ihr diese Annäherungen nicht gefielen. Ihre schwachen Abwehrreaktionen ignorierte der Mann, dem sie anvertraut war. Die Mitarbeiterin meldete den Vorfall der Geschäftsleitung.

Der «Betreuer» wurde jedoch nicht vom Dienst suspendiert. Im Gegenteil: Der verantwortungsbewußten Mitarbeiterin wurden arbeitsrechtliche Konsequenzen angedroht, wenn sie weiter über das Geschehen reden würde. Die mutige Frau erstattete dennoch Anzeige bei der Kripo. Erst als eine Tageszeitung, ohne Nennung von Namen und Ort, den Fall aufgriff, wurde der «Betreuer» vom Dienst suspendiert. Die Beurlaubung wurde allerdings schon nach einer Woche aufgehoben. Nach einer Intervention des Betriebsrates wurde der Mann sogar nach kurzer Zeit wieder in seiner alten Abteilung eingesetzt.

Die Staatsanwaltschaft stellte das Ermittlungsverfahren ein. Die Begründung in vereinfachter Form: Sexueller Mißbrauch «in Anstalten» ist zwar nach § 174a Abs. 1 StGB strafbar. Da es sich aber um eine Werkstatt für Behinderte handelte und nicht um eine Einrichtung, in der die junge Frau übernachtete, träfe dort der Begriff Anstalt nicht zu. Seit dem Frühjahr 1997 gibt es allerdings gesetzgeberische Initiativen, durch die diese Strafrechtslücke geschlossen werden soll.

Das im Mai 1997 reformierte Sexualstrafrecht allerdings birgt für behinderte Frauen weitere Ungerechtigkeiten. So tauchen zwar diskriminierende Begriffe wie «seelische Abartigkeit» nicht mehr auf, geblieben ist aber das Zwei-Klassen-Strafrecht: Sexuelle Nötigung und Vergewaltigung «widerstandsfähiger» Personen werden härter bestraft als dieselben Verbrechen, die an «widerstandsunfähigen» Personen begangen werden.

Dazu Irmingard Schewe-Gerigk von Bündnis 90/Die Grünen in einer Rede vor dem Bundestag: «Es ist doch ein Skandal, daß der Gesetzgeber das sexuelle Selbstbestimmungsrecht von Menschen mit Behinderung geringwertiger einstuft als das von Menschen ohne Behinderung.» Als Begründung für das unterschiedliche Strafmaß war angeführt worden, daß der Täter, der den Willen eines widerstandsfähigen Opfers breche, dazu eine größere «kriminelle Energie» aufbringe, die härter bestraft werden müsse. Für Schewe-Gerigk wird dieses Argument durch die Tatsache aufgehoben, daß die moralische Verwerflichkeit, eine behinderte Person zu vergewaltigen, besonders groß sei. Wohl die meisten Menschen würden das genauso sehen. So berichtete ein Reporter der *Fränkischen Nachrichten* im Frühjahr 1997 von einer Gerichtsverhandlung gegen einen medizinischen Bademeister. Dieser hatte in einer Einrichtung für Menschen mit geistigen und körperlichen Beeinträchtigungen in Würzburg mehrere Frauen massiv sexuell belästigt. Wichtigster Punkt an dem entsprechenden Verhandlungstag war, festzustellen, ob die Opfer widerstandsfähig waren. Der Reporter äußerte in seinem Bericht die Meinung, diese Feststellung sei wohl nötig, weil der Staat widerstandsunfähige Opfer besonders schützen und das Gericht die Strafe entsprechend bemessen würde. In der Realität des Strafgesetzbuches ist genau das Gegenteil der Fall.

Anja Z. konnte sich weder körperlich noch verbal wehren, da ihre intellektuellen Fähigkeiten eingeschränkt sind. Doch nicht nur Frauen (in geringerer Anzahl auch Männer) mit sogenannten «geistigen» Behinderungen werden zu hilflosen Opfern. Menschen mit ausschließlich körperlichen Beeinträchtigungen sind in Einrichtungen, aber auch in ihren Familien ebenfalls immer wieder sexuellen Übergriffen ausgeliefert. Wie bei Sexualdelikten grundsätzlich üblich, liegt die Dunkelziffer außerordentlich hoch. Viele Taten werden nur durch Zufall aufgedeckt.

Die Täter haben auch bei Frauen ohne jede intellektuelle Einschränkung oft ein leichtes Spiel. Wer Assistenz bei der Körperpflege und anderen alltäglichen Verrichtungen benötigt, ist von den Hilfspersonen zwangsläufig auch abhängig.

Schon nichtbehinderten Frauen wird gedroht, daß man ihnen nicht glauben würde, wenn sie Anzeige erstatten. Außerdem schämen sich viele, über den Mißbrauch zu berichten und sich Fremden zu offenbaren. Behinderte Menschen sehen sich einer zusätzlichen Problematik gegenüber. Das «Idealbild» der Frau stellt sich in Klischees dar. Die Traumfrau muß gut aussehen, sexy sein, möglichst erfolgreich im Beruf stehen und nebenher locker Haushalt und Kindererziehung bewältigen. Diesem Wunschdenken werden viele Frauen mit Behinderungen selten (Nichtbehinderte oft genug ebensowenig) gerecht. Ein großer Teil der Gesellschaft sieht sie als Neutren und behandelt sie auch so («Mit der will doch keiner ins Bett. Wer findet die schon reizvoll?»).

Zeigt eine mißbrauchte Frau mit Behinderung ihren Peiniger an, wird sie wiederum oft, mehr oder weniger direkt, mit der Diskriminierung: «Die soll doch froh sein, überhaupt einen gekriegt zu haben», konfrontiert.

Täter setzen ihre Opfer in der Regel auch psychisch stark unter Druck: «Dir glaubt ja doch niemand. Und beweisen kannst du nichts. Wenn du mich anzeigst, werde ich erzählen, du hast mich verführt, weil du ja sonst keinen bekommst.» Oder: «Zeig mich nur an, dann hast du niemanden mehr, der dich pflegt.» Drohungen, die viele Frauen manchmal jahrelange Demütigungen auf sich nehmen lassen.

Sicher gibt es keine Patentrezepte, um Mißbrauch und Vergewaltigungen vollkommen zu verhindern. Doch verschiedene Präventionen können helfen, wenigstens die Zahl der «Fälle» zu verringern. Dazu haben behinderte Frauen selbst bereits Vorschläge und Forderungen erarbeitet. Zum Beispiel müssen Frauen mit Behinderungen wissen, daß sie «nein» sagen dürfen. Ihr Körper gehört ihnen. Er ist kein medizinisch zu behandelndes «Ding», über das jeder nach Gutdünken verfügen darf. Sie können lernen, ihre Wünsche zu verdeutlichen. Dazu gehört auch das Wissen um ihr Recht auf Sexualität ohne Zwang. Jeder Psychologe weiß, daß selbstbewußte Menschen allein schon durch ihr Auftreten seltener Opfer von Straftaten werden als ängstliche. Deshalb werden das Angebot und die Finanzierung von Selbstbehauptungs- und Selbstverteidigungskursen für behinderte Frauen gefordert.

Sexueller Gewalt kann auch durch das bislang noch nicht umgesetzte Recht auf die Pflege von Frauen durch Frauen vorgebeugt werden. Immer noch sind behinderte Frauen gezwungen, sich selbst bei der Pflege des Intimbereichs von Männern assistieren zu lassen.

Wenn behinderte Frauen Opfer sexueller Gewalt geworden sind, müssen ihnen Notruf-, Beratungszentren und Zufluchtstätten genauso offenstehen wie nichtbehinderten Frauen. Deshalb sind diese barrierefrei zugänglich zu machen. Sie müssen beispielsweise auch mit Schreibtelefonen ausgestattet werden.

Außerdem muß das Strafrecht geändert werden. Darin dürfen Menschen mit Behinderungen nicht länger als Menschen zweiter Klasse behandelt werden. Das Benachteiligungsverbot im Grundgesetz ist auch im Strafrecht umzusetzen!

WARUM HEISSEN BEHINDERTE EIGENTLICH SO?

Offiziell gibt es seit dem 15.11.94 in Deutschland keine Behinderten mehr. – Haben Sie das gewußt? Seitdem steht nämlich in Artikel 3 des Grundgesetzes, daß niemand mehr wegen seiner Behinderung benachteiligt werden darf. Und wenn man niemanden mehr benachteiligt, sprich: behindert, dann gibt es auch keinen Behinderten mehr. Denn behindert ist man nicht, sondern man wird es.
Zu kompliziert? Dann lesen Sie's noch mal!

„Niemand darf wegen seiner Behinderung benachteiligt werden." (Art. 3 Abs. 3 Grundgesetz)

Eine Initiative
der Aktion Sorgenkind und
85 Verbänden und Organisationen
der Behindertenhilfe
und -selbsthilfe.

http://www.aktion-sorgenkind.de/grundgesetz/

Aktion GRUND GESETZ

Heike Zirden

«Worte können sein wie winzige Arsendosen»

Für ein verändertes Sprachbewußtsein

Unter der Überschrift «Arbeit von Behinderten» veröffentlichte der *Spiegel* im März 1997 einen Artikel über eine gescheiterte Unterhaltungsshow der ARD. Der «erklärende» Untertitel lautete: «Im Dikkicht des TV-Entertainments zwischen Comedyschwachsinn und Showklamauk macht die ARD die komischste Figur». Was dies mit der Arbeit behinderter Menschen zu tun haben sollte, offenbarte sich erst gegen Ende des Textes: Bettina Böttinger, eine von drei Moderatorinnen der abgesetzten Show, hatte sich über die gönnerhafte Änderung eines ARD-Verantwortlichen («Man soll mit den Damen nicht so streng verfahren») beschwert: «Als würde sich jemand über die Arbeit von Behinderten äußern.»

Sprache ist ein Spiegel der Wirklichkeit. Und *Der Spiegel*, für seine martialische, mitunter auch frauenfeindliche Ausdrucksweise oft gerügt, hat wenigstens in dieser Hinsicht seinem programmatischen Namen alle Ehre gemacht: Die unbedeutende verbale Entgleisung einer Moderatorin und die Form ihrer Veröffentlichung gewähren einen unverstellten Blick auf diskriminierende Denk- und Handlungsstrukturen, die weit verbreitet sind.

Was können wir dem entlarvenden Wortgeplänkel entnehmen? Daß «die Arbeit von Behinderten» als minderwertig eingeschätzt wird, so minderwertig, daß es auch die *Spiegel*-Redaktion originell fand, sie mit gescheitertem «Comedyschwachsinn» in Verbindung zu bringen: daß es als «normal» gilt, über behinderte Menschen gönnerhaft zu sprechen. Und daß selbstbewußte Moderatorinnen keineswegs so behandelt und beurteilt werden möchten wie «Behinderte», weil das diskriminierend ist (für die Moderatorinnen, versteht sich).

Aber diskriminierender noch als der herabsetzende Sinnzusammenhang, in den die Wendung «Arbeit von Behinderten» hier gestellt wurde, ist der verallgemeinernde Begriff «Behinderte» selbst, der aufgrund unbewußt wirkender feststehender Vorurteile zu einem Stereotyp geworden ist. Mit dem Sammelbegriff «Behinderte» wird eine große Gruppe von Menschen auf Persönlichkeitsmerkmale, die in der breiten Bevölkerung als Defizite wahrgenommen werden, reduziert und auf die unterste Stufe der sozialen Hierarchie verwiesen.

Sogar die geschlechtliche Identität verliert sich im Sammelbegriff «Behinderte». Beispielsweise war in einem Tagungsprogramm von Bündnis 90/Die Grünen im Oktober 1997 zu lesen: ... «Behinderte, MigrantInnen, Schwule und Lesben» ... – Behinderte Menschen als Geschlechtsneutren.

Auf der Suche nach einem wertneutralen Begriff hat die Bezeichnung «Behinderte» in den 70er Jahren herabsetzende Begriffe wie «Krüppel» oder «Invalide» abgelöst. Doch die schleichende Abwertung des Wortes durch lange tradierte, emotional negative Bedeutungselemente ist ein Paradebeispiel dafür, daß Gesellschaftsstrukturen auch auf die Sprache zurückwirken und daß eine diskriminierende Gesellschaft unmöglich eine gleichberechtigende Sprache hervorbringen kann. Von welchen «emotionalen Bedeutungselementen» ist hier die Rede?

An erster Stelle steht die Abwertung, wie sie auch in der eingangs zitierten Bemerkung Böttingers zum Ausdruck kommt. Die *Minderwertigkeit* behinderter Menschen wurde lange Zeit unverhohlen in den medizinischen Beschreibungen einzelner Behinderungsarten zum Ausdruck gebracht. Noch in den sechziger Jahren war beispielsweise der rassistische Begriff «Mongoloide» für Menschen mit Down-Syndrom üblich, und noch heute ist «das Mongölchen» in der Bevölkerung weit verbreitet. In einem Lehrbuch der Kinderheilkunde aus den 70er Jahren finden sich bei der Beschreibung des «klinischen Erscheinungsbildes» unter anderem folgende Bilder: «Tatzenhand», «Darmbeinschaufeln, breitausladend wie Elefantenohren» und «clownartige Gesichtsröte». Auch die Bezeichnung «Zwerge» (im Volksmund auch: Liliputaner) für Kleinwüchsige ist in den 70ern noch völlig normal: Der «vogelköpfige Zwerg» beispielsweise wird unter anderem wie folgt beschrieben: «Eine stark ausgebildete Nase bei dürftigen Kiefern, fliehendem Kinn und hervortretenden Augen ergibt ein charakteristisches, groteskes Aussehen.»

Wie sehr Behinderung mit Minderwertigkeit zu tun hat, belegen viele Worte und Redewendungen aus dem Bereich der Beleidigungen und Schimpfwörter: Aus dem «Blödsinn», der sich aus dem Mittelhochdeutschen bloede (= gebrechlich, schwach, zart, zaghaft) ableitete und seit dem 17. Jahrhundert für «schwachsinnig, verrückt» gebräuchlich war, wurde im 18. Jahrhundert der mildernd gedachte medizinische Begriff des «Schwachsinns» (auch dieser Begriff wurde bis vor wenigen Jahren verwendet). Schwachsinnige, Idioten, Trottel (von «trotten», sich langsam fortbewegen) – ein großes Repertoire an Herabsetzungen stammt aus dem Wortfeld der Behinderungen oder wurde – umgekehrt – zur despektierlichen Bezeichnung von Behinderung verwendet. Auch heute verweisen noch viele Redensarten auf eine diskriminierende Sprache: Jemand, der als «blind» beschimpft wird, hat «keine Ahnung», aber wer «den Durchblick» hat oder «mit beiden Beinen fest im Leben steht», ist «zu gebrauchen». Und erst, wenn eine Sache «Hand und Fuß» hat, ist sie gut. Eine «taube Nuß» bezeichnet hingegen etwas Gehaltloses. Der Begriff «taub», der heute für Schwerhörigkeit und Gehörlosigkeit gebraucht wird, wurde im Mittelhochdeutschen für «nicht hörend, nichts empfindend, nichts denkend, unsinnig, abgestorben, dürr» verwendet.

«Worte können sein wie winzige Arsendosen, und nach einiger Zeit ist die Wirkung da», schrieb der jüdische Philologe Victor Klemperer, der sich mit seinen sprachwissenschaftlichen Betrachtungen über die Sprache des Dritten Reiches durch die Zeit schlimmster Verfolgung und Erniedrigung rettete. Im Wortschatz der Nazis kommt mit brutaler Deutlichkeit der Zusammenhang zwischen Sprache, Denken und Töten zum Ausdruck. Die Tradition der angeblichen Minder*wert*igkeit behinderter Menschen wird in der Nazipropaganda wörtlich genommen: indem die Kosten, die der Staat für einen behinderten Menschen aufbringen sollte, seinem «Wert» für die «völkische Gemeinschaft» gegenübergestellt wurde. Das Leben behinderter oder kranker Menschen war «lebensunwert», von der «Minderwertigkeit» wurde offen gesprochen.

Das biologistische Denken, das der Rassen-Ideologie zugrunde liegt, spricht von «entarteten» Menschen, verweist durch die Metaphern, die für Krankheitsbilder gewählt werden, ins Tierreich. Auf der anderen Seite ist das Vokabular der Rassenideologen und Tötungsexperten extrem technokratisch. Noch heute wird mitunter vom Behinderten*transport* gesprochen und es finden sich Aufforderungen wie diese: «Behinderte bitte Rampe benutzen».

Die zweite wichtige Bedeutungsschicht des Stereotyps «Behinderte» bezieht sich auf das *Leiden*, das «den Behinderten» prinzipiell unterstellt wird und worin sich die Angst vor Behinderung spiegelt. «Behinderte» *leiden* an Epilepsie, Autismus, Aphasie etc. Wer nicht «leidet», wessen Behinderung endgültig ist, wer nicht mehr aus ihr herauskommt, ist unfrei und verloren: Er ist zum Beispiel auf den Rollstuhl angewiesen oder gar an ihn *gefesselt*, womit der Rollstuhl, der den Betroffenen Bewegung und damit Freiheit bedeutet, zum Folterwerkzeug wird. In der Redewendung «mit Blindheit geschlagen» findet sich nicht nur der «Schicksalsschlag» als leidvolle Fügung wieder, sondern auch der alttestamentarische «göttliche Wille»: Dort wird mehrfach berichtet, wie Jahwe Menschen «mit Blindheit schlägt». Behinderte Menschen, so heißt es, leben «auf der Schattenseite des Lebens», sie sind «nicht so glücklich auf die Welt gekommen» wie andere, die auf der «Sonnenseite» stehen. Im Bewußtsein vieler Menschen leisten «Behinderte» etwas, *obwohl* sie behindert sind, sie «meistern ihr Schicksal» *trotz* ihrer Behinderung, sie sind behindert und *dennoch* glücklich.

Minderwertigkeit, Abwertung, Angst, Leid und Mitleid sind die wesentlichen Bedeutungselemente, die einen zunächst wertneutralen Begriff wie «Behinderung» abschreckend werden lassen und als Gruppenbezeichnung zur Diskriminierung machen, die degradierend wirken und eine soziale Hierarchie festschreiben.

Das gesamte Spektrum der Negativ-Konnotationen findet sich in dem Begriff «Sorgenkind», der über seine ursprünglichen und heute vorhandenen Inhalte hinaus für Teile der Behindertenbewegung zu einem Symbol geworden ist. Der Begriff «Sorgenkind», durch das mittlerweile 33jährige erfolgreiche Wirken der Aktion Sorgenkind in weiten Kreisen der Bevölkerung präsent, bringt zwei Wortfelder zusammen, die beide ambivalent sind. «Sorgen» hat seit dem frühen Mittelalter im Deutschen im wesentlichen zwei Bedeutungen, nämlich einerseits die Grundbedeutung «Angst, Kummer, Unruhe, quälende Gedanken» und andererseits den Sinngehalt von «Bemühung um Abhilfe». Der Begriff «Kind» umfaßt neben seinem positiven Gehalt auch abwertende Bedeutungen wie Unmündigkeit, Nichtwissen und Naivität («kindisch»). Als sich die Aktion Sorgenkind in den sechziger Jahren aus Anlaß des Conterganskandals gründete, war der Begriff «Sorgenkind» durchaus gebräuchlich, und zwar unter Eltern behinderter Kinder, die sich ihren «Sorgenkindern» mit besonderer Fürsorge widmeten und denen die zunächst befristete Aktion zu konkreten Perspektiven für ihren Nachwuchs verhelfen sollte. Je tiefer die Aktion Sorgenkind jedoch mit ihrer Arbeit für behinderte Menschen ins Bewußtsein der Bevölkerung drang, je mehr sie ihre Förderrichtlinien auf erwachsene Menschen mit Behinderungen und andere gesellschaftliche Gruppen ausweitete, desto mehr geriet der Begriff des «Sorgenkinds» zum SCHLAG-Wort für die Betroffenen. Das liegt insbesondere daran, daß die abwertenden Bedeutungsbestandteile in den Begriffen «Kind» und «Sorgen» Projektionsfläche für Vorurteile bieten. Und obwohl die Aktion Sorgenkind selbst das Wort «Sorgenkind» niemals als Synonym für behinderte Kinder oder Erwachsene nutzt, liegt das Mißverständnis einer generalisierenden Gleichsetzung nahe. Insbesondere Journalisten haben ein Faible für die «Sorgenkinder» entwickelt: «Ein Auto für die Sorgenkinder» oder das «Schulfest zugunsten von Sorgenkindern» sind auch heute noch gern gewählte Überschriften.

Indessen: Die Abwehr, die das Wort «Sorgenkind» bei vielen Betroffenen hervorruft, liegt nicht nur in den linguistisch zu erschließenden Bedeutungsschichten des Wortes selbst. Vielmehr werden mit dem Begriff bestimmte Sozialisationserfahrungen verbunden: die Tante, die «unserem Sorgenkind» mitleidvoll über das Haar streicht, ein «Sorgenkind»-Funktionär, der beim Sportfest alle Leistungen relativiert, eine Nachbarin, die sich seufzend nach dem «Sorgenkind» erkundigt, die Spendenveranstaltung für die «Sorgenkinder», der «Sorgenkinder»-Bus.

Gesellschaftliches Bewußtsein wirkt nicht nur auf die Sprache, sondern auch umgekehrt: Sprachschöpfungen wirken in die Gesellschaft. Das beherrschende Stereotyp der «Sorgenkinder» hat es gerade Kindern mit Behinderungen schwergemacht, ein positives Selbstverständnis zu entwickeln. Erwachsenwerden bedeutet für sie auch: sich aus der beherrschenden und machtvollen Sorgenkind-Welt zu befreien. Marita Boos-Waidosch, Behindertenbeauftragte der Stadt Mainz, beschreibt, wie ihr die Begegnung mit einem amerikanischen Freund mit Querschnittlähmung, der sie zum Tiefseetauchen überreden wollte, zu einem Schlüsselerlebnis wurde: «Es war unglaublich, ich habe mich nicht mehr als Sorgenkind gefühlt. Mit diesem Wort bin ich aufgewachsen, es hat mich immer bedrückt.» Sie wollte niemand sein, der Sorgen und Probleme macht. «Wir wurden ja immer nur auf unsere Defizite reduziert.» Und nun spürte sie plötzlich ihre Fähigkeiten und Chancen. Es sind diese subjektiven Erfahrungen, die dem Wort «Sorgenkind» bei Betroffenen eine hohe Symbolfunktion zukommen lassen, die sich nichtbehinderten Menschen nicht unmittelbar erschließt.

Sprache, Denken und gesellschaftliches Bewußtsein sind unmittelbar miteinander verknüpft, bedingen sich gegenseitig und gehören zu den realen sozialen Bedingungen, unter denen Menschen zu leben und mitunter auch zu leiden haben. Die Analyse der sprachlichen Situation von Menschen mit Behinderungen ist ein unabdingbares Pendant zur Analyse ihrer ökonomischen, psychologischen und ideologischen Stellung.

Was ist zu tun? Natürlich läßt sich die soziale Wirklichkeit nicht allein über Sprache ändern. Dennoch ist die Welt des Sprechens und Denkens ein realer Teil der Bedingungen, unter denen behinderte Menschen leben müssen, und daher wie jeder andere Lebensbereich reformbedürftig. Die Veränderung von einzelnen Wörtern und Sprachgebrauchsnormen sind zur Schaffung eines neuen Bewußtseins sinnvoll. Allerdings: Die zu erarbeitenden Vorschläge müssen elegant sein, sie dürfen nicht – wie es der feministischen Linguistik oft vorgeworfen wurde – zu einer Verkrampfung und Verkomplizierung der Sprache führen, und sie müssen Akzeptanz in der Bevölkerung finden. Wer bei jedem Wort, das er äußern möchte, erst dreimal überlegen muß, ob es behindernd ist, wird bald ganz verstummen.

Die leichteste Übung ist die Änderung von Namen und Bezeichnungen, die allerdings auch scheitern kann. So hat die Umbenennung der «Hilfs-Schulen» in «Sonder-Schulen» in den siebziger Jahren wenig gebracht. Auch die Sonderschule hat heute ein stigmatisierendes Image.

Viele Organisationen haben bereits versucht, ihrem neuen Denken in der Vereinsbezeichnung gerecht zu werden: So wurde aus dem «Hamburger Spastikerverein» der Verein «Leben mit Behinderung», aus der «Lebenshilfe für Geistigbehinderte» nach einigen Zwischenschritten die «Lebenshilfe für Menschen mit geistiger Behinderung». Jede Organisation, die diesen Prozeß hinter sich gebracht hat, kann von ausufernden Diskussionen berichten. Auch die Aktion Sorgenkind erwägt eine Namensänderung, wenn sie einen sinnvollen neuen Namen und eine erfolgreiche Strategie zu dessen Durchsetzung gefunden hat. In ihrem Fall kollidiert die außerordentliche Symbolfunktion des Namens mit dessen Markencharakter in bezug auf die Aktion-Sorgenkind-Lotterie: Denn unabhängig von den oben zitierten negativen Konnotationen des Begriffs «Sorgenkind» hat die «Aktion Sorgenkind» bei 90 Prozent der

Bevölkerung eine positive Symbolfunktion im Sinne einer erfolgreichen sozialen Organisation.

Wichtiger noch als die Änderung von Namen und ihren schlagworthaften Anwendungen ist eine Korrektur der Definition von Behinderung: Das Defizit bei einer Behinderung liegt nicht bei dem einzelnen Menschen, sondern bei der Gesellschaft, die diesem eine normale Teilnahme am gesellschaftlichen Leben nicht ermöglicht (vgl.: Einleitung von H.-G. Heiden). Nur wenn diese Definition dem Handeln und dem Denken zugrunde gelegt wird, kann eine Behinderung nicht mehr als «regelwidrige» Abweichung von der Norm gesetzlich beschrieben werden. Die neue Definition und eine Änderung der Sprachgebrauchsnormen sollte in allen amtlichen, öffentlichen und offiziellen Verlautbarungen, in Gesetzes- und Pressetexten umgesetzt werden. Insbesondere ältere Gesetzestexte bedürfen dringend der Überarbeitung. Prinzipiell sollte nirgends mehr von «Spastikern», «Autisten», «Epileptikern» oder «Behinderten» die Rede sein, sondern, so differenziert wie möglich, von Menschen mit Behinderungen, von Kindern mit Down-Syndrom, kleinwüchsigen Angestellten usw.

Und schließlich: Sprache ist auch ein Mittel der Machtausübung und damit ein politisches Instrument, denn mit Hilfe von Sprache wird Wirklichkeit definiert, und mächtig ist der, der seine Definition von Wirklichkeit durchsetzen kann. Die Macht hat, wer das Sagen hat, und das sind in unserer Gesellschaft, besonders in Politik und Medien, vornehmlich nichtbehinderte Menschen. Auch hier muß sich etwas ändern.

Gefordert sind Sensibilisierung für Machtverhältnisse in Sprache und Sprachgebrauch, kreative Leistungen und eine – behinderten Menschen nur selten zugestandene – aggressive Aktivität, denn: Sprechen ist Handeln.

VOR WEM SIND ALLE MENSCHEN GLEICH?

„Nachdem ich die Aufnahmeprüfung zur weiterführenden Schule bestanden hatte, wurde mein Vater zum Schulleiter bestellt. ‚Ihre Tochter ist eine zu große Belastung für den Unterrichtsablauf', hieß es. Alle meine Freundinnen gingen aber zu dieser Schule. Nur ich mußte in ein Heim für körperbehinderte Mädchen, weit weg von Freunden und Eltern" (Marita Boos-Waldosch).
„Wenn ein Mann eine aufgrund ihrer Behinderung widerstandsunfähige Frau vergewaltigt, bekommt er eine niedrigere Strafe, als wenn er eine nichtbehinderte Frau vergewaltigt. So sieht es der Gesetzgeber ausdrücklich vor. Begründung: Der Täter benötigt bei behinderten Frauen angeblich weniger kriminelle Energie. Das ist nicht nur ungerecht und diskriminierend. Das ist ein Skandal" (Sigrid Arnade).

„Niemand darf wegen seiner Behinderung benachteiligt werden." (Art. 3 Abs. 3 Grundgesetz)

Eine Initiative
der Aktion Sorgenkind und
85 Verbänden und Organisationen
der Behindertenhilfe
und -selbsthilfe.

http://www.aktion-sorgenkind.de/grundgesetz/

Aktion GRUND GESETZ

Renate Schultner

«Ordnungswidrig»

«Der Polizeipräsident in Berlin
Sehr geehrter Herr Matthias S.
Sie sind wegen einer Ordnungswidrigkeit angezeigt worden.
Art der Ordnungswidrigkeit: Sie nahmen als Fußgänger trotz körperlicher Mängel (Epilepsie) am öffentlichen Verkehr teil, ohne in geeigneter Weise Vorsorge getroffen zu haben.
Es kam zum Unfall, in dessen Folge Sie sich selbst verletzten.
Zuwiderhandlung nach: §§ 2 (1), 69a StVZO
Diese Handlung ist mit einer Geldbuße bedroht. Gegen Sie wurde daher ein Ermittlungsverfahren eingeleitet.»

«Seit meiner Kindheit habe ich Epilepsie. Trotzdem habe ich einen Beruf erlernt, den ich auch heute noch ausübe. Mit meiner Epilepsie muß ich nun schon seit langem leben. Mittlerweile bin ich 48 Jahre alt. Während ein paar Minuten eines Anfalls bin ich ohne Bewußtsein. Ich falle jedoch nicht hin, wie beim großen Anfall, sondern mache automatische Bewegungen, die mich manchmal schon in eigenartige Situationen gebracht haben. Sehr selten habe ich mich dabei verletzt. Wann bei mir ein epileptischer Anfall auftritt, ist, wie bei vielen anderen Menschen mit Epilepsie, nicht vorhersehbar.

Neulich habe ich in Berlin in der Straßenbahn einen Anfall bekommen. Ich bin dann wohl ausgestiegen und irgendwie in oder vor die Straßenbahn gelaufen. Als ich wieder zu mir kam, war mein Hosenbein etwas zerrissen, ansonsten ging es mir gut. Auch die Straßenbahn war nicht beschädigt, und andere Passanten waren nicht verletzt. Ich selbst hatte nur einen kleinen Kratzer bekommen, so daß nicht einmal eine ärztliche Behandlung erforderlich war. Als nächstes war die Polizei da und nahm mich sofort mit auf die Wache.

Zwei Monate später bekam ich das obige Schreiben vom Polizeipräsident in Berlin, Direktion 7, Ref. Straßenverkehr. Seit meinem 18. Lebensjahr stehe ich voll im Berufsleben. Ich begreife nicht, weshalb ich plötzlich dem Verkehr fernbleiben soll. Matthias S.»

Solche und ähnliche Vorkommnisse kann man unter einem Grundgedanken über die Krankheit Epilepsie zusammenfassen, der bei vielen Menschen noch heute vorherrscht: «Menschen mit Epilepsie sollen vom öffentlichen Leben fernbleiben.» Sie sollten sich immer in die Obhut eines anderen begeben und niemals allein, das heißt selbständig, leben. Diese Einstellung bedeutet eine Verletzung des elementaren Rechtes auf Gleichbehandlung der Menschen mit Behinderung.

Menschen mit Epilepsie werden häufig massiv eingeschränkt und mit Verboten belegt, um sie vor allen möglichen Gefahren zu schützen. Dabei werden die tatsächlichen Symptome der Krankheit nur selten im Detail betrachtet. Zwei Drittel der an Epilepsie Erkrankten sind Kinder. In jedem Jahr kommen über 26 000 hinzu. Viele dieser Kinder lernen unter Umständen nie selbständig zu leben und eigene Entscheidungen zu treffen. Nicht selten haben die Eltern Schwierigkeiten, einen Kindergartenplatz zu bekommen. Auch in der Schule geht die Ausgrenzung häufig so weit, daß normal intelligente Kinder in Sondereinrichtungen abgeschoben werden, nur weil ab und zu Anfälle auftreten, mit denen die Lehrer glauben, nicht umgehen zu können.

Menschen mit Epilepsie dürfen an vielen Sportarten nicht oder nur eingeschränkt teilnehmen, zum Beispiel am Schwimmen, Reiten, Geräteturnen, Radfahren und an der Leichtathletik. Viele Lebensbereiche sind gar mit Verbot belegt (Beruf Lehrer, Krankenpflegeberufe, Autofahren), obwohl die Anfälle nur nachts oder beim Aufstehen auftreten. Eine erfolgreiche Bewerbung um einen Arbeitsplatz ist bei bekannter Epilepsie nahezu unmöglich. Nicht selten führen Vorurteile über diese Krankheit zu Diskriminierung und Distanzierung im persönlichen Bereich. Etwa 800 000 Menschen in Deutschland haben Epilepsie. Um ein normales Leben mit Epilepsie zu führen, sind viele von ihnen gezwungen, ihre Krankheit geheimzuhalten. Sie leben in ständiger Angst vor Entdeckung.

In dem oben geschilderten Fall, der sich 1996 in Berlin zugetragen hat, hätte zunächst geprüft werden müssen, ob erste Hilfe geleistet werden muß, anstatt Matthias S. mit aufs Polizeirevier zu nehmen. Anschließend hätte sich die zuständige Polizeistelle bemühen müssen, Informationen über das Krankheitsbild Epilepsie einzuholen, anstatt völlig pauschal ein Ermittlungsverfahren einzuleiten. Wenn – wie in diesem Fall – die Anfälle ohne ein Vorgefühl (Aura) eintreten, könnte Matthias S. nur noch in Begleitung oder gar nicht mehr am öffentlichen

Leben teilnehmen. Vielleicht hat er aber nur ein-, zweimal im Monat oder gar einmal im Jahr einen Anfall. Rechtfertigt dies schon einen Ausschluß?

Verordnungen wie der angeführte Doppelparagraph 2 (1) 69a StVZO sind eine Diskriminierung der Menschen mit Epilepsie. Sie sind umstandslos aufzuheben. Ein weiteres typisches Beispiel: Behinderte Kinder/Kinder mit besonderen Bedürfnissen werden nicht in die Regelschule aufgenommen, sondern sie werden ausgesondert und in Sondereinrichtungen gebracht. Hier müssen die Schulgesetze geändert werden. Die Nichtaussonderung muß Normalität werden, die Aussonderung die absolute Ausnahme bleiben. Dies gilt auch für den Bereich der Versicherungen: Unter Paragraph 21 Ziffer 1 der Allgemeinen Unfallversicherungsbedingungen (AUB) heißt es, daß Unfälle, die auf epileptischen Anfällen beruhen, nicht unter Versicherungsschutz fallen, oder Paragraph 3 sagt: «Nicht versicherbar sind dauernd pflegebedürftige Personen oder Geisteskranke.» Alle diese diskriminierenden Verordnungen sind umstandslos aufzuheben.

Detlef Eckert

Abbau Ost: Rente statt Reha

Ingrid S., Jahrgang 1939, erkrankte 1986 an multipler Sklerose (MS) und mußte sich danach ihr Leben neu einrichten. Das fiel ihr nicht leicht, hatte sie doch bis dahin keine Vorstellungen davon, wie sie mit einer Behinderung leben sollte. Aber es gelang ihr, nicht zuletzt, weil sie ihren Arbeitsplatz behielt. Nach dem Besuch einer achtklassigen Grundschule und der Absolvierung einer Fachschulausbildung hatte Ingrid S. seit 1958 als Buchhalterin in landwirtschaftlichen Betrieben der DDR gearbeitet. Im Fernstudium qualifizierte sie sich zur staatlich geprüften Finanzwirtschaftlerin und war seit 1980 als Hauptbuchhalterin in einem «Wissenschaftlich-technisch-ökonomischen Zentrum» tätig. Mit ihrer Erkrankung wurde sie 100 Prozent schwerbehindert und erhielt eine Invalidenrente der DDR. Einer Erwerbsarbeit ging sie, entsprechend den gesetzlichen Möglichkeiten, weiter nach und verdiente als sogenanntes Zuverdienstdrittel knapp 500 Mark der DDR zu ihrer Rente hinzu.

Mit der Wende wurde jedoch alles anders. Zunächst behielt sie ihren Arbeitsplatz. Aber im Sommer 1991 wurde ihr mitgeteilt, daß sie nach der neuen Rechtsgrundlage nicht mehr weiterarbeiten könne. Im übrigen werde der Betrieb auf alle Fälle geschlossen, und für sie sei es wesentlich besser, wenn sie nun völlig in Rente gehen würde. Für Ingrid S. ist der Arbeitsmarkt verschlossen, obwohl sie über eine abgeschlossene Berufsausbildung und über umfangreiche Erfahrungen verfügt. Ursachen sind vor allem die ab 1. Januar 1992 auch in den neuen Bundesländern geltenden Rentenregelungen sowie die allgemein unhaltbare Arbeitsmarktsituation. Seitdem hat sich ihr gesundheitlicher Zustand verschlechtert. Als größtes Problem bezeichnet sie das übermächtige Gefühl, nicht gebraucht zu werden.

Ingrid S. ist nur einer von 100000 schwerbehinderten Menschen in Ostdeutschland – das sind mehr als 50 Prozent aller im Oktober 1990 noch auf dem ersten Arbeitsmarkt beschäftigten Schwerbehinderten –, die ihre Arbeit nach 1990 aufgeben mußten. Weil sie dem Rentenrecht unterliegt, erscheint sie in keiner Arbeitslosenstatistik. Sie hat keinen Anspruch auf Förderung durch das Arbeitsamt, auf Umschulung oder Rehabilitation. Sie gehört zu einer öffentlich «unsichtbaren» Gruppe arbeitsloser Menschen, weil die offiziellen Statistiken das Gesamtproblem und die besondere Situation in Ostdeutschland eher verschleiern als erhellen.

In der Bundesrepublik sind von den 6,5 Millionen amtlich anerkannten schwerbehinderten Menschen etwa 2,6 Millionen zwischen 18 und 60 Jahre alt, also im arbeitsfähigen Alter. Auf dem statistisch erfaßten Arbeitsmarkt erscheinen jedoch mit knapp 1,2 Millionen weniger als die Hälfte von ihnen. Von diesen 1,2 Millionen Menschen waren nach den aktuellsten Angaben im Oktober 1995 insgesamt 844351 – und damit 130506 weniger als 1991 – auf dem ersten Arbeitsmarkt beschäftigt. Also ist fast jeder fünfte schwerbehinderte Mensch, der dem Arbeitsmarkt zur Verfügung steht, arbeitslos. Eine differenziertere Darstellung, etwa nach dem Geschlecht, ist nicht möglich, da sich die Bundesregierung seit Jahren weigert, unterschiedliche Geschlechter auch statistisch anzuerkennen. Damit sind einige Eckpunkte einer insgesamt traurigen Bilanz und Resultat einer besonders diskriminierenden und aussondernden Politik umrissen.

In den letzten Tagen der DDR waren – nach den unvollständigen Meldungen auf der Grundlage des Schwerbehinderten-Gesetzes der DDR vom Juni 1990 – noch über 198000 Schwerbehinderte und Gleichgestellte auf dem ersten Arbeitsmarkt beschäftigt. Ihre Zahl sank über 132567 (1991), 92262 (1992) auf 84863 im Oktober 1993, um bis Oktober 1995 leicht auf 90861 anzusteigen. Damit sind in nur fünf Jahren deutscher Einheit über 50 Prozent aller mit schwerbehinderten Arbeitnehmerinnen und Arbeitnehmern besetzten Arbeitsplätze beseitigt worden. Zugleich sind damit – wie es die Bundesregierung versprochen hatte – wesentliche Lebensbedingungen an Westdeutschland angeglichen worden: hier sind seit 1993 ständig mehr als 145000 Schwerbehinderte arbeitslos gemeldet.

Dieser ingesamt überproportionale Abbau von Arbeitsplätzen spiegelte sich jedoch bisher – anders als in Westdeutschland – nur sehr eingeschränkt und unvollständig in der Arbeitslosenstatistik wieder. Sehr viele schwerbehinderte Menschen nahmen nach der Wende die Möglichkeit des Vorruhestandes wahr. Mindestens 35000 – trotz intensiver Bemühungen sind genauere Zahlen nicht verfügbar – entschieden sich für eine Rentenleistung ohne vollwertige Erwerbstätigkeit. Teils bewog sie die allgemeine Unsicherheit, teils wurden sie von den Arbeitgebern mit «rechtsstaatlicher Gewalt» dazu gedrängt. So erhielten im Juni/Juli 1991 Zehntausende schwerbehinderte Menschen Briefe, in denen ihnen mitgeteilt wurde, daß «gemäß § 59 BAT-O das Arbeitsverhältnis infolge Erwerbs- und Berufsunfähigkeit endet. Diese Vorschriften nehmen die bei Inkrafttreten des Tarifvertrages im Arbeitsverhältnis stehenden Invalidenrentner nicht von seiner Geltung aus.»

Diesen Menschen wurde nicht, wie in Antworten auf Protestschreiben deutlich wurde, gekündigt. Es wurde Ihnen lediglich mitgeteilt, daß das Arbeitsverhältnis endete. Der nun noch mögliche Zuverdienst von damals 440 DM/Monat (gegenwärtig 500 DM) erlaubte nur noch eine geringfügige Beschäftigung auf dem ersten Arbeitsmarkt. Nur so ist bei einem derartigen Stellenabbau erklärbar, daß die offizielle Arbeitslosigkeit Schwerbehinderter in den neuen Bundesländern nach einem Höchststand von 32446 im Januar 1992 bis Ende 1995 auf knapp 23000 sank. 1996 und vor allem 1997 stieg die Zahl der arbeitslosen Schwerbehinderten wieder erheblich an und kam im Juli 1997 mit 32175 dem Höchststand nahe. Schwerbehinderte Menschen haben nun, im Vergleich zur DDR, zwar keinen Arbeitsplatz mehr, aber einen Rechtsanspruch auf die Hilfe, die notwendig ist, um sie in die Gesellschaft zu integrieren – wie die Bundesregierung nicht müde wird zu betonen.

Die Entwicklung in Ostdeutschland markiert sehr deutlich eine grundsätzliche Umorientierung in der Rehabilitations- und Behindertenpolitik der Bundesregierung. Es darf nicht übersehen werden, daß schon seit 1982 – zwar noch zögernd und verdeckt – schwerbehinderte Menschen schrittweise aus Erwerbsarbeit verdrängt wurden. Aber diese Tendenz in den alten Bundesländern hält keinem Vergleich mit der Entwicklung in den neuen Bundesländern stand. Hier wurden schwerbehinderte Menschen aus der Erwerbsarbeit regelrecht vertrieben. Faktisch wurde damit in den neuen Bundesländern – ohne daß sich in der alten Bundesrepublik größerer Protest regte – der bisherige offizielle Grundsatz «Rehabilitation vor Rente» außer Kraft gesetzt. Statt Menschen mit Behinderungen Erwerbsarbeit zu ermöglichen, wurden unüberwindliche rentenrechtliche Barrieren errichtet. Und diese Barrieren wurden dann – siehe die 1996 wirksam gewordenen

Einschränkungen und Kürzungen im Bereich der Rehabilitation allgemein und im Bereich der beruflichen Rehabilitation im besonderen – auf Ausbildung und Umschulung ausgedehnt – diesmal für die gesamte Bundesrepublik.

Die weit überproportionale Arbeitslosigkeit schwerbehinderter Menschen sowie ihre weitgehend geschlechtsneutrale Darstellung – erste offizielle Statistiken zeigen eine weit höhere Arbeitslosigkeit schwerbehinderter Frauen auf – sind Ausdruck besonders schwerwiegender Diskriminierung. Veränderungen sind – neben einer wirksamen Einflußnahme auf das gesellschaftliche Bewußtsein – vor allem bei den Rechtsgrundlagen, hier vor allem im Arbeitsförderungsgesetz sowie im Schwerbehindertengesetz, einzufordern. So muß der Rechtsanspruch behinderter Menschen auf berufliche Rehabilitation uneingeschränkt wiederhergestellt werden. Das Schwerbehindertengesetz ist wesentlich zwingender zu gestalten. Für eine Übergangszeit wäre der «Freikauf» von der Gesetzerfüllung mittels Ausgleichsabgabe, die auf die Höhe eines durchschnittlichen Einkommens aufgestockt wird, noch zulässig. Denkbar ist, daß die Vergabe öffentlicher Aufträge an die Erfüllung der Beschäftigungsquote in den Bewerberunternehmungen geknüpft wird. Umzugestalten und grundsätzlich neu zu ordnen sind die Einrichtungen der beruflichen Rehabilitation. Gefragt sind wohnortnahe und familienfreundliche Angebote. Die angebotenen Berufsbilder und Berufe müssen wesentlich erweitert werden. Zur raschen Veränderung der Situation behinderter Frauen sind spezifische Angebote zu entwickeln.

Alfred Hovestädt / Peter Leifeld

30 Prozent Lohnkürzung – «Warum sollen wir da noch arbeiten?»

Wenn Dirk H. nach acht Stunden Arbeit endlich Feierabend hat, ist er «ganz schön fertig». Er freut sich darauf, nach Hause in seine Wohngruppe des Engerser Heinrich-Hauses zu kommen. Aber etwas hat er heute noch zu erledigen. Denn es ist Zahltag.

Dirk H. hat in den vergangenen fünf Tagen an seiner Maschine, einem Stanzautomaten, gesessen und mit anderen Werktätigen seines Produktionsteams rund 2000 Spulen für Sicherungsautomaten, wie sie in jedem Haushalt Verwendung finden, montiert. Dieser Job in der Elektromontage verlangt Konzentration und größte Sorgfalt. Er ist zudem mit Lärm und Streß verbunden. Nun kann Dirk H. nach einer anstrengenden Woche endlich seinen verdienten Lohn einstreichen – sollte man meinen! Doch ein Blick in die Lohntüte belehrt ihn eines Besseren. Ganze 94,19 Mark. Nein, nicht für einen Tag, auch nicht für eine Woche. 94,19 Mark: das ist der volle Monatslohn. Umgerechnet sind das ca. 59 Pfennig in der Stunde. Wir schreiben das Jahr 1997. Wir sind im schönen Bundesland Rheinland-Pfalz. Dirk H. arbeitet in einer Werkstatt für Behinderte.

Sein Lohn, genauso wie der von den Kolleginnen und Kollegen, sofern sie in einem Heim wohnen, wurde entsprechend einer Anweisung des Landesamtes für Jugend und Soziales um satte 30 Prozent gekürzt. «Warum sollen wir da noch arbeiten? 94 Mark, das ist weniger als ein Taschengeld», sagt auch Rolf W., der ebenfalls in den Engerser Werkstätten arbeitet. Es bleibt so gut wie nichts mehr für persönliche Interessen, Kultur und Freizeit. Dirk H. und Rolf W. wohnen im Heinrich-Haus Engers, einer Einrichtung der Josefs-Gesellschaft. Ihre pflegerische und therapeutische Versorgung ist optimal. Wohnungs- und Lebenshaltungskosten werden als Eingliederungshilfe nach § 39 des Bundessozialhilfegesetzes (BSHG) von überörtlichen Träger der Sozialhilfe finanziert. Für ihr Wohnen im Heinrich-Haus haben sie auch bisher von ihrem Werkstatteinkommen beitragen müssen. Nun aber bleibt ihnen zur Finanzierung selbst unaufwendiger Hobbys kaum etwas übrig. Der Traum vom eigenen Fahrrad und der langgehegte Wunsch nach einem Fotoapparat sind nichts mehr als Illusion. Selbst der Besuch eines Volksfestes muß genau kalkuliert werden: «Cola, Limo, Pommes und Kino werden teurer.» Jeder Pfennig muß nicht einmal, sondern viele Male umgedreht werden. Sogar der Besuch beim Friseur droht zum Luxus zu werden!

Wenn anderswo um Prozentzahlen rechts vom Komma gestritten wird, so klingt dies in den Ohren der Beschäftigten einer Werkstatt für Behinderte angesichts der mehr als 30prozentigen Kürzung wie bittere Ironie. «Bisher wurden mir von meinem Werkstattgeld monatlich 136,07 Mark ausgezahlt... Wieso wurde ich als Betroffener über diese Kürzungen nicht mal informiert? Ich empfinde das als massive Diskriminierung und erlebe mich als unwertes Leben. Die Landesregierung ist doch angetreten, den Menschen mit Behinderung in Werkstätten für Behinderte mehr Arbeitsentgelt zu belassen. Und jetzt geschieht das genaue Gegenteil. Es wird mir noch mehr Geld abgezogen. Ich fühle mich veräppelt.» Das schreibt Rolf W., Heimbeirat im Heinrich-Haus Engers, an den Ministerpräsidenten des Landes Rheinland-Pfalz, Kurt Beck.

Die Motivation unter den Mitarbeitern der Werkstatt für Behinderte ist gedrückt. Werkstattleiter Toni Kreucher kritisiert die rheinland-pfälzische Landesregierung, die ein Bundesgesetz umsetzen muß: «Gerade bei den Allerschwächsten auf diese drastische Weise zu sparen, das ist nicht vertretbar.»

Am 15. November 1994 hat der Bundesgesetzgeber den Artikel 3 des Grundgesetzes dahingehend ergänzt, daß niemand wegen seiner Behinderung benachteiligt werden darf. Am 23. Juli 1996 hat derselbe Bundesgesetzgeber das Bundessozialhilfegesetz (BSHG) im § 85, der den Einsatz des Einkommens unterhalb der Einkommensgrenze definiert, neu gefaßt und damit de facto gegen das Diskriminierungsverbot verstoßen.

Im einzelnen: Vom 10. 7. 1979 bis zum 1. 4. 1997 galt eine Regelung, nach der Menschen mit Behinderungen, die in Heimen der Behindertenhilfe leben, in akzeptablem und nachvollziehbarem Umfang anteilig von ihrem Werkstatteinkommen für ihre Wohn- und Versorgungskosten herangezogen wurden. Die neue Regelung des § 85 Abs. 2 BSHG ist eine bundeseinheitliche Berechnungsformel dafür. Das Landesamt für Soziales, Jugend und Versorgung des Landes Rheinland-Pfalz hat diese neue Rechtsgrundlage mit Rundschreiben Nr. 12/97 vom 20. 3. 1997 umgesetzt und konkretisiert. Danach berechnet sich der Freibetrag nun wie folgt: Dem behinderten Werkstattmitarbeiter «verbleibt ein Freibetrag in Höhe von 1/8 des Regelsatzes für einen Haushaltsvorstand [in Rheinland-Pfalz zur Zeit 531 Mark; d. V.] zuzüglich 25 v. H. des diesen Betrag übersteigenden Einkommens». Unter Punkt 6 wird ausgeführt, daß dieser Freibetrag erhöht werden kann, wenn der Betroffene einen Beitrag zu seiner stationären Versorgung leistet. Hierfür erhält er einen «Zusatzbetrag» von 5 Prozent des Einkommens, höchstens jedoch von 15 Prozent des Regelsatzes.

Diese Neuregelung wurde jedoch nicht den betroffenen Menschen mit Behinderung schriftlich mitgeteilt, sondern zum Beispiel den «belegten Einrichtungen» und «Werkstätten für Behinderte».

Rechnerisch sieht das so aus: Rolf W. erhielt bisher 136,07 Mark ausgezahlt. Als Freibetrag behält er nun ein Achtel des Regelsatzes eines Haushaltsvorstandes (531 DM : 8 = 66,38 DM). Zuzüglich erhält er ein Viertel des übersteigenden Betrages (136,07 DM − 66,38 = 69,69 DM; 69,69 DM : 4 = 17,42 DM), insgesamt also 83,80 Mark. Das Wohnheim fordert darüber hinaus vom BSHG-Kostenträger den sogenannten Zusatzbarbetrag von mindestens 5 Prozent des Einkommens, höchstens jedoch 15 Prozent des Regelsatzes. In unserem Fall muß der Werktätige eine Lohnkürzung von 38,41 Prozent hinnehmen, ohne daß er irgendein Rechtsmittel hat, mit dem er seine Interessen verteidigen kann.

Das Sozialministerium des Landes Rheinland-Pfalz hat es zwischen 1979 und 1997 auf freiwilliger Basis ermöglicht, daß Menschen mit Behinderungen, die in einer WfB tätig sind und in einer Einrichtung der Behindertenhilfe wohnen, in deutlich geringerem Umfang von ihrem Werkstatteinkommen für ihre Unterbringung herangezogen wurden. Dadurch hatten sie einen größeren monatlichen Barbetrag zu ihrer persönlichen Verfügung. Diese Regelung stellte also die Betroffenen besser als die neue Regelung durch die Reform des BSHG vom Juli 1996.

Der Staatssekretär im Ministerium für Arbeit, Gesundheit und Soziales in Rheinland-Pfalz, der gleichzeitig Landesbehindertenbeauftragter ist, kam nach eingehender Prüfung zu dem Ergebnis, daß «die bundesgesetzliche Regelung keinen weiteren Spielraum zuläßt und demnach anzuwenden ist». In einem Schreiben vom 25. Juni 1997 teilt er mit: «Ich kann verstehen, daß die Änderung in der Berechnung des

Freibetrages aus dem Einkommen von Werkstattbeschäftigten, die in Heimen leben, auf Kritik stößt, und ich bedaure, daß gerade diejenigen, die nur ein geringes Entgelt erzielen, durch die Neuregelung besonders benachteiligt werden.» Deshalb hat er Bundesgesundheitsminister Seehofer angeschrieben und auf diese Problematik verwiesen.

Auch Bundesarbeits- und Sozialminister Blüm hat in einem Schreiben an seinen Kabinettskollegen Seehofer festgestellt, daß die neue Regelung im § 85 Abs. 2 BSHG «zu einer erheblichen Verringerung der ... ausgezahlten Löhne führt».

Um die diskriminierende Praxis zu beseitigen, ist politisch darauf hinzuwirken, daß eine Änderung des § 85 Abs. 2 BSHG erreicht wird mit dem Ziel, entweder die bisherige günstigere Regelung in Rheinland-Pfalz wieder zuzulassen oder es grundsätzlich in das Ermessen der Länder zu stellen, die Höhe des Freibetrages festzusetzen.

Wieviel bezahlen Sie für Ihren Arbeitsplatz?

Monika O. soll rückwirkend ab Juni 1996 jeden Monat 1100 Mark bezahlen, damit sie arbeiten darf.

Das gibt es nicht?

Frau O. ist psychisch krank, sie arbeitet in einer Reha-Werkstatt des Frankfurter Vereins für soziale Heimstätten. Sie hat im Dezember 1996 einen Kostenbescheid vom staatlichen Kostenträger, dem Landeswohlfahrtsverband Hessen (LWV), bekommen, daß sie sich auf Grund ihres Einkommens mit monatlich 1100 Mark an den Kosten für ihren Werkstattplatz beteiligen muß. Frau O. ist keineswegs eine reiche Frau. Sie ist verheiratet und hat zusammen mit ihrem Ehemann ein Monatseinkommen von 4100 Mark netto. Solche Kostenbescheide gingen an zahlreiche Mitarbeiter in hessischen Werkstätten für Behinderte, oft an sogenannte Erwerbsunfähigkeitsrentner, also Menschen, die während ihres Erwerbslebens auf Dauer krank wurden.

Dies hat fatale Folgen.

Ein Mitarbeiter, Manfred F., wurde nach dieser Zahlungsaufforderung erneut so schwer krank, daß er nach über zehn Jahren Arbeit in der Werkstatt im Februar 1997 in die psychiatrische Abteilung der Frankfurter Uniklinik eingewiesen werden mußte. Ein Tag in der Uniklinik kostet ca. 600 Mark. Die Kosten, die der Krankenkasse bis heute entstanden sind, sind um ein Vielfaches höher als das, was Manfred F. jemals an den LWV als Kostenbeitrag hätte bezahlen müssen.

Das sind nur zwei Beispiele von über 30, die uns bisher bekannt geworden sind. Angst und Verunsicherung machen sich breit. Einige haben ihren Werkstattplatz gekündigt. Dies hat zur Folge, daß sie wieder in die Isolation geraten, denn die Kollegen in der Reha-Werkstatt sind oft die einzigen sozialen Kontakte, die sie haben. Dies und die Vorstellung, tagaus, tagein ohne Beschäftigung zu sein, kann schnell wieder in die Erkrankung führen und endet häufig in der Klinik.

Will der Staat tatsächlich auf Kosten kranker Menschen seinen Haushalt sanieren? Sollen durch die Maßnahmen die Errungenschaften der Sozialpolitik der letzten zwanzig Jahre wieder zunichte gemacht werden?

Eine dieser Errungenschaften sind die Werkstätten für Behinderte, in denen auch schwerstbehinderte und kranke Menschen beruflich gefördert werden und sinnvolle Arbeiten verrichten können und so erleben, daß sie Fähigkeiten haben, die ihnen andere und sie sich selbst häufig gar nicht zugetraut haben.

Deshalb fordert der Arbeitskreis der Frankfurter Werkstatträte: Die Arbeitsplätze in den Werkstätten müssen auch weiterhin für die behinderten Mitarbeiter kostenfrei blieben!

ICH HAB' ETWAS, WAS DU NICHT SIEHST.

„Einmal mußte ich in der Schule nach vorn kommen, um über ein aktuelles Thema aus der Zeitung zu sprechen. Ich stand vor der Klasse und brachte einfach das erste Wort nicht heraus. Ich wollte ‚Die' sagen, und es kam einfach nicht, nur ein ‚Ddddd'. Ich brach in Tränen aus, ging zu meinem Platz zurück und verbarg meinen Kopf voller Scham in meinen Armen" (Scatman John, Los Angeles). „Warum glaubt mir niemand, daß ich, wenn ich auf die Toilette gehen will, wirklich muß? Die Angst von uns Morbus-Crohn-Erkrankten, es nicht mehr rechtzeitig zu schaffen, ist schon schlimm genug" (Maike Wangenhein, Name geändert). „Wenn ich nach dem Weg frage oder danach, wieviel etwas kostet, dann erwarte ich einfach eine vernünftige Antwort und nicht vom Busfahrer oder von der Verkäuferin: ‚Das steht doch dran.' Ich frage ja nicht zu meinem Vergnügen, sondern weil ich selbst es nicht lesen kann" (Hannelore Losen, Name geändert).

„Niemand darf wegen seiner Behinderung benachteiligt werden." (Art. 3 Abs. 3 Grundgesetz)

Eine Initiative
der Aktion Sorgenkind und
85 Verbänden und Organisationen
der Behindertenhilfe
und -selbsthilfe.

http://www.aktion-sorgenkind.de/grundgesetz/

Aktion GRUND GESETZ

Die vielfältigen Aktionsmotive, die mal ernst, mal humorvoll, mal direkt, mal hintergründig und/oder mal provokant auf konkrete Benachteiligungen behinderter Menschen aufmerksam machen, können individuell bestellt und an den entsprechenden „points of problems“ (= den Orten, an denen Diskriminierung entsteht) angebracht werden.

Eine Auswahl finden Sie auf den folgenden Seiten. Mit einer Postkarte in diesem Buch können Sie gern Aktionsmittelpakete für eigene Aktionen anfordern. (Bitte beachten: Aus rechtlichen Gründen sind wir dazu verpflichtet, Sie darauf hinzuweisen, daß sämtliche Aktionsmittel nur dort angebracht werden dürfen, wo dies gestattet ist.)

Wenn Sie die „Aktion Grundgesetz“ unterstützen möchten, können Sie die Solidaritätspostkarte in diesem Buch heraustrennen und an die Aktion Sorgenkind schicken. Gemeinsam mit entsprechenden Unterschriftlisten werden die Postkarten am Ende der Kampagne den gesetzgebenden Organen in Bund und Ländern übergeben.

Plakat

Mit diesen Motiven im Format DIN A2 (420 x 594 mm) sorgen wir weithin sichtbar für Aufmerksamkeit, z.B. im Eingangsbereich von Cafés und Restaurants, in öffentlichen Gebäuden, Schulen, Geschäftsstellen oder auch an Bauzäunen.

Plakat

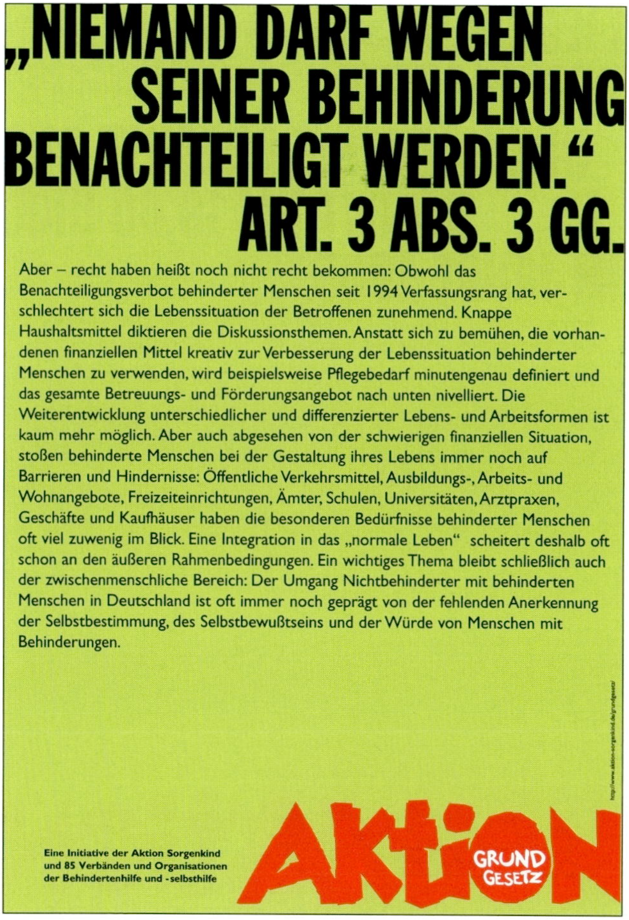
„NIEMAND DARF WEGEN SEINER BEHINDERUNG BENACHTEILIGT WERDEN.“
ART. 3 ABS. 3 GG.
Aber – recht haben heißt noch nicht recht bekommen: Obwohl das Benachteiligungsverbot behinderter Menschen seit 1994 Verfassungsrang hat, verschlechtert sich die Lebenssituation der Betroffenen zunehmend. Knappe Haushaltsmittel diktieren die Diskussionsthemen. Anstatt sich zu bemühen, die vorhandenen finanziellen Mittel kreativ zur Verbesserung der Lebenssituation behinderter Menschen zu verwenden, wird beispielsweise Pflegebedarf minutengenau definiert und das gesamte Betreuungs- und Förderungsangebot nach unten nivelliert. Die Weiterentwicklung unterschiedlicher und differenzierter Lebens- und Arbeitsformen ist kaum mehr möglich. Aber auch abgesehen von der schwierigen finanziellen Situation, stoßen behinderte Menschen bei der Gestaltung ihres Lebens immer noch auf Barrieren und Hindernisse: Öffentliche Verkehrsmittel, Ausbildungs-, Arbeits- und Wohnangebote, Freizeiteinrichtungen, Ämter, Schulen, Universitäten, Arztpraxen, Geschäfte und Kaufhäuser haben die besonderen Bedürfnisse behinderter Menschen oft viel zuwenig im Blick. Eine Integration in das „normale Leben“ scheitert deshalb oft schon an den äußeren Rahmenbedingungen. Ein wichtiges Thema bleibt schließlich auch der zwischenmenschliche Bereich: Der Umgang Nichtbehinderter mit behinderten Menschen in Deutschland ist oft immer noch geprägt von der fehlenden Anerkennung der Selbstbestimmung, des Selbstbewußtseins und der Würde von Menschen mit Behinderungen.
http://www.aktion-sorgenkind.de/grundgesetz/
Eine Initiative der Aktion Sorgenkind
und 85 Verbänden und Organisationen
der Behindertenhilfe und -selbsthilfe
Aktion
GRUND
GESETZ

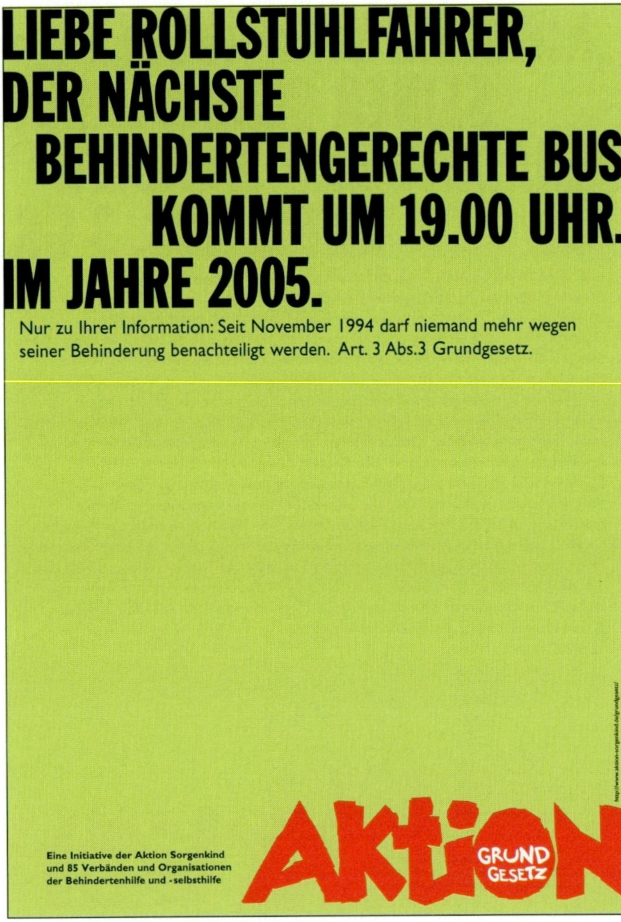
LIEBE ROLLSTUHLFAHRER,
DER NÄCHSTE
BEHINDERTENGERECHTE BUS
KOMMT UM 19.00 UHR.
IM JAHRE 2005.
Nur zu Ihrer Information: Seit November 1994 darf niemand mehr wegen seiner Behinderung benachteiligt werden. Art. 3 Abs.3 Grundgesetz.
http://www.aktion-sorgenkind.de/grundgesetz/
Eine Initiative der Aktion Sorgenkind und 85 Verbänden und Organisationen der Behindertenhilfe und -selbsthilfe
Aktion
GRUND GESETZ

Postkarten

Die Aktionspostkarten (Format DIN A6, 105 x 148 mm) können ganz gezielt an verantwortliche Stellen verschickt werden, sie können als ungewöhnliche Grußkarten verwendet oder an allen möglichen und unmöglichen Stellen ausgelegt werden, z.B. in den Postkartenständern im Eingangsbereich von Cafés, Bars und Restaurants oder in Postfilialen.

„NIEMAND DARF WEGEN SEINER
BEHINDERUNG BENACHTEILIGT
WERDEN.“ ART. 3 ABS. 3 GG.
AKTION
GRUND
GESETZ

BEHINDERTE DÜRFEN ALLES.
SIE KÖNNEN ABER NICHT.
Laut Art. 3 Abs. 3 Grundgesetz darf seit 15.11.94 niemand mehr wegen seiner Behinderung benachteiligt werden. Laut Aussage der Betroffenen ist die Realität davon aber weit entfernt.
AKTION
GRUND
GESETZ

Aufkleber

Keine Aktion ohne Aufkleber! Mit diesem Aktionsmittel (Format 150 x 80 mm) sorgen wir überall da für Aufmerksamkeit, wo sich Plakate nur schwer anbringen lassen, z.B. an Autos, Treppenstufen, Bordsteinkanten, Rollstühlen, Schulranzen, Türen, vor und in nicht behindertengerechten Toiletten, überall!

Aufkleber

STOTTERN BEHINDERT,
ABER NUR BEIM SPRECHEN.
AKTION
GRUND
GESETZ

LEIDER KANN HIER NICHT
JEDER TELEFONIEREN.
AKTION
GRUND
GESETZ

WER NICHT HÖREN
KANN, MUSS SEHEN.
AKTION
GRUND
GESETZ

Aufkleber

JEDER MENSCH IST
MEHR ODER WENIGER
BEHINDERT.
Aktion
GRUND
GESETZ

GEISTIG BEHINDERT IST
AUCH NORMAL.
Aktion
GRUND
GESETZ

SICH BEWEGEN
BEWEGT ETWAS.
Aktion
GRUND
GESETZ

Buttons

Mit diesen Ansteckern (Durchmesser 55 mm) können wir von Mensch zu Mensch auf die „Aktion Grundgesetz" und das Anliegen der „Aktion Grundgesetz" aufmerksam machen und Berührungsängste und Vorurteile auf direktem Weg abbauen.

Buttons

LERNEN SIE MICH
DOCH KENNEN,
DAMIT SIE IHRE
ANGST VERLIEREN!
AKTION
GRUND GESETZ
http://www.aktion-sorgenkind.de/grundgesetz/

SIE SOLLTEN
SICH MAL
SEHEN.
AKTION
GRUND GESETZ
http://www.aktion-sorgenkind.de/grundgesetz/

ERTAUBT?
NA UND!
WIR GEHÖREN
TROTZDEM DAZU.
AKTION
GRUND GESETZ
http://www.aktion-sorgenkind.de/grundgesetz/

Aktionskärtchen

Die Aktionskärtchen (Format 80 x 45 mm) sind für den kleinen Denkanstoß zwischendurch gedacht. Sie können einfach von Mensch zu Mensch verteilt werden, lassen sich z.B. gut unter Scheibenwischer klemmen etc. Sie bieten die Möglichkeit, auf sympathische Art ganz gezielt und direkt auf Diskriminierungen hinzuweisen.

Bierdeckel

Die Aktionsbierdeckel (Format 100 x 100 mm) können mit ins Café oder Restaurant genommen und dort unter die anderen, herkömmlichen Bierdeckel gemischt werden. Oder man läßt sie einfach in Bars auf dem Tresen oder auf den Tischen liegen.

Rückseite

Briefaufkleber

Auch Briefe können mit einer deutlichen Botschaft versiegelt werden. Die kleinen Aufkleber (Format 60 x 25 mm) sind schnell angebracht und sorgen gleich mehrfach für Aufmerksamkeit – in der Post, beim Briefträger und natürlich beim Adressaten.

Hans-Detlev Kunz

Mit Schuppenflechte in öffentliche Bäder?

Es ist voll im Hallenbad von Pinneberg, einem Ort in Schleswig-Holstein. Erika W. spielt mit ihren Töchtern Jessica (zwei Jahre) und Manuela (sieben Jahre) im Nichtschwimmerbecken. Die Mädchen genießen das Planschen und Schwimmen im Wasser, doch dann nähert sich am Beckenrand in weißen Shorts und Badelatschen der Schwimmmeister: «Ich muß Sie bitten, das Becken zu verlassen.»

Verblüfft dreht sich die junge Mutter um. Hat der wirklich mich gemeint? Tatsächlich. Sie und ihre jüngste Tochter hätten einen Hautausschlag, und wegen der Ansteckungsgefahr müßten beide das Bad verlassen, teilt ihnen der Herr in weißen Shorts mit.

Erika W. ist peinlich berührt. Sie versucht zu erklären: «Wir beide haben Schuppenflechte. Das sieht zwar während der Schübe nicht so schön aus, ist aber nicht ansteckend.» Die kleine Jessica hat – obwohl die Schuppenflechte (Psoriasis) bei Kindern eher selten ist – rote Flekken an den Beinen. Bei der Mutter verteilen sich die Stellen auf den ganzen Körper.

Der Bademeister ist nicht zu überzeugen. «Badegäste haben sich beschwert», schiebt er als Begründung nach. Ungeduldig steht er mit verschränkten Armen am Beckenrand. Auch die Leute gucken schon. Die Pinnebergerin nimmt ihre zwei Mädchen und verläßt das Bad.

Ein halbes Jahr später hat sie den Vorfall beinahe vergessen, und auch die roten Flecken sind fast verschwunden, als Erika W. ihren Kindern wieder einmal einen Nachmittag im Bad gönnen möchte. Kaum im Wasser, erlebt sie prompt dasselbe noch mal. «Diesmal war der Bademeister schon unfreundlicher», erinnert sich die kleine blonde Frau. «Ich hatte sogar den Eindruck, es sei ihm eine Lust gewesen, jemanden vor versammelter Mannschaft rauszuschmeißen.»

Doch die resolute Pinnebergerin gibt nicht so schnell klein bei. Sie läßt sich von ihrem Hautarzt ein Attest ausstellen, in dem noch einmal explizit bestätigt wird, daß die Psoriasis nicht ansteckend ist und auch sonst keinerlei medizinische Bedenken dagegen bestehen, daß Menschen mit Psoriasis öffentliche Schwimmbäder besuchen. Damit ausgestattet, tritt sie einen neuen Besuch im Hallenbad an.

Doch diesmal kommt sie gar nicht erst bis ins Wasser. Der Bademeister stellt sich ihr schon vorher in den Weg. «Wir haben uns richtig in der Wolle gehabt», sagt Frau W., der noch heute der Ärger im Gesicht steht, wenn sie an diese Szene zurückdenkt. Sie endete mit einem Hausverbot für Mutter und Tochter. «Ich fühlte mich so ungerecht behandelt», sagt sie wütend. Auch ihr ärztliches Attest überzeugte den Mann in weißen Shorts und Badelatschen nicht. Einige Jahre lang war das Pinneberger Hallenbad für sie und ihre Tochter tabu.

Dann nahm sich die Regionalgruppe Pinneberg des Deutschen Psoriasis Bundes des Problems an, nachdem auch andere Mitglieder dieselben diskriminierenden Erfahrungen machen mußten. Nach langem und nervenaufreibendem Briefwechsel mit den Behörden bis hinauf zur schleswig-holsteinischen Ministerpräsidentin Heide Simonis erwirkte die Gruppe, daß sich die offizielle Haltung der Stadt Pinneberg gegenüber Psoriatikern in öffentlichen Bädern änderte. Die individuelle Einzelentscheidung, wer schwimmen darf und wer nicht, trifft letztlich aber nach wie vor der Bademeister.

Eigentlich sollte es selbstverständlich sein, daß jedermann Zugang zu allgemeinen öffentlichen Badeanstalten hat. Die bundesrepublikanische Wirklichkeit sieht aber völlig anders aus. Die breite Bevölkerung ist über das Krankheitsbild Schuppenflechte (Psoriasis) nicht informiert. Unattraktive und von dem Laien nicht zu definierende Hauterscheinungen lassen eher zurückschrecken und lösen oft Angst vor Ansteckung aus.

Seit seiner Gründung 1973 ist es eines der wichtigsten Anliegen des Deutschen Psoriasis Bundes, die allgemeine Öffentlichkeit über die Krankheit Psoriasis aufzuklären. Wichtig zu wissen ist vor allem, daß diese Krankheit kein Ansteckungspotential hat. Niemand kann mit Schuppenflechte angesteckt werden. Die Krankheit ist erblich bedingt und muß ausgelöst, «getriggert», werden. Der Krankheitsverlauf ist äußerst individuell und unterschiedlich. Große Regelmäßigkeiten haben sich statistisch bei den sogenannten Schubzeiten gezeigt; im Frühjahr und Herbst werden krankhafte Veränderungen an der Haut sichtbar.

Die Wissenschaft unterscheidet eine Früh- und eine Spätform, je nach dem Zeitpunkt, wann erstmalig psoriatische Erscheinungen aufgetreten sind. Statistische Spitzen sind die Pubertät und die Zeit um das 40. Lebensjahr. Von den Psoriatikern erkranken im Laufe der Zeit etwa 30 Prozent zusätzlich an Psoriasis-Arthritis, eine Form der Krankheit, die zu schmerzhaften Gelenkveränderungen bis hin zur Deformation und Versteifung von Gelenken führen kann. Für solche Psoriatiker ist Baden und Schwimmen und der Aufenthalt im warmen Wasser zur Verlangsamung des Krankheitsprozesses notwendig.

Dem ungetrübten Badevergnügen Hautkranker stehen die Vorschriften der Badeordnung der «Gesellschaft für das Badewesen» entgegen. Dieser Verein hat früher Menschen mit «anstoßerregenden» Krankheiten als vom Badebetrieb auszuschließen gebrandmarkt. Die Novellierung wurde nicht besser. Ausgeschlossen werden sollen nun «Personen, die an einer meldepflichtigen, übertragbaren Krankheit im Sinne des Bundes-Seuchengesetzes (im Zweifelsfall kann die Vorlage einer ärztlichen Bescheinigung gefordert werden) oder offenen Wunden oder Hautausschlägen leiden».

Wenn das ästhetische Urteil von unwissenden Badenden über den Hautzustand anderer Menschen zum Ausschluß vom Badebetrieb führt, werden Menschen im Sinne von Artikel 3 Grundgesetz diskriminiert. Mehr als eine Beleidigung des Auges kann sich nicht vollziehen. Gemäß der Badeordnung der Hamburger Bäderland GmbH etwa übt das Hausrecht ein nur in Erster Hilfe ausgebildeter Bademeister aus. Medizinisches Wissen über Krankheiten, insbesondere Hautkrankheiten, wird in der Ausbildung nicht vermittelt. Dennoch entscheidet er. Interessanterweise kann der Bademeister zwar nach seinem optischen Gefühl entscheiden, aber nicht verhindern, daß Gäste mit nicht sichtbaren, aber ansteckenden Krankheiten im Sinne des Bundesseuchengesetzes (z. B. Syphilis) am Badebetrieb teilnehmen. Was ein Hautausschlag ist, bleibt offen. Psoriasis ist kein Hautausschlag, sondern, verkürzt dargestellt, eine beschleunigte Hautzellbildung.

In den üblichen bundesdeutschen Badeordnungen ist zudem noch die alte Version weit verbreitet, wonach «Personen mit ansteckenden und ekelerregenden Krankheiten» von der Benutzung des Bades ausgeschlossen sind. Deutlicher kann eine Ordnung für die Allgemeinheit eine Diskriminierung im Sinne des Artikels 3 Grundgesetz nicht ausdrücken. Aber was passiert? Nichts!

Um dem Personal in den öffentlichen Bädern im Sinne der eigenen Regeln eine Entscheidungshilfe zu geben, hat der Deutsche Psoriasis

Bund für seine Mitglieder einen Mitgliederausweis entwickelt, in dem der behandelnde Arzt Aussagen über die Krankheit attestiert. Hat dies genützt? Nein! In den Bädern spielen Expertenaussagen keine Rolle. Entscheidend ist das willkürliche Urteil von Mitmenschen über die Haut anderer und die Mobilisierung des jeweiligen Bäderpersonals, das anhand seiner subjektiven Kriterien handelt.

«Obwohl eine Schuppenflechte nicht ansteckend ist, kann sie jedoch wohl bei Badegästen subjektiv ekelerregend wirken. Aus diesem Grunde kann es im Einzelfall sicherlich auch in Zukunft zu einer Verweigerung des Zutritts für an Schuppenflechte erkrankte Personen kommen», ist die schlichte Aussage einer Bäderverwaltung.

Auch das gelegentlich vorkommende Angebot von Einzelschwimmzeiten ist nicht akzeptabel. Warum müssen hautkranke Menschen sich aussondern lassen, wenn dafür keine Notwendigkeiten bestehen? Es ist und bleibt hoffentlich ein Grundrecht, verschieden zu sein. Wenn der Grundgesetzartikel 3 nicht nur plakative, sondern konkrete Wirkung entfalten soll, ist es an der Zeit, daß die Badeordnung Hinweise und Regelungen aufnimmt, die Psoriatiker vom Badebetrieb nicht mehr ausschließen.

Karlheinz Schönemann

«Stell dich nicht so an!» – Schwierigkeiten chronisch kranker Menschen am Arbeitsplatz

Ingrid P. aus S. war als medizinisch-technische Assistentin in einer Klinik beschäftigt und tat dort seit Jahren ihre Arbeit zur größten Zufriedenheit ihrer Vorgesetzten. Dann war sie ständig müde und abgespannt. Ihr Chefarzt empfahl eine Psychotherapie. Sie brachte aber keinen Erfolg. Ingrid P. studierte Fachliteratur und kam zu dem Ergebnis, daß sie «Systemische Sklerodermie» hatte, eine Krankheit, von der sie nie etwas gehört hatte. Auch ihr Chef hörte zum ersten Mal davon; keiner wußte so richtig, was es damit auf sich hat.

Obwohl in einer Klinik beschäftigt, benötigte sie sechs Monate für eine ärztliche Bestätigung der Diagnose. Schließlich wurde sie in ein benachbartes Krankenhaus eingewiesen. Ihr Chef besuchte sie, war betroffen. Aber nach vier Wochen teilte er ihr im Beisein von Kollegen mit, daß er weiteres Krankfeiern nicht mehr akzeptiere. Sie habe ab sofort wieder zum Dienst zu erscheinen. Derart eingeschüchtert, hatte sie Angst vor dem Verlust des Arbeitsplatzes und folgte trotz der Beschwerden dieser Aufforderung. Mit der Zeit wurde die Krankheit schlimmer: die Haut verhärtete, die Gesichtszüge strafften sich, es waren keine Falten mehr zu sehen. Das Bindegewebe der Speiseröhre veränderte sich: Ingrid P. bekam Schluckbeschwerden. Hände und Finger konnte sie nur noch schwer bewegen, so daß ein richtiges Zupacken nicht mehr möglich war. Während die Krankheit diese bedrohliche Form annahm, bewirkte sie zugleich, daß die äußere Erscheinung von Ingrid P. jugendlicher als zuvor war.

Trotz ihrer Beschwerden mußte Ingrid P. ihren Dienst voll versehen, einschließlich des Nacht- und anstrengenden Wochenenddienstes. Nur auf Umwegen konnte sie sich in die Behandlung des für diese Krankheit zuständigen Chefarztes im eigenen Krankenhaus begeben. Er sorgte dafür, daß sie eine Kur machen konnte und unterstützte sie, als sie beim Sozialamt den Schwerbehindertenausweis erwirkte. Das arbeitsmedizinische Zentrum der Klinik bescheinigte ihr dann endlich die Unzumutbarkeit von Nacht- und Wochenenddiensten. Anstatt entsprechende Hilfsmaßnahmen einzuleiten, wurde ihr darauf vom Führungspersonal der Klinik bedeutet, daß sie erwerbsunfähig sei – und sich eine andere Stelle suchen solle.

In Zeiten großer Arbeitslosigkeit in Deutschland ist die Gefahr, den Arbeitsplatz zu verlieren, bei chronisch Kranken besonders groß. Aus diesem Grunde muten sich diese Kranken Belastungen im Arbeitsleben zu, die weit über ihre Kräfte gehen, und setzen sich physischen und psychischen Anforderungen aus, die das Fortschreiten der Krankheit beschleunigen. Wie man heute weiß, ist die systemische Sklerodermie, deren Ursachen nach wie vor unbekannt sind, keine Hautkrankheit (wie ihr Name, der übersetzt «Harte Haut» bedeutet, vermuten läßt), sondern eine Erkrankung des überall im menschlichen Körper vorkommenden Bindegewebes. Sie betrifft die Haut und die inneren Organe und ist chronisch fortschreitend. Therapeutisch ist die systemische Sklerodermie nur wenig beeinflußbar. Wenn auch die Diagnosemöglichkeiten wesentlich verbessert wurden, so sind doch die Erscheinungsformen fast individuell verschieden. Deshalb gehört die Behandlung in die Hände von Spezialisten für diese Krankheit; der Allgemeinmediziner oder auch die Fachärzte anderer Disziplinen haben sehr wenig Verständnis für die Sorgen und Nöte dieser Patienten und können auch nur wenig helfen. Sind die Symptome sichtbar, zum Beispiel als Einschränkung der Beweglichkeit insgesamt, inbesondere aber der Hände und Finger, so ist das Umfeld des oder der Kranken eventuell hilfsbereit. Hat die Krankheit aber nicht sichtbar die inneren Organe betroffen, was etwa zu Schluckbeschwerden, Rückfluß des Mageninhalts oder Atemnot durch Befall der Lunge führen kann, dann wird eine Frau mittleren Alters mit faltenfreiem Gesicht leicht als Simulantin, als Drückebergerin oder gar als Arbeitsverweigererin in die Ecke gestellt und von Vorgesetzten und Kollegen ausgegrenzt.

Gerade solche Ausgrenzung beschleunigt aber die oft von den Patienten schon selbst gesuchte Isolation, weil keiner ihre Nöte und Sorgen versteht oder verstehen will. Zu den existentiell bedrohlichen physischen Erschwernissen kommen dann extreme psychische Belastungen.

Gerade weil Zweifel bei einer äußerlich jung wirkenden Sklerodermie-Patientin naheliegen, müssen Vorgesetzte, Kollegen, Freunde und Bekannte wahrnehmen und unmißverständlich darüber aufgeklärt werden, daß es sich bei dieser Diagnose um eine ernsthafte Erkrankung des gesamten Immunsystems handelt.

Es muß auch festgehalten werden, daß sich Sklerodermie-Patienten – gerade wegen ihrer sichtbaren und/oder nicht sichtbaren Behinderungen – in der Arbeitswelt besonders stark anstrengen. Deshalb müssen entsprechende Hilfsmittel und behindertengerechte Arbeitsplätze zur Verfügung gestellt werden. Im Schwerbehindertenausweis erfolgt für Gehbehinderte eine besondere Kennzeichnung, jedoch für eine eingeschränkte Beweglichkeit der Finger und Hände, die kein Zugreifen, kein Festhalten, kein Tragen von Einkaufstaschen ermöglichen, die das Aufnehmen des Kleingeldes an der Kasse eines Einkaufszentrums ausschließen, die Haus- und Handarbeiten sowie das Schreiben mit oder ohne Schreibmaschine erschweren und somit insgesamt eine starke Beeinträchtigung eines normalen Lebens darstellen, gibt es keine besondere Kennzeichnung und auch keine besondere Unterstützung. Auch hier muß Abhilfe geschaffen werden.

Jutta vom Hofe

Von Zaubersalben und Wunderpillen – Gefahr durch cortisonhaltige Medikamente

Als Stefan B. vier Jahre alt war, zeigten sich die ersten Symptome: Ekzeme an den Beinen, besonders den Schienbeinen und Knien. Der Hausarzt tippte auf eine Allergie, die zum Teil erblich bedingt sei. Stefans Großvater war Asthmatiker. Vermutlich werde, so seine Prognose, die Allergie nach der Pubertät zurückgehen oder sogar ganz verschwinden. «Der Arzt verschrieb unserem Sohn eine Salbe, und damit hatten wir mehr oder weniger guten Erfolg», sagt Gisela B., Stefans Mutter. Von nun an bekam der Junge seine «Zaubersalbe» regelmäßig und viele Jahre lang.

Inzwischen war Stefan zusätzlich an Heuschnupfen erkrankt, der im Laufe der Zeit immer schlimmer wurde. Der Hausarzt verschrieb ein Präparat, das bei regelmäßiger Einnahme ganz gut half. Bis zu seiner Einschulung war Stefan ein normal groß gewachsener Junge. Doch von da an blieb er im Wachstum hinter seinen Alterkameraden zurück. Mit 16 Jahren wirkte er wie ein zehn- oder elfjähriger. Als Stefan mit seiner Mutter in jenem Frühjahr zum Hausarzt ging, bemerkte dieser, daß Stefans Heuschnupfen besonders stark war, und bot an, eine Cortison-Spritze zu verabreichen. Da die Mutter negative Berichte über dieses Medikament gelesen hatte, lehnte sie diese Behandlung strikt ab. «Ich verstehe Sie nicht», gab der Arzt erstaunt zurück, «schließlich benutzt Ihr Sohn seit Jahren eine Salbe und auch Tabletten, die Cortison enthalten.»

«Wir fielen aus allen Wolken», erinnert sich Stefans Mutter, «mein Sohn weigerte sich seitdem strikt, auch nur eine einzige Tablette gegen Heuschnupfen zu schlucken. Auch die Salbe gegen sein Ekzem hat er kein einziges Mal mehr benutzt.» Die Folgen des «Cortison-Entzugs» waren verblüffend. Nach nur acht Wochen fiel der Familie auf, daß Stefan zu wachsen begann. Seitdem, also zwischen seinem 16. und seinem 20. Lebensjahr, ist er mehr als dreißig Zentimeter gewachsen, von 1,48 auf 1,78 Meter. Den Eltern fiel ein Stein vom Herzen, Stefan war überglücklich. «Wir hatten uns wegen der geringen Körpergröße unseres Sohnes bereits Sorgen gemacht und sogar einen Arzt aufgesucht», sagte Gisela B. Und weiter: «Wir geben heute dem Cortison die Schuld für das damals verlangsamte Längenwachstum.» Hätten sie das Medikament nicht noch rechtzeitig während der Wachstumsphase abgesetzt, hätte Stefan vermutlich keine normale Körpergröße mehr erreichen können, meinen die B.s heute.

Stefans Ekzem ist im Laufe der Jahre abgeheilt. Mit dem Heuschnupfen hat Stefan sich arrangiert. «Er quält sich tapfer durchs Frühjahr», sagt seine Mutter, «und er ist bis heute nicht dazu zu bewegen, auch nur ein einziges Mal Cortison gegen den Heuschnupfen zu nehmen.»

Die Diskussion um cortisonhaltige Präparate ist alles andere als neu. Aber wie allergiekranke Menschen und ihre Angehörigen wissen, ist sie noch lange nicht abgeschlossen. Immer wieder berichten Eltern von Erfahrungen wie jenen der Familie B. Ärzte klären nicht genügend über die Nebenwirkungen des aus der Nebennierenrinde isolierten Hormons auf, oder sie schildern eine entsprechende Behandlung als alternativlos. Dabei ist die Liste der unerwünschten Begleiterscheinungen bei langfristiger Cortisonbehandlung lang. Bei Kindern sind die möglichen Folgen fatal. Kleinwüchsigkeit infolge jahrelanger hochdosierter Cortisonbehandlung wie bei Stefan B. ist ein bekanntes Phänomen. Hinzu können Gewichtszunahme, Hautveränderungen und Bluthochdruck kommen.

Eine solche unkontrollierte Behandlung wird heute als ein Kunstfehler angesehen. Es gibt inzwischen Cortisonpräparate für die Haut und zum Inhalieren, die weniger Nebenwirkungen haben als die früheren. Zweifellos können Cortisonpräparate für einige schwer erkrankte Patienten lebensrettend sein.

Sorge bereiten Menschen mit Haut- und Bronchialerkrankungen Meldungen über angeblich cortisonfreie Mittel, die gut bei Ekzemen und Neurodermitis wirken und die in Wahrheit doch das Nebennierenhormon enthalten. Neuester Fall: «Psorial Creme». Die Salbe enthält entgegen den Herstellerangaben ein Cortisonderivat. Darauf hat kürzlich das hessische Gesundheitsministerium hingewiesen. Besonders dreist ist die Werbestrategie des Herstellers. Der schwedische Vertrieb wendet sich an Selbsthilfegruppen von Eltern allergiekranker Kinder und verspricht mit der angeblich «cortisonfreien Salbe» eine nahezu hundertprozentige Heilung von Neurodermitis, Schuppenflechte, Gürtelrose und anderen allergischen Hautkrankheiten. Das Produkt wird nicht in Deutschland verkauft, sondern ist nur direkt über einen schwedischen Vertrieb zu beziehen.

Die Behörden wurden mittlerweile informiert und gebeten, den Versand von «Psorial» nach Deutschland zu stoppen. Außerdem wurden die Zollbehörden entsprechend unterrichtet.

Besorgniserregend ist ebenfalls, daß Salben und Cremes mit einem geringen Cortisonanteil (Hydrocortison in einer Konzentration bis 0,25 Prozent) in kleinen Packungsgrößen bis 50 Gramm nicht mehr verschreibungspflichtig sind. Dies ist aus mehreren Gründen problematisch. Zum einen fällt die Beratung durch den Arzt weg, zum anderen werden unter Umständen gravierende Hauterkrankungen nicht erkannt. Außerdem werden möglicherweise andere Erkrankungen, die Ursache der Hautveränderung sind, übersehen, weil das Symptom Juckreiz oder Rötung überdeckt wird. Auf keinen Fall dürfen derartige Präparate großflächig und über einen längeren Zeitraum angewandt werden. Dies führt außerdem zu vorzeitiger Alterung der Haut.

Die gesundheitlichen Gefahren durch Cortison sind die eine Seite der Medaille, seine unbestritten lebensrettende Eigenschaft die andere. Die Lücke der unzureichenden Aufklärung über alternative Möglichkeiten kann in Selbsthilfegruppen wie der Arbeitsgemeinschaft Allergiekrankes Kind – Hilfen für Kinder mit Asthma, Ekzem oder Heuschnupfen (AAK) e. V. gefüllt werden. Erfahrungsberichte von Eltern machen Mut, auch Naturheilverfahren und andere alternative Ansätze hinzuzuziehen.

Wichtig sind auch eine differenzierte Diagnostik und Therapie, die die Ernährung und Gestaltung der häuslichen Umgebung mit einbeziehen. Der Gabe von Cortison muß eine umfassende Diagnostik vorausgehen, um den Ursachen der Krankheitserscheinungen auf den Grund zu gehen. Manchmal zeigt sich, daß bei einer konsequenten Lebensführung im Wissen um die Krankheit und der eigenen Allergien die Medikamentengabe darauf eingestellt, zum Teil sogar reduziert werden kann.

Daher fordern Eltern allergiekranker Kinder:

- bessere und umfassende Aufklärung über Cortison, seine Wirkungen und Nebenwirkungen;
- cortisonhaltige Cremes sollten wieder verschreibungspflichtig sein, auch wenn das Cortison niedrig dosiert und die Packungsgrößen klein sind;

- mehr Offenheit für alternative Heilmethoden auch auf seiten der Ärzte. Symptomatik, Verlauf und Ursachen können bei jedem allergiekranken Menschen unterschiedlich sein. Daher ist es häufig sinnvoll, verschiedene Ansätze auszuprobieren.

Saubere Umwelt – unseren Kindern zuliebe

Doch egal, für welche Art der Behandlung sich Betroffene oder Eltern entscheiden, meist bleibt es ein Kurieren am Symptom. Mit der Behandlung der Allergiekrankheit allein ist es nicht getan. Denn die Neigung zu Allergien hängt nicht nur mit genetischen Faktoren zusammen; die enorme Zunahme allergischer Reaktionen bei Kindern rührt auch von der Schadstoffbelastung unserer Umwelt her. Notwendig ist daher ein Umdenken politischer Instanzen in bezug auf Verkehrs-, Umwelt- und Gesundheitspolitik.

In einer Petition der AAK an den Deutschen Bundestag fordern die Betroffenen von der *Umwelt-/Verkehrspolitik:*

- Herabsetzung der Grenzwerte für Schadstoffe in der Luft und in Arbeitsstoffen;
- genaueste Überprüfung jedes Stoffes auf Unschädlichkeit;
- Beweislastumkehrung bei Verwendung giftiger Produktzusätze;
- sofortigen Verzicht auf Farb- und Duftstoffe in Kraftstoffen;
- Ausbau des Schienenverkehrs;
- flächendeckend attraktiveren öffentlichen Personennahverkehr;
- Einführung einer emissionsbezogenen Umweltabgabe;
- Förderung alternativer Motoren (siehe Elektroauto).

Von der *Gesundheitspolitik*

- Deklaration aller Inhaltsstoffe in Nahrungsmitteln, auch gentechnisch veränderter und bestrahlter Lebensmittel;
- Deklaration aller Inhaltsstoffe auch von Medikamenten der Alternativmedizin;
- Verbot giftiger Textilchemikalien;
- bessere Kennzeichnung von Textilien;
- Rauchverbot in öffentlichen Gebäuden, Krankenhäusern, Schulen und Kindergärten;
- Verbot der Tabakwerbung;

- Ausbau der Versorgungseinrichtungen für Menschen mit allergischen Erkrankungen;
- Ausbau der ambulanten Kinderkrankenpflege;
- Erhöhung der Tageszuschüsse für ambulante Kur- und Reha-Maßnahmen;
- bessere Aus- und Fortbildung für Ärzte und Pflegepersonal (Allergologie; Pneumologie; Umwelttoxikologie);
- Finanzielle Unterstützung von Selbsthilfegruppen;
- bessere Zusammenarbeit von Ärzten und Ernährungsfachkräften;
- bessere Zusammenarbeit zwischen Ärzten.

ICH WEISS DOCH SELBST, WAS ICH WILL.

„Ihr könnt uns in dem Heim doch nicht vorschreiben, was wir essen oder trinken" (Sven P.). „Trotz Down-Syndrom kann ich sehen, hören, laufen und lesen. Schreiben und rechnen lerne ich gerade. Bin ich behindert?" (Bernhard Moser, Name geändert).
„Erst als ich im Jahre 1986 ein Appartement im betreuten Wohnen bei einer Selbsthilfevereinigung erhielt, fühlte ich, daß ich lebe, daß ich viele Dinge machen kann, von denen ich glaubte, ich könnte sie nicht mehr. Ich wußte zum Teil nicht mehr, daß es diese Dinge überhaupt noch gibt" (Andrea K.).

„Niemand darf wegen seiner Behinderung benachteiligt werden." (Art. 3 Abs. 3 Grundgesetz)

Eine Initiative
der Aktion Sorgenkind und
85 Verbänden und Organisationen
der Behindertenhilfe
und -selbsthilfe.

http://www.aktion-sorgenkind.de/grundgesetz/

Aktion GRUND GESETZ

Therese Neuer-Miebach

Menschen zweiter Klasse darf es nicht geben

Werner H., 23 Jahre alt, hat eine geistige Behinderung. Er lebt in einer Wohnstätte und arbeitet in einer Lebenshilfe-Werkstatt. Regelmäßig fährt er am Wochenende ca. 20 Kilometer mit dem Zug zu seinen Eltern. Auf dem Weg vom Bahnhof nach Hause wurde er kürzlich von zwei Jugendlichen überfallen und mußte sein Bargeld, knapp zehn Mark, herausgeben. Er trug Verletzungen im Gesicht davon und ist seit dem Vorfall verängstigt. Der mutmaßliche Täter wurde von der Polizei aufgrund seiner Beschreibung ermittelt. Danach fühlte er sich sicherer. Kaum acht Wochen später wurde er beim Einkaufen von einem Mitglied der Clique des Täters auf seine Aussage bei der Polizei hin angesprochen und mit weiterer Gewalt bedroht.

In die Gerichtsverhandlung gingen seine Eltern und er in der Gewißheit, daß er das Recht auf seiner Seite habe. Die Verhandlung belehrte sie eines Besseren. Werner H. wurde erdrückt von der Atmosphäre im Gerichtssaal, brachte vor Aufregung kaum ein Wort heraus, obwohl die Richterin sich alle Mühe mit ihren Fragen gab. Ihm gegenüber saß der Angeklagte selbstsicher neben seinem Verteidiger und erinnerte sich an nichts mehr. Auch eine geladene Zeugin konnte sich plötzlich nicht mehr erinnern.

Nach zwei Stunden Verhandlung ließ die Konzentrationsfähigkeit von Wener H. deutlich nach. Es war zu spüren, daß er Angst vor dem Angeklagten hatte. Die Verteidigung nutzte die Situation ungerührt aus. Gefragt nach Details, konnte Werner H. sich nicht mehr genau erinnern und verwickelte sich in Widersprüche. Darauf hingewiesen, er müsse unbedingt die Wahrheit sagen, sonst würde er selbst bestraft, machte Werner H. die Aussage, er könne nicht mit Sicherheit bestätigen, daß der Angeklagte ihn angegriffen habe. Dieser wurde freigesprochen. Werner H. und seine Eltern blieben verstört zurück: Werner H. mit seiner Angst, allein im Dunkeln auf die Straße zu gehen, seine Eltern unfähig, das Verfahren weiter zu verfolgen – verschreckt, beschämt, ungläubig, wütend, aber dennoch ohnmächtig.

In der Bundesrepublik Deutschland leben über 420000 Menschen mit geistiger Behinderung, etwa 185 000 Kinder und Jugendliche sowie 235 000 Erwachsene. Angesichts dieser Zahl könnte man geneigt sein, das geschilderte Beispiel als Einzelfall abzutun. Doch Diskriminierung und Gewalt gegenüber Menschen mit geistiger Behinderung gibt es in vielfacher Gestalt und mit zunehmender Tendenz.

Geistige Behinderung ist keine Krankheit. Sie bedeutet zwar eine Beeinträchtigung der intellektuellen Fähigkeiten eines Menschen, aber nicht der Fähigkeiten, Freude zu empfinden, sich wohl zu fühlen oder diskriminierende Handlungen als solche zu erkennen.

Menschen mit geistiger Behinderung benötigen häufig mehr Hilfe und Unterstützung, Förderung und Begleitung als sogenannte nicht behinderte Menschen. Insofern sind ihre Lebenszusammenhänge weitgehend sozial kontrolliert, gesteuert – eher fremdbestimmt. Dadurch könnte auf der einen Seite ein besserer Schutz vor Übergriffen sichergestellt werden. Auf der anderen Seite ist es gerade die permanente Intervention in fast allen Lebensbereichen, die sie verletzlich macht. Ihr Angewiesensein auf Unterstützung von anderen verlangt einen großen Vertrauensvorsprung und erhöht zugleich ihre Wehrlosigkeit gegenüber mißbräuchlichen Verhaltensweisen.

Das Grundgesetz der Bundesrepublik Deutschland garantiert Menschen mit geistiger Behinderung dieselben Rechte wie allen anderen Bürgern. Die Persönlichkeitsrechte dürfen behinderten Menschen von niemandem und mit keiner Begründung abgesprochen werden. Unabhängig von Art und Schwere ihrer Behinderung haben sie Anspruch darauf, so zu leben, wie es in unserer Gesellschaft üblich ist, denn Menschen mit geistiger Behinderung haben dieselben Grundbedürfnisse wie andere Menschen auch.

Wie andere Menschen finden sie Geborgenheit in der Familie oder im engen vertrauten Kreis von Angehörigen oder Freunden.

Wie andere Kinder möchten Kinder mit geistiger Behinderung sich entwickeln, Kindergarten und Schule besuchen, mit anderen spielen und lernen.

Wie andere auch haben Menschen mit geistiger Behinderung Anspruch auf ein eigenes Zuhause, einen privaten Lebensraum, den sie selbst gestalten können.

Wie andere auch möchten geistig behinderte Menschen zur Arbeit gehen. Sie haben ein Recht auf Eingliederung in die Arbeitswelt, auf einen humanen Arbeitsplatz, auf gerechte Entlohnung und Mitwirkung.

Wie andere auch entwickeln sich Menschen mit geistiger Behinderung als Frau und als Mann. Sie haben ein Recht auf Sexualität und Partnerschaft.

Sie möchten Freunde finden, ihre Freizeit gestalten, kreativ sein und wünschen sich, in Würde alt zu werden.

Art. 3 Abs. 3 des Grundgesetzes verbietet Benachteiligung wegen Behinderung. Dennoch

- werden nach wie vor viele Kinder wegen ihrer Behinderung gezwungen, in Sonderkindergärten und Sonderschulen zu gehen.
- Schätzungsweise 45 000 Wohnplätze für Menschen mit geistiger Behinderung fehlen in Deutschland.
- In der Werkstatt für Behinderte gelten Menschen mit geistiger Behinderung immer noch nicht als Arbeitnehmer, genießen keine Arbeitnehmerschutzrechte wie Entgeldfortzahlung im Krankheitsfall, Urlaubsanspruch oder Mutterschutz.
- Mindestens 20 000 Menschen mit geistiger Behinderung leben derzeit ohne medizinische Notwendigkeit immer noch in psychiatrischen Krankenhäusern oder medizinisch orientierten Großeinrichtungen.

Art. 3 Abs. 3 des Grundgesetzes ist ein allgemeiner Rechtsgrundsatz, eine Negativabgrenzung, eine Schutzregelung, aus der sich jedoch keine unmittelbaren Rechtsansprüche des einzelnen gegenüber dem Staat ableiten. Rechtsansprüche, so wird rechtspolitisch argumentiert, könnten sich nur aus Einzelgesetzen ableiten. Diese aber werden tunlichst – diesen Eindruck muß man haben – soweit vermieden, wie sie finanzielle Folgen haben könnten. Es scheint offenbar zweierlei zu sein, eine allgemeine Rechtsvorschrift zu erlassen und deren Umsetzung in die Praxis voranzubringen. Schlimmer noch: Es gibt eine Reihe von Indizien dafür, daß diskriminierende Verhaltensweisen gegenüber Menschen mit geistiger Behinderung nicht nur Einzelfälle sind, sondern daß nach wie vor – oder möglicherweise sogar verstärkt in den letzten Jahren – und trotz Art. 3 Abs. 3 des Grundgesetzes Menschen mit geistiger Behinderung als Menschen zweiter Klasse behandelt werden.

Gerade die Erkenntnis, wie eng ökonomische Maximen und ethische Normen zusammenhängen, veranlaßt dazu, ein Gleichstellungsgesetz zu fordern, das nicht nur Benachteiligungen behinderter Menschen verbietet, sondern den Betroffenen die Möglichkeit gibt, sich individuell und als Verband gegen diskriminierende Behandlungen zur Wehr zu setzen. Dies kann nur wirksam sein, wenn zugleich Sanktionen für diejenigen drohen, die den Gleichbehandlungsgrundsätzen zuwiderhandeln.

Weitere Forderungen zur umfassenden Gleichstellung sind unter anderem:

- Ein eigenes Leistungsgesetz für Menschen mit Behinderungen unter Beachtung des Gleichheitsgrundsatzes nach Art. 3 Abs. 3 Grundgesetz. Damit würde auch das Nachrangprinzip der Sozialhilfe aufgehoben werden müssen und geistig behinderte Menschen und ihre Familien nicht länger als abhängig und benachteiligt etikettiert werden. Die Zeitdauer der Kostenbeteiligung von Eltern müßte, wie bei Nichtbehinderten auch, auf die Vollendung des 27. Lebensjahres ihrer behinderten Kinder begrenzt werden.
- Zur Erhöhung der Qualität beruflicher Aus- und Weiterbildung ist die institutionalisierte Kooperation und Vernetzung von Werk-/Abschlußstufe der Schule für geistig Behinderte und Berufsschule mit dem Arbeitstrainingsbereich zu erproben.

  Neben der dringend notwendigen personellen Ausstattung der WfB für Berufsbildung und Qualifizierung am Arbeitsplatz sind die Bemühungen zu verstärken, Menschen mit geistiger Behinderung den Einstieg in den ersten Arbeitsmarkt zu eröffnen. Dazu gehört auch, den flächendeckenden Aufbau von Fachdiensten für die berufliche Integration zu unterstützen.
- Ein Gesamtsystem familienunterstützender Dienste ist aufzubauen, so daß Menschen mit geistiger Behinderung bedarfsgerecht gemeindenah versorgt werden und aus der Rolle von Bittstellern herauskommen.
- Soll das Anrecht auf ein menschenwürdiges, möglichst eigenständiges Wohnen umgesetzt werden, so sind gemeindeintegrierte Wohneinrichtungen mit dem Ziel der sozialen Integration flächendeckend bereitzustellen, dies auch für alternde und alt werdende Menschen mit geistiger Behinderung.

- Zur Stärkung der Selbstbestimmung von Menschen mit geistiger Behinderung sind in den Bundesländern deutlich mehr finanzielle Mittel einzuplanen, so zum Beispiel zur Umsetzung des Betreuungsgesetzes.
- Veraltete Vorschriften wie die der «Geschäftsfähigkeit» im Bürgerlichen Gesetzbuch sind zu überarbeiten.

Susanne Göbel / Ottmar Miles-Paul

Nicht jeder Kunde ist König

Wer kennt das nicht: Sommer, Sonne, Urlaub, die Stimmung steigt, man läßt es sich gutgehen und genießt sein Leben in vollen Zügen. Denn so richtig Urlaub gibt's meist nur einmal im Jahr.

Heike S., Frank K., Rüdiger F., Sylvia A., Dieter L. und Peter O. geht das nicht anders. Gemeinsam mit Freunden machen sie im Allgäu Urlaub. Von ihrem Ferienort aus, einem Familienferienpark, ist es nicht weit zum Bodensee. Bisher hat die Gruppe nur gute Erfahrungen gemacht. Niemand im Park hat, wie dies zu Hause oft der Fall ist, auf sie gezeigt oder sie komisch behandelt, weil einige von ihnen eine sogenannte geistige Behinderung haben. Ganz im Gegenteil – auf dem Fußballfeld ist schon eine kleine «gemischte» Mannschaft entstanden; Behinderte und Nichtbehinderte spielen jeden Abend zusammen und haben dabei ihren Spaß. Trotzdem wird auch dieses Mal das Urlaubserlebnis von einem unliebsamen Zwischenfall getrübt.

Der Bodensee und ein Spaziergang entlang der Strandpromenade verlocken die Gruppe zu einem Tagesausflug. Zum krönenden Abschluß, einem riesigen Eisbecher, trifft man sich in einem Straßencafé wieder. Mitten im Sommer herrscht hier Hochbetrieb, was die Gruppe zwingt, sich an getrennten Tischen niederzulassen. Die Freude auf die bevorstehenden süßen und erfrischenden Köstlichkeiten ist jedoch vergebens. Die Bedienung kommt zwar, mustert die Runde am Tisch etwas abschätzig und nimmt in Windeseile nur die Bestellungen der nichtbehindert wirkenden Gäste auf. Bevor überhaupt einer der Beteiligten Einspruch erheben kann, ist der Kellner wieder verschwunden. Am anderen Tisch wiederholt sich das seltsame Treiben, indem die Nichtbehinderten höflich, aber zackig nach ihren Bestellwünschen gefragt und die behindert erscheinenden Gäste ignoriert werden, so als ob sie überhaupt nicht anwesend wären.

Auch beim zweiten Auftritt des Kellners reagiert dieser auf keine der Nachfragen, weshalb die behinderten Gäste von ihm nicht bedient werden. Er gibt sich geschäftig und ist sichtlich bemüht, der Gruppe auszuweichen, indem er die Bestellungen inzwischen neu hinzugekommener – nichtbehinderter – Gäste aufnimmt. Alle Versuche, die Aufmerksamkeit des Kellners zu bekommen, fruchten nicht.

Empört, genervt, aber vor allem tief verletzt entschließt sich die Gruppe nach etwa einer halben Stunde, dieses «Etablissement» zu verlassen. Ganz in der Nähe findet sich zum Glück ein weiteres Café. Neben Sommer, Sonne und Urlaub kann hier jetzt jeder der Beteiligten endlich sein Eis genießen. Hier ist der Kunde wirklich noch König – egal, ob behindert oder nichtbehindert.

Viele denken nun vielleicht: «Ach ja, das war doch sicher nicht so gemeint. Der Kellner hatte eben viel zu tun und wußte nicht, wie er mit geistig Behinderten umgehen soll. Im übrigen haben sie ihr Eis ja nebenan bekommen.»

Unsicherheit im Umgang mit Menschen mit einer sogenannten geistigen Behinderung, Angst, etwas falsch zu machen oder schlichtweg zuviel Streß könnten Gründe sein, die das Verhalten des Kellners geprägt haben. Rechtfertigt dies aber bewußtes Wegsehen, offene Ignoranz oder gar die Verweigerung einer Dienstleistung und dadurch eine offensichtliche Benachteiligung lediglich aufgrund einer Behinderung?

Für alle Beteiligten ist neben der Trübung des Urlaubsgenusses und des Ärgers über das entwürdigende Verhalten des Kellners die erneute Erfahrung geblieben, daß sie nicht als gleichberechtigte Menschen wahrgenommen und behandelt werden.

Dieser entwürdigende und offensichtliche Fall der Benachteiligung war für einige Mitglieder der Gruppe leider nicht die erste Erfahrung dieser Art. Es ist nichts Neues, daß Menschen mit einer sogenannten geistigen Behinderung immer wieder Schwierigkeiten beim Besuch von Discos, Kneipen oder Schwimmbädern bekommen. Und wie oft werden ihnen diese Angebote aus fadenscheinigen Gründen verweigert oder ihr Genuß durch diskriminierendes Verhalten getrübt, ohne daß es bekannt wird?

Am bekanntesten ist wohl das Flensburger Urteil aus dem Jahr 1992, in dem ein Ehepaar eine Preisminderung einklagte und zugesprochen bekam, weil in seinem Urlaubshotel auch eine Gruppe behinderter Menschen untergebracht war. Dies führte bei vielen Betroffenen und deren Angehörigen zu erheblichen Verunsicherungen und großer Scham, eine Urlaubsreise in Angriff zu nehmen. Denn wer möchte schon gerne mit defekten Wasserrohren, Ungeziefer und verdorbenem

Essen auf eine Stufe als potentieller preismindernder Faktor gestellt werden?

Diesem schlagzeilenträchtigen Fall offener Diskriminierung steht eine Vielzahl von alltäglichen Benachteiligungen und Entwürdigungen gegenüber, die die Betroffenen häufig wesentlich stärker behindern als ihre körperlichen, geistigen oder seelischen Beeinträchtigungen. Offenes Hänseln, dumme Witze über geistig Behinderte oder unangemessenes und selbstverständliches Duzen tragen nicht zur Stärkung des Selbstbewußtseins von Menschen mit einer sogenannten geistigen Behinderung bei.

Auch gegen die Etikettierung als «geistig behindert» wehren sich die Betroffenen zunehmend. In den USA und Kanada hat diese Kritik bereits 1973 zur Gründung der «People-First-Bewegung» geführt: «We are people first» – wir sind zuerst Menschen, hieß es damals.

Die geringe Entlohnung von oftmals nicht einmal zwei Mark pro Stunde in den Behindertenwerkstätten ohne Arbeitnehmerrechte und die Tatsache, daß öffentliche Verkehrsmittel und Einrichtungen in der Regel nicht auf die Bedürfnisse von Menschen mit Lese- oder Orientierungsschwierigkeiten eingestellt sind, tun ein Übriges zur ohnehin schon weitverbreiteten Aussonderung und Isolation.

Und auch, daß es erst eines zweijährigen Rechtsstreites bedurfte, bis im April 1997 im Raum Bremen ein Paar mit einer geistigen Behinderung vom Amtsgericht die «Genehmigung» erhielt, standesamtlich zu heiraten, zeigt, wie tief verwurzelt alte Vorurteile und die daraus resultierenden Diskriminierungen gegen Menschen mit einer sogenannten geistigen Behinderung bei einzelnen Personen, in der Gesellschaft und deren Institutionen sind.

Die – kaum bearbeitete – jüngere deutsche Vergangenheit, die vom Mord und der Zwangssterilisation von Menschen mit einer sogenannten geistigen Behinderung geprägt ist, zwingt dazu, die bisher vorherrschende Denkweise über eine sogenannte geistige Behinderung kritisch zu hinterfragen und einen Perspektivenwechsel vorzunehmen. Wenn Menschen mit einer geistigen Behinderung weiterhin als bemitleidenswerte, nicht ernstzunehmende und zu betreuende Wesen betrachtet werden, die nicht wissen, was sie wollen, und nicht für sich selbst bestimmen können, ist es nicht verwunderlich, wenn Diskriminierungen auch in der nächsten Generation zum Alltag gehören.

Versucht man jedoch, sich in die Situation von Menschen mit einer sogenannten geistigen Behinderung hineinzuversetzen, wird es selbstverständlich und zwingend, ihnen die gleichen Bürgerrechte zuzugestehen, die jeder Nichtbehinderte als selbstverständlich betrachtet.

Dieses Umdenken ist vor allem auch von denjenigen gefordert, die sich die «Betreuung» von Menschen mit einer sogenannten geistigen Behinderung zum Beruf gemacht haben. Angebote und Verhaltensweisen müssen daraufhin überprüft werden, inwieweit sie dem Selbstbestimmungsrecht der Betroffenen gerecht werden. Aus «Betreuern» müssen «Unterstützer» werden, die neben der «Bezeichnung» aber vor allem auch ihr Rollenverständnis ändern müssen. Statt dem oft gutgemeinten, aber eben letztendlich doch bevormundenden Betreuen und Entscheiden *für* die Betroffenen geht es bei der Unterstützung in aller erster Linie darum, die Betroffenen *für sich selbst* entscheiden zu lassen und sie zur Erfüllung *ihrer* Interessen und Bedürfnisse bei ihrer Lebensgestaltung zu begleiten und zu unterstützen.

Um der Diskriminierung von Menschen mit sogenannter geistiger Behinderung entgegenzutreten, bedarf es neben umfassender Gleichberechtigung, vollen Wahlmöglichkeiten und Mitbestimmungsrechten auch der Verwirklichung von ganz konkreten Anforderungen:

- *Assistenz:* Menschen mit einer sogenannten geistigen Behinderung müssen bei Bedarf einen Anspruch auf persönliche Assistenz haben (vergleichbar der Assistenz für Rollstuhlfahrer oder Blinde), um ihnen eine (gleichberechtigte) Teilnahme an Veranstaltungen, Kursen, in Gremien und anderen Gruppen zu ermöglichen.
- *Leicht verständliche Sprache:* Sowohl beim Schreiben als auch beim Sprechen sollte eine leicht verständliche Sprache benutzt werden.
- *Symbole, Bilder, Fotos und Farben:* Je weniger Schriftliches, um so besser. Bilder, Symbole und Fotos sollten als unabdingbare Ergänzung zu und gleichwertiger «Ersatz» von Texten genutzt werden. Einige Beispiele sind Speisekarten, Einladungen, VHS-Programme.
- *Kassetten statt Schriftstücke:* Wichtige öffentlich zugängliche Informationen, zum Beispiel Fahrpläne, Behördeninformationen oder Programme sollten nicht nur in schriftlicher Version, sondern auch in leicht verständlicher Sprache auf Kassetten zugänglich sein.
- *Selbstorganisation:* Menschen mit sogenannter geistiger Behinderung sollten dabei unterstützt werden, sich selbst zu organisieren. Beispiele für die Selbstorganisation und eine starke Selbstvertretungsbewegung, bekannt unter den Begriffen *Self-advocacy* oder

People First, gibt es bereits in vielen Ländern. Die in Deutschland noch am Anfang stehende Selbstvertretungsbewegung von Menschen mit einer sogenannten geistigen Behinderung – *People First* – gibt Anlaß zur Hoffnung, daß zukünftig mehr und mehr Menschen mit einer geistigen Behinderung Diskriminierungen öffentlich anprangern und dagegen vorgehen. Denn wer kennt die Benachteiligungen besser als die Betroffenen selbst?!

Helen Blohm

Mit Autismus leben

Bei Susanne S. wurde erst mit 25 von einem Psychiater in Schweden ein «Autismus mit hohem Entwicklungsniveau» diagnostiziert. Es gehört zum Erscheinungsbild des autistischen Syndroms, daß es wie bei Susanne S. mit intellektuellen Spezialleistungen einhergeht. Susanne S. ging in eine Regelschule und machte später auch Abitur. Allerdings verbrachte sie die Pausen lieber allein im Gebüsch des Schulhofs oder auf der Toilette, weil ihr der Lärm und das Getue der Mitschüler unerträglich waren. Nicht, daß sie die Worte nicht hören konnte, aber sie verstand nicht die Hälfte von dem, was die Kinder sprachen, erst recht nicht bei dem immensen Hintergrundrauschen von Stimmen, wie es auf Schulhöfen üblich ist. Das Gerede der anderen über Klamotten und Jungen interessierte sie nicht, ihr waren die interessanten Objekte im Weltraum wichtig, die Sterne und auch die Musik. Das Abitur schaffte sie mit Rücksicht der Lehrer auf ihre schriftlichen Leistungen, da sie mündlich völlig versagte. In Physik und Mathe belegte sie den Leistungskurs. Sie konnte komplizierte Schaltkreise aus dem Gedächtnis nachzeichnen, wußte aber nicht, was eine Diode, ein Transistor oder ein Widerstand ist. Sie konnte ein ganzes Lexikon von Astro-Daten oder reihenweise Nährstoff-Tabellen in ihrem Kopf speichern, behielt aber nicht die eigene Telefonnummer oder den Preis für ein Pfund Butter.

Da sie eine große Vorliebe für glänzende Glassplitter und glitzernde Kugeln hatte, suchte sie sich den Beruf des Feinoptikers aus. Mit Hilfe der Eltern fanden sich in einer fremden Stadt eine Lehrstelle und auch eine Wohnung. Für Susanne S. wurde das Schleifen und Polieren der Linsen eine große Befriedigung. Es war genau der Beruf, den sie sich gewünscht hatte. Nur, daß es etliche Schwierigkeiten mit den anderen Lehrlingen und dem Meister gab, der sich zum Beispiel nicht mit ihrer eigenen Poliertechnik abfinden wollte. Sie wirkte auf die anderen dumm, weil sie vieles nicht gleich verstand, wenn man es ihr nicht eindeutig sagte. Trotzdem war sie am Ende der Lehrzeit eine der Besten.

Am Arbeitsplatz wurde sie wegen ihres bisweilen ungewöhnlichen Verhaltens oft verspottet. Aber sie fand auch Hilfe bei zwei Kolleginnen, die ihr vermittelnd beisprangen, wenn sie gar nicht mehr weiterwußte. Wichtig war für Susanne S. ihr Arbeitsplatz im Zentrierraum bei ihren Linsen. Die hier arbeitenden Kollegen verstanden sie und ließen sie weitgehend in Ruhe. Und sie leistete gute Arbeit.

Trotzdem sollte ihr gekündigt werden. Angeblich hatte sich die Auftragslage ihrer Firma verschlechtert. Für Susanne S. brach eine Welt zusammen, denn der Chef hatte ihr immer wieder versichert, daß dies nicht geschehen würde. Sie hatte ihm vertraut und ihm offen die Diagnose des schwedischen Arztes mitgeteilt, um Verständnis für ihre Situation zu wecken. Um die Kündigung zu verhindern, beantragte sie auf Anraten ihres Arztes einen Schwerbehindertenausweis. Trotzdem gab der Chef nicht nach. Es kam zu Verhandlungen vor der Hauptfürsorgestelle. Sie entschied, daß die Firma Susanne S. weiter beschäftigen müsse, denn ihre Probleme seien rein behinderungsbedingt. Gerade in solchen Fällen soll das Schwerbehindertengesetz sicherstellen, daß Schwerbehinderten am Arbeitsplatz geholfen wird.

Als eine Kollegin im Zentrierraum ausfiel, wurde Susanne S. gefragt, ob sie die Arbeit übernehmen könne. Sie mußte an eine Maschine wechseln, die mit dem ältesten Verfahren des Optik-Zentrierens arbeitete und höchste Anforderungen an das menschliche Auge stellt. Moderne Maschinen arbeiten viel rationeller. Aber in dem Betrieb von Susanne S. wurden noch mit fünf solcher Maschinen qualitativ hochwertige Linsen hergestellt.

Nach ersten Probestücken schaffte sie es allein, an allen fünf Maschinen gleichzeitig die Linsen laufen zu lassen. Sie konnte an guten Tagen bis zu 100 Linsen fertigstellen. Ausgerechnet Susanne S., die «Schnecke», die angeblich nur noch für die Lebenshilfe-Werkstätten taugte, wie unfreundliche Kollegen zwischendurch gemeint hatten.

Autismus – was ist das?

Seit selbst unter Politikern im Sprachgebrauch das Wort «Autist» zu hören war, ist zu fragen, was sich wohl die Allgemeinheit darunter vorstellt. Ist es als Lob gemeint? Wohl nicht. Gemeint ist sicherlich, daß der politische Kontrahent uneinsichtig, sozusagen «vernagelt» ist. Es ist also fast als Schimpfwort zu deuten. Hiet gilt es Klarheit zu schaffen, der Öffentlichkeit mitzuteilen, daß ein Mensch mit Autismus an einer ernsten Behinderung leidet, die ihn darauf festlegt, auf eine bestimmte Art und Weise zu verstehen, zu fühlen und zu handeln.

Die ersten Anzeichen der autistischen Störung («Frühkindlicher Autismus» oder «Autistisches Syndrom») machen sich schon in den ersten 36 Lebensmonaten am Verhalten des Kindes bemerkbar. Aber weil die Kinder nicht geistig behindert wirken, es auch nicht in allen Fällen sind, sogar besonders hübsch aussehen und mit erstaunlichen intellektuellen Teilleistungen auf einigen Gebieten verblüffen, wird die Schwere der Entwicklungsstörung oft verkannt. Ärzte, die mit dem genauen Störungsbild nicht vertraut sind, vertrösten die besorgten Eltern mit Formulierungen wie «Es ist ein Spätentwickler» oder «Es ist ein kleiner Einstein». Nach internationalen Untersuchungen sind von 10 000 Kindern bis zu 12 Jahren etwa vier bis fünf autistisch.

Wie die Geschichte von Susanne S. zeigt, sind mit einer verständnisvollen Begleitung nicht geistig behinderte autistische Menschen sehr wohl in der Lage, das alltägliche Leben erfolgreich zu meistern, wenn man ihnen ihre Eigenheiten läßt und sie nicht in die Schablone des üblichen «normalen Verhaltens» einordnen will.

Um die gesellschaftliche Benachteiligung von Menschen mit Autismus zu verringern, ist nach Ansicht des Bundesverbandes «Hilfe für das autistische Kind e. V.» die Anerkennung der «Autistischen Störung» (dies ist der international anerkannte Begriff) als eigenständige Behinderung dringend geboten. Dazu gehört auch die verbesserte Ausbildung der Ärzte. Eltern müssen zukünftig die Gewißheit haben, daß für ihre autistischen Kinder therapeutische, schulische und berufliche Förderkonzepte staatlicherseits vorhanden sind. Für die schwer betroffenen Erwachsenen mit Autismus, die lebenslang einen betreuten Rahmen brauchen, sollten angemessene Lebens- und Arbeitsmöglichkeiten geschaffen werden. Die Elternverbände bieten ihre Mithilfe an. Der Bundesverband hat zu diesem Zweck Standards als Leitfaden zur Qualitätssicherung bei der Betreuung autistischer Menschen erstellt.

Birgit Meiners

Psychisch kranke Menschen brauchen personenzentrierte Hilfen

Gudrun R. ist 24 Jahre alt und seit ihrem 15. Lebensjahr an einer manisch-depressiven Psychose erkrankt. Wegen des chronisch rezidivierenden Krankheitsverlaufes (das heißt: Phasen relativer Stabilität wechseln mit krisenhaften Phasen ab) wurde sie immer wieder in unterschiedlichen Abständen zuerst in der Kinder- und Jugendpsychiatrie, später in der Erwachsenenpsychiatrie behandelt. Seit vier Jahren lebt sie im Dauerwohnheim für chronisch psychisch kranke Menschen «Schöne Aussichten».

Mehrere Versuche, eine Berufsausbildung zu absolvieren, schlugen fehl. Gudrun R. war mit den Anforderungen der Ausbildungssituation an Konzentration und Ausdauer überfordert. Phasen wirklichkeitsferner Selbstüberschätzung wechselten mit solchen depressiver Verstimmung, in denen sie sich überhaupt nichts mehr zutraute. Im Wohnheim hat Gudrun R. sich so weit stabilisiert, daß nun der nächste sinnvolle Schritt zu einer größtmöglichen Integration in ein normales Leben ansteht. Gudrun R. mußte jetzt in einem geschützten Rahmen ihre tatsächliche Belastbarkeit erproben, um neue, ihren realen Möglichkeiten entsprechende Entwicklungsziele herauszufinden. Außerdem würde sie gern versuchen, selbständig zu wohnen. Doch mit dem Auszug aus dem Heim würde nicht nur der zuständige Kostenträger wechseln, sondern automatisch auch die für sie zuständigen Dienste und Bezugspersonen. Da unter den gegenwärtigen Finanzierungsbedigungen «ambulant» = gleichbedeutend mit «wenig Hilfe» ist, müßte sie gerade in einer solchen schwierigen Übergangssituation mit geringerer Unterstützung rechnen.

Werner F., 30 Jahre alt, lebte bis vor kurzem mit seiner Mutter und seinen Schwestern zusammen. Seit er vor acht Jahren an einer Psychose erkrankte, wurde er von ihnen unterstützt. Werner F. leidet unter wiederkehrenden panischen Angstzuständen, weshalb er manchmal nächtelang nicht schlafen und nicht allein bleiben kann. Er fühlt sich oft beobachtet, glaubt, daß die Leute schlecht über ihn reden, und traut sich nicht mehr allein aus dem Haus. Als die familiäre Fürsorge wegen einer schweren Erkrankung seiner Mutter nicht mehr möglich war, zog auch Werner F. in das Wohnheim «Schöne Aussichten», wo er seither mit 23 anderen chronisch psychisch kranken Menschen lebt. Dieser Umzug war für ihn eine Notlösung, er hatte keine Alternative. Krankheitsbedingt hat Werner F. Probleme mit der für ihn unüberschaubar großen Gruppe von Mitbewohnerinnen und -bewohnern. Er ist sich mit seiner Ärztin und seinem Bezugspfleger einig. Für seine psychische Stabilisierung wäre eine kleinere Wohngruppe weit besser geeignet als die Großgruppe im Wohnheim. Aber mit dem Auszug aus dem Wohnheim würde Werner F. automatisch diejenigen Hilfen verlieren, die er (noch) benötigt. Dazu gehören neben der Anleitung und Unterstützung bei der Zubereitung des Essens insbesondere die wöchentlichen Gespräche mit der Psychologin des Wohnheims, die ihm helfen, mit seiner Angst zu leben. Werner F. wird wohl noch auf unbestimmte Zeit im Dauerwohnheim «Schöne Aussichten» bleiben müssen.

Ähnlich wie Gudrun R. und Werner F. geht es vielen tausend weiteren chronisch psychisch kranken Menschen in der Bundesrepublik. Im Gegensatz zu dem fachlichen und politischen Ziel «ambulant vor stationär» heißt es in der Versorgungswirklichkeit meistens «stationär vor ambulant». 25 Jahre nach Beginn der Psychiatrie-Reform leben immer noch zu viele psychisch kranke Menschen in Kliniken, Heimen oder betreuten Wohngruppen. Das Angebot an ambulanten Hilfen ist nach wie vor unzureichend und richtet sich allenfalls an Menschen mit einem geringen Unterstützungsbedarf. Wer viel Hilfe braucht, muß sich in das Bett einer Einrichtung legen. Das bedeutet häufig, daß die Betroffenen die eigene Wohnung und ihr soziales Umfeld verlassen müssen.

Je länger psychisch kranke Menschen in wohnortfernen Einrichtungen leben, desto mehr wird die Institution für sie zum eigentlichen Lebensmittelpunkt. «Mit der Dauer des Aufenthaltes in dieser Institution steigt die Gefahr der Ausgliederung», sagte Professor Heinrich Kunze, stellvertretender Vorsitzender der AKTION PSYCHISCH KRANKE, auf deren Tagung im April 1997 in Bonn. Er nannte die Gründe für die Entwurzelung der Betroffenen, die langfristig in Einrichtungen leben: «Reglementierte Überversorgung erzeugt Lebensuntüchtigkeit; die Bezüge zum eigenen Lebensfeld schwinden mehr und mehr; die Bezugspersonen im Lebensfeld lernen nicht, mit der psychisch gestörten Person zusammenzuleben und sich geeignete Hilfen zu holen.»

All das wäre durch ein bedarfsgerechtes Angebot ambulanter Hilfen zu vermeiden. Die eigene Wohnung als Fix- und Angelpunkt des Hilfekonzepts sah denn auch eine beim Bundesgesundheitsministerium angesiedelte Kommission vor, die ein Konzept zu «Personenzentrierten Hilfen in der Psychiatrischen Versorgung» erarbeitete. Das Konzept wurde auf der erwähnten Bonner Tagung der Öffentlichkeit vorgestellt. «Niemand ist so gestört, so krank, so behindert, daß sie/er vom Leben in der Gemeinde ausgeschlossen werden müßte – wenn nur die Hilfen entsprechend gestaltet sind», erläuterte Kunze.

Eine ökonomische Begleitstudie zur Kommissionsarbeit zeigt, daß diese Stufe der Psychiatriereform keine Kostenexplosion nach sich ziehen wird. So war der Gesetzgeber fast schon seiner Zeit voraus, als er 1996 in der Neufassung des Bundessozialhilfegesetzes der Personenorientierung den Vorrang vor der Institutionsorientierung einräumte. Ein Gremium beim Bundesgesundheitsministerium soll bis 1999 Konzepte ausarbeiten, wie das fachliche Ziel (weg von einrichtungs-, hin zu personenbezogenen Hilfesystemen) praktisch-organisatorisch umgesetzt werden kann.

So weit, so gut. Die AKTION PSYCHISCH KRANKE ist dennoch vorsichtig, vor allem, was die zeitliche Perspektive angeht: Das institutionszentrierte und kostenträgerbezogene Denken ist im bundesdeutschen Gesundheitswesen noch so fest verankert, daß man sich auf den Ebenen von Organisation und Steuerung auf sehr langwierige Prozesse einstellen muß.

Die Kommission hat in ihren Empfehlungen als zentrales Instrument einen *Integrierten Behandlungs- und Rehabilitationsplan* entwickelt, auf dessen Basis bei jeder einzelnen Klientin, jedem Klienten erhoben werden soll, welche Leistungen von den verschiedenen psychiatrischen Fachkräften mit welcher Zielrichtung und in welchem Zeitraum in ihrem eigenen Lebensumfeld erforderlich sind. Die Planung und Erbringung solcher *Komplexleistungsprogramme* erfordern die Koordination der Hilfen sowie die patientenbezogene Abstimmung aller beteiligten Berufsgruppen. Auf regionaler Ebene müssen Steuerungsmechanismen mit dem Ziel etabliert werden, ein bedarfsgerechtes Leistungsspektrum vorzuhalten und kontinuierlich weiterzuentwickeln, und zwar unter gleichrangiger Berücksichtigung von Qualitätssicherung bzw. -verbesserung und Wirtschaftlichkeit. Auf der institutionellen Ebene ist der Aufbau eines Gemeindepsychiatrischen Verbundes verbindlich zu gestalten. Im Sozialrecht müssen die erforderlichen Rahmenbedingungen bei der Festschreibung und Abgrenzung der Leistungsansprüche und der Verpflichtung zur bedarfsgerechten Leistungserbringung präzise ausformuliert werden.

Aber auch die innere Haltung der in der psychiatrischen Versorgung tätigen Menschen muß sich grundlegend ändern. Der Automatismus der Frage: ‹In welcher Einrichtung ist für Werner F. ein Platz frei?› muß überwunden werden zugunsten der auf die Person bezogenen Planung: ‹Welche konkreten Hilfen benötigt Werner F. derzeit? Wie wohnt Werner F., oder wie möchte er wohnen? Wie kann er die benötigten (therapeutischen, sozialen u. a.) Hilfen erhalten unter Beibehaltung seiner von ihm selbst gewählten Wohnform?› Diese Sichtweise zu verinnerlichen und auf allen verantwortlichen Ebenen (Einrichtungs- und Kostenträger, Mitarbeiterinnen und Mitarbeiter in der praktischen psychiatrischen Versorgung) durchgängig umzusetzen wird viel Zeit brauchen.

WER NICHT HÖREN KANN, MUSS SEHEN.

„Gehörlose Menschen können nicht einmal die Tagesschau verfolgen. Selbst bei den Nachrichtensendungen wird kein Gebärdendolmetscher eingeblendet. Wir haben anscheinend kein Recht auf unsere eigene Sprache" (Ralf Sommer, Name geändert). „Meine Augen sind meine Ohren. Meine Hände sind zweisprachig. Ich schreibe die Lautsprache, die Sprache der Hörenden. Aber es ist meine Zweitsprache; die Gebärdensprache ist für uns Gehörlose die erste Sprache, die Muttersprache: Nur sie ermöglicht es uns, sprechende menschliche Wesen zu sein. Das sollte endlich akzeptiert werden" (Emanuelle Laborit, Schauspielerin).

„Niemand darf wegen seiner Behinderung benachteiligt werden." (Art. 3 Abs. 3 Grundgesetz)

Eine Initiative
der Aktion Sorgenkind und
85 Verbänden und Organisationen
der Behindertenhilfe
und -selbsthilfe.

Aktion GRUND GESETZ

http://www.aktion-sorgenkind.de/grundgesetz/

Andreas Schwab / Ernst Dombrowski

Haben Gehörlose kein Recht auf die Muttersprache?

Elternsprechtag in einer Realschule für Hörgeschädigte in Westdeutschland. Die Eltern der 14jährigen Nina sind unzufrieden mit dem Unterricht, der ihrer gehörlosen Tochter angeboten wird, und bringen dies zur Sprache: So zeigt ein Lehrer in seinem Unterricht Filme ohne Untertitel, so daß gehörlose Schülerinnen und Schüler kaum etwas davon verstehen. Außerdem wird im Unterricht keine Gebärdendolmetschung eingesetzt, es wird überhaupt keine Gebärdensprache verwandt. Begründung: Dies sei keine vollwertige Sprache, mit der man alle Unterrichtsinhalte ausdrücken könne. Vorrang habe an der Schule das Erlernen der Lautsprache, bei der die Kinder im Unterricht von den Lippen ihrer Lehrkräfte ablesen müssen. Denn man müsse die Schülerinnen und Schüler auf die Realität nach der Schulzeit vorbereiten, wenn sie mit Hörenden am Arbeitsplatz zusammen seien. Immer noch unzufrieden, verlassen Ninas Eltern die Schule.

Fußballtraining bei einem Sportverein in Hamburg: Der zehnjährige Alexander ist wütend. Flink fliegen seine Hände, um dem Fußballtrainer klarzumachen, daß er jetzt nicht ausgewechselt werden möchte. Alexander hat sich verständlich gemacht. Er ist gehörlos und benutzt für seine tägliche Kommunikation die Deutsche Gebärdensprache (DGS). Dabei sollte er das eigentlich gar nicht, denn die DGS ist in Deutschland offiziell immer noch nicht anerkannt.

Kindern wie Nina oder Alexander wird damit ihre Muttersprache aberkannt, die sich in Jahrhunderten in der alltäglichen Kommunikation Gehörloser untereinander herausgebildet hat. Gebärdensprachen lassen sich, wie auch die Lautsprachen, in nationale Sprachen und regionale Dialekte unterscheiden. Genau wie sich Englisch und Deutsch unterscheiden, unterscheiden sich auch deutsche und amerikanische Gebärdensprache. Die visuelle Gebärdensprache hat eine eigene Grammatik und bietet für Gehörlose eine der Lautsprache gleichwertige, sichere Grundlage für alle sprachbezogenen Prozesse, für den kindlichen Spracherwerb, die soziale Kommunikation und die Entwicklung aller

Lernprozesse. Trotzdem beherrschen viele Gehörlosenlehrerinnen und -lehrer die DGS kaum. Außerdem gibt es in Deutschland kein Gymnasium für Gehörlose, sondern lediglich einige wenige gymnasiale Oberstufen beziehungsweise Kollegstufen für Schwerhörige und Gehörlose, an denen der Unterricht ausschließlich lautsprachlich orientiert ist.

Eine Anerkennung der Deutschen Gebärdensprache bedeutet das Recht gehörloser Menschen, ihre Muttersprache in Erziehung, Ausbildung und Beruf zu benutzen. Die Anerkennung der DGS nimmt also eine Schlüsselrolle im Kampf gehörloser Menschen für die Gleichberechtigung ein, denn nicht nur in der Schule werden sie vielfach benachteiligt: Ist man an den Universitäten noch auf die Großzügigkeit einzelner Bundesländer angewiesen, so sieht die praktische Ausbildung in den Betrieben keine Dolmetschung vor.

Bei Arztbesuchen, Gerichtsterminen oder Informations- und Unterhaltungsabenden sind Gehörlose oft auf sich allein gestellt, da die Finanzierung von Dolmetschern ungeklärt ist. Ein gehörloser Mensch muß zum Beispiel Dolmetscherinnen für kirchliche Hochzeiten, Taufe, Kommunion selbst finanzieren. Dies gilt auch für private Anliegen, etwa Eigentümerversammlungen. Bei Rechtsanwaltsterminen kann nur der Ersttermin von dritter Seite (zum Beispiel vom Gehörlosenverband) bezahlt werden.

Benachteiligung findet auch noch anderswo statt: Im Bereich des öffentlichen Nahverkehrs fehlen visuelle Anzeigesysteme, die öffentlich-rechtlichen Fernsehsender untertiteln nur sieben Prozent ihres Gesamtangebots, private Sender weigern sich ganz. Dolmetschereinblendungen finden nur im neuen Kanal Phoenix für zweimal 15 Minuten Nachrichten (Tagesschau, Heute-Journal) statt.

Zudem werden gehörlose Menschen in der Öffentlichkeit auch oft mit der diskriminierenden Bezeichnung «taubstumm» belegt. Das Wort «stumm» ist aus dem Wort «dumm» hergeleitet (vgl. amerikanisch: deaf and dumb = taubstumm, dump = dumm, blöd). In früheren Jahrhunderten wurden Gehörlosen keinerlei Rechte zugestanden, weil man sie für dumm und bildungsunfähig hielt. Heute ist eindeutig erwiesen, daß die Gehörlosen den Hörenden in nichts als dem «Nichthören-Können» nachstehen. Daneben ist kein Gehörloser wirklich stumm. Alle Gehörlosen können auch sprechen, denn dies ist für ihr Leben in einer hörenden Umgebung unabdingbar. Außerdem verfügen viele Gehörlose auch noch über Hörreste.

Warum aber nimmt man den gehörlosen Menschen in Deutschland das Recht, ihre Sprache zu benutzen? Mit welchem Recht verbannen Gehörlosenpädagogen seit über 100 Jahren die DGS aus dem Unterricht? Nach einer (rechtlich unverbindlichen) Entschließung des Europäischen Parlaments vom 17. Juni 1988 und der Ergänzung der deutschen Verfassung dürfte dies eigentlich nicht mehr so sein. In den USA gibt es eine Universität für Gehörlose, öffentliche Schreibtelefone und den selbstverständlichen Einsatz von Gebärdendolmetschung bei wissenschaftlichen Kongressen oder im Fernsehen.

Damit gehörlose Bürgerinnen und Bürger der Bundesrepublik Deutschland das Recht auf Anerkennung ihrer Muttersprache erhalten, fordern die Organisationen der Gehörlosen:

- Anerkennung der Deutschen Gebärdensprache (DGS);
- Einsatz aller Kommunikationsformen im Unterricht gehörloser Schülerinnen und Schüler;
- Einsetzung eines neuen Merkzeichens «GL» (gehörlos) im Schwerbehindertenausweis;
- Gebärdendolmetschung muß umfassend finanziert werden;
- Vermehrte Untertitelung von Fernsehsendungen und Dometschereinblendungen;
- Optische Informationssysteme in S-, U-, Straßenbahnen und Bahnhöfen.

Thomas Nicolai

«Die Oma braucht das doch nicht mehr»

Die Oma ist 75. Sie hat drei Kinder großgezogen, war viele Jahre im Beruf, ist nun Witwe, gesundheitlich geht es ihr nicht gut. Ihren jetzt kleinen Haushalt hat sie aber voll im Griff. Das will sie sich auch nicht nehmen lassen, denn auf andere angewiesen sein – das wäre für sie das Schlimmste. Die Oma, Frau N., ist schlecht zu Fuß. Gut, daß der Supermarkt gleich gegenüber ist. Das schafft sie noch.

Das schaffte sie noch, bis das mit den Augen losging. Schon lange ist Frau N. als Diabetikerin in augenärztlicher Behandlung. Sie müsse gelasert werden, hatte man ihr gesagt. Doch dann gab es immer wieder andere Gründe, diese Behandlung hinauszuschieben – zu hoher Blutdruck, zu hoher Augendruck, Grippe, kein freies Krankenhausbett ...

Plötzlich half die Brille nicht mehr. Das Fernsehen wurde zum Schattenspiel, an Zeitungslesen war nicht mehr zu denken, manche Tasse landete neben der Tischkante auf dem Fußboden, und allein nach draußen traute sich Frau N. überhaupt nicht mehr, denn alles war wie im Nebel. «Was soll nur mit mir werden, wenn das nicht wieder besser wird mit den Augen.»

Diese bange Frage stellt sich wohl jeder der rund 20000 Mitbürger, die alljährlich in Deutschland ihr Augenlicht verlieren. Wenn man plötzlich mit alltäglichen Dingen nicht mehr allein zurechtkommt, herrscht oft tiefe Ratlosigkeit, ja Verzweiflung. Meist neigen selbst Angehörige und Freunde dazu, Fürsorglichkeit an die Stelle von Hilfe zur Selbständigkeit zu rücken.

Über 70 Prozent der Neuerblindeten sind älter als 60 Jahre. Älteren Menschen fällt es verständlicherweise besonders schwer, einfachste Handgriffe nun wieder neu zu erlernen; behütetes Zurückgezogensein und Resignation sind meist die unnötigen Folgen. Das müßte nicht so sein, wenn Späterblindete einen Rechtsanspruch auf Elementarrehabilitation hätten. Dieser wird den älteren Menschen bisher verweigert. Die Finanzierung eines Trainings in den sogenannten lebenspraktischen Fertigkeiten wird nur nach den Regelungen des

Bundessozialhilfegesetzes (BSHG) gewährt, also abhängig von Einkommen und Vermögen.

Frau N. weiß nicht, wie es weitergehen soll. Die Kinder sagen: «Die Oma braucht das doch nicht mehr», vielleicht tut es ihnen auch leid, ein paar tausend Mark vom Sparbuch der Mutter dafür abzuheben. Vermögend ist sie wirklich nicht, aber ein bißchen vorgesorgt fürs Alter hat sie schon, so daß sie knapp über der BSHG-Grenze liegt; hart erarbeitetes und abgeknapstes Geld.

Wo bleibt in diesem Falle aber die «goldene Regel» des Sozialstaates: «Rehabilitation statt Pflege»? Ab wann gehört man zum alten Eisen und ist damit nur noch eine Belastung für die Kostenträger? Der fehlende Rechtsanspruch auf Elementarrehabilitation älterer Blinder treibt Zehntausende Seniorinnen und Senioren wegen ihrer Sehprobleme in die Isolation und Unselbständigkeit. Ihr Anspruch auf einen erfüllten Lebensabend scheitert an der Gewährung und Finanzierung von Rehabilitationsmaßnahmen. Das ist eine Benachteiligung, die nicht hinzunehmen ist!

Bei der Elementarrehabilitation geht es um die einfachsten Dinge einer selbständigen Lebensführung, die das Jahrbuch des Deutschen Blindenverbandes wie folgt zusammenfaßt:

«Notwendig ist das Erlernen lebenspraktischer Fertigkeiten unter den erschwerten Bedingungen des Blindseins, wie die Körperpflege, wozu für Damen durchaus auch das Schminken zählt; das Zurechtkommen mit den Kleidern; das Einkaufen von Lebensmitteln, Zubereiten schmackhafter Gerichte usw. Hilfreich ist es, wenigstens die wichtigsten Wege z. B. zum Einkaufen, zum Arzt oder auch zum Stammtisch wieder zu finden und gefahrlos zu bewältigen. Das wird im Rahmen des ‹Orientierungs- und Mobilitätstrainings› gelehrt.

Nützlich ist es selbstverständlich, für sich oder andere Notizen anfertigen, Briefe schreiben oder wenigstens seine Unterschriftt leisten zu können, Geldscheine und Münzen zu erkennen und die vielfältigen Hilfsmittel für Blinde und Sehbehinderte nutzen zu lernen. Auch das wird geübt.

Auf Bücher und Zeitschriften braucht nicht verzichtet zu werden: Wer es lernt, mit einem Kassettenrekorder umzugehen, kann Hörbücher von den Spezialbibliotheken für Blinde ausleihen. Selbst ältere Menschen sind oft noch in der Lage, die von Louis Braille geschaffene, aus sechs Punkten bestehende Blindenschrift zu erlernen. Maschinengeschriebene Briefe oder ganze Bücher liest ein elektronisches Gerät, das die Schrift erkennt und in Sprache umwandelt, auf ‹Knopfdruck› vor. Für diejenigen, die noch einen geringen Sehrest haben, ist das Lesen mit einem Bildschirmlesegerät möglich. Die Bedienung all dieser Hilfsmittel muß gelernt und geübt werden.

Bei der Elementarrehabilitation darf selbstverständlich die Freizeit nicht fehlen. Spiele mit abtastbaren Markierungen, durch die sich z. B. Spielkarten oder verschiedenfarbige Spielsteine erkennen lassen. Gemeinsam mit den Fachkräften muß ausgewählt und erlernt werden, was im Einzelfall das Richtige ist. Es handelt sich also sozusagen um einen ‹Maßanzug›, der nicht für jeden gleich aussehen wird.»

Auch das Pflegeversicherungsgesetz fordert Rehabilitation vor Pflege. Trotzdem müssen Ältere ihr Training selbst bezahlen. Das ist ungerecht. Außerdem ist es unwirtschaftlich, weil ein erblindeter Mensch, der lernt, sich trotzdem weiterhin selbst zu versorgen, dadurch automatisch nicht mehr oder nur noch in geringerem Umfang pflegebedürftig wird, als er es ohne Training sein würde.

Unser gesamtes Sozialrecht ist vom Grundsatz getragen, daß Rehabilitation vor Pflege geht. Demgemäß erhalten jüngere Blinde und Sehbehinderte auch in diesen Fertigkeiten ein gutes Training in der Schule, im Berufsbildungs- und Berufsförderungswerk. Ältere Menschen dürfen wegen ihrer Behinderung nicht benachteiligt werden. Deshalb ist die Forderung nach einem Rechtsanspruch auf Elementarrehabilitation Späterblindeter nicht mehr und nicht weniger als eine Forderung nach menschenwürdigem Leben im Alter.

Der Gesetzgeber ist aufgefordert, durch eine Änderung des Kranken- oder des Pflegeversicherungsgesetzes auch älteren Blinden und Sehbehinderten ein für sie unentgeltliches Training in lebenspraktischen Fertigkeiten zu gewähren. Außerdem sind Rehabilitationslehrer in ausreichender Zahl auszubilden.

Frau N. will von alledem noch nichts wissen, denn sie hat noch Hoffnung auf Besserung – das ist gut so. Aber wenn es wirklich schlechter wird, darf sie nicht allein gelassen werden, denn «die Oma» braucht das doch!

Martin Almon / Renate Almon /
Arne Maiwald / Conny Pivit

Wenn die Stimme fehlt

Martin A.: Seit meiner Geburt bin ich körperbehindert. Ich kann nicht sprechen. Früher habe ich mit den Augen gesprochen. Aber nur die mich kennen, verstehen mich. Später in der Schule habe ich Bliss (Symbolsprache für nichtsprechende Menschen) benutzt. Dabei habe ich auf Symbole für Wörter gezeigt. Aber die Lehrer haben mich nicht immer verstanden.

Oft war es so, daß ich die Antwort wußte, aber nicht sagen konnte, weil ich nicht sprechen kann. Dann haben die Lehrer gedacht, ich weiß es nicht. Auch konnte ich meine Lehrer nicht rufen, um was zu fragen. Andere Leute haben die Bliss-Symbole als schöne Zeichen angesehen. Sie haben gesagt: «Was sind das für komische Zeichen? Die kenne ich nicht.» Dann haben sie vergessen, daß ich was sagen wollte. Dabei blieb es meist, und die Unterhaltung war vorbei.

Seit November 1994 habe ich einen Sprechcomputer. Damit ist das Leben leichter geworden. Man kann hören, was ich sage. Wenn man es nicht versteht, kann man es im Display lesen. Ich kann meine Ideen wiedergeben, Briefe schreiben und Telefongespräche führen.

Manchmal sehen mich Leute mit dem Sprechcomputer. Sie sagen «Was ist das?» Ich sage: «Könnte ich bitte etwas zu trinken bekommen?» Dann sagen sie: «Das hast du sehr schön gesagt», aber sie geben mir nichts zu trinken. Das ist nicht der Sinn der Sache. Wir müssen noch daran arbeiten, daß die Leute Kommunikationshilfen als Sprachersatz anerkennen.

Arne M.: Ich bin schwerstkörperbehindert, kann nicht sprechen, aber alles verstehen. Meine wichtigsten Hilfsmittel sind ein Elektrorollstuhl, mit dem ich mich selbständig fortbewegen kann, ein Sprachcomputer, mit dem ich mich mit allen Menschen unterhalten kann, und ein PC, den ich mit einem Kopfstab bediene.

Ich fahre mit meinem Elektrorollstuhl einkaufen. Mein Sprachcomputer ist vorne an meinem Rollstuhl befestigt. Vor einem Geschäft bitte ich eine Dame, mir die Tür zu öffnen. Sie reagiert nicht auf meine Bitte. Einige Leute bleiben stehen und sehen mich an.

Dann kommt der Klops. Als erstes werde ich geduzt, obwohl ich 29 Jahre alt bin, danach stellt mir jemand die blöde Frage: «Na ... was spielst du denn da Feines?» Bis ich die Antwort getippt hatte: «Das ist meine Stimme», was wirklich nicht lange dauert, war er schon weg. So etwas, was mir da geboten wurde, würde man einem Nichtbehinderten nie bieten. Aber warum uns?

Die Mutter von Martin A.: Wie erfährt man als Laie, welche Möglichkeit der Verständigung es für ein nichtsprechendes Kind gibt?

Mein Sohn Martin war 10 Jahre alt und besuchte die Schule für Körperbehinderte in Duisburg. Obwohl er vom zweiten Lebensjahr an immer Sprachtherapie bekam, kann er nicht sprechen, aber er kann alles verstehen. Durch Zufall erfuhr ich, daß es eine Symbolsprache (Bliss) für nichtsprechende Menschen gibt. Allerdings war zu diesem Zeitpunkt kein Lehrer bereit, einen Lehrgang zu machen, um die Methode kennenzulernen. Also habe ich einen einwöchigen Kursus besucht, um die Bliss-Sprache zu lernen. Anschließend habe ich den Lehrern die Methode erklärt, obwohl es meiner Ansicht nach Aufgabe der Lehrer ist, herauszufinden, welche Kommunikationsmöglichkeiten es für nichtsprechende Schüler gibt. Mit Hilfe der Blisstafel konnte Martin gezielter am Unterricht und am sozialen Leben teilnehmen.

Im Oktober 1990 habe ich dann auf der Reha (einer Messe für Rehabilitationshilfen) in Düsseldorf einen Sprachcomputer entdeckt, der mir eine noch bessere Hilfe zur Verständigung für meinen Sohn zu sein schien. Die Leute der Firma besuchten Martin in der Schule und erklärten dort das Gerät. Leider waren die Lehrer auch diesmal der Meinung, daß es für Martin kein Sprachersatz ist. Und somit war auch kein Lehrer bereit, einen Lehrgang zu besuchen, um das Gerät kennenzulernen.

Wieder einmal durch Zufall erfuhr ich 1992 von einer Fachtagung für «Unterstützte Kommunikation mit nichtsprechenden Menschen». Auf dieser Tagung lernte ich eine sehr engagierte Sonderschullehrerin kennen. Mit ihrer Hilfe fanden wir heraus, daß der Sprachcomputer durchaus für Martin geeignet ist. Mittlerweile besuchte Martin die Werkstatt für Behinderte in Duisburg. Die Werkstattleitung zeigte sich kooperativ und befürwortete die Anschaffung der Kommunikationshilfe.

Nun mußte die Hürde mit der Krankenkasse genommen werden. Martin mußte zur Untersuchung zum Neurologischen Therapiezentrum nach Düsseldorf. Allerdings wurden dort nicht seine geistigen Fähigkeiten überprüft, sondern nur seine körperlichen. Da Martin seine Hände nicht benutzen kann, ist er auf einen Stirnstab angewiesen. Es wurde überprüft, ob er alle Tasten mit dem Stirnstab erreichen kann.

Da er das konnte, wurde ein Kommunikationsgerät genehmigt, jedoch ein einfacheres, welches nicht seinen Bedürfnissen entsprach. Es kostete viel Zeit und Mühe, der Krankenkasse zu erklären, daß Martin das vorher ausgesuchte und ausprobierte Gerät benötigt.

Endlich, im November 1994, bekam Martin den Sprachcomputer. Er war mittlerweile fast 22 Jahre alt. Mit dem Gerät kann Martin sprechen, telefonieren, Briefe schreiben, und er hat bereits im Mai 1995 damit einen Vortrag an der Universität in Dortmund gehalten. Ende 1995 hat er eine Broschüre über sich mit dem Titel «Nicht sprechend, trotzdem intelligent» geschrieben.

Sein Leben hat sich, wie er selbst sagt, total verändert. Er ist selbstsicherer und lebensfroher geworden. Das hätte aber alles schon viel früher stattfinden können, wenn Lehrer besser über Kommunikationsmöglichkeiten Bescheid gewußt hätten.

Für die Zukunft wäre es wichtig, Beratungszentren für Unterstützte Kommunikation als Anlaufstelle für alle Betroffenen und deren Bezugspersonen (Eltern, Lehrer, Therapeuten, Krankengymnasten, Ärzte) einzurichten. Es kann nicht Aufgabe der Eltern sein, herauszufinden, welche Möglichkeiten der alternativen Kommunikation es gibt. Für die frühkindliche Gesamtentwicklung ist es wichtig, schon früh eine Kommunikationshilfe zu bekommen. Denn Kinder brauchen für ihre persönliche, soziale, kognitive und innersprachliche Entwicklung Möglichkeiten sich mitzuteilen.

Diese Berichte machen deutlich, daß Menschen, die nicht oder nur schwer verständlich sprechen, mit Methoden der Unterstützten Kommunikation ihr menschliches Grundbedürfnis nach Kommunikation verwirklichen können.

Was Martins Mutter beschrieben hat, ist bislang leider kein Einzelbeispiel. Ob ein betroffenes Kind schon früh mit den Möglichkeiten der Unterstützten Kommunikation in Kontakt kommt oder ob ein betroffener Erwachsener diese Chancen zu mehr Lebensqualität und Verwirklichung seines Grundrechtes erhält, hängt von Zufällen ab.

Es bleibt mehr oder weniger dem Zufall überlassen, ob die Betroffenen ihre durch ihre Behinderung schon starke Benachteiligung ein wenig ausgleichen können oder ob sie ohne ihr Verschulden in der Sprachlosigkeit verharren müssen, ob sie selbst mitsprechen und mit entscheiden können oder sich damit abfinden müssen, daß für sie und über sie geredet und bestimmt wird. Zufall ist:

- ob die Fachleute (Ärztinnen, Kindergärtnerinnen, Lehrer, Therapeutinnen), die eine/n «Nichtsprechende/n» betreuen, sich freiwillig (mit viel privatem Zeit-, Geld- und Krafteinsatz) in das Thema Unterstützte Kommunikation eingearbeitet haben;
- ob in der Institution (Kindergarten, Krankenhaus, Schule, Werkstatt) Kommunikationsförderung stattfindet oder abgelehnt wird;
- ob eine firmenunabhängige Beratung stattfinden kann oder ob die angesprochenen Firmen lediglich ihr Produkt verkaufen wollen;
- ob sich die Eltern von sich aus um Informationen und Hilfe bemühen;
- ob man jemanden kennt, eine Sendung sieht oder hört, etwas liest, das hilfreiche Informationen gibt.

Um allen die gleichen Chancen und Möglichkeiten zu geben, müssen Veränderungen auf verschiedenen Ebenen stattfinden:

- Bei der Entscheidung für oder gegen eine bestimmte Kommunikationsform oder/und -hilfe sind die Betroffenen und ihre Betreuerinnen und Betreuer oft allein gelassen. Hier besteht kaum eine andere Möglichkeit, sich zu informieren als die Beratungsangebote der einzelnen Vertreiber- oder Herstellerfirmen von Kommunikationshilfen aufzugreifen. Beratungsmöglichkeiten über nichtelektronische Kommunikationshilfen gibt es nur sehr selten. Um weitreichende Fehlentscheidungen zu vermeiden (und damit auch zur Kostenminimierung beizutragen), ist die *Einrichtung von regionalen Beratungszentren* notwendig. Beratungszentren sind Anlaufstellen für alle Bezugspersonen eines betroffenen Menschen. Beratungszentren sollten schon lange vor der Einschulung des betroffenen Kindes ihre Arbeit beginnen. Die Gesellschaft für Unterstützte Kommunikation e.V. (ISAAC), der Bundesverband für Körper- und Mehrfachbehinderte und die Lebenshilfe haben gemeinsam ein Konzept für solche Beratungszentren entwickelt.

- Kommunikationsförderung darf auf keinen Fall erst in der Schule anfangen, sondern muß dann ansetzen, wenn auch nichtbehinderte Kinder anfangen zu kommunizieren. Entscheidend ist deshalb der *Aufbau eines Frühfördersystems.* Für Sinnesgeschädigte ist dies eine Selbstverständlichkeit und wird mit großem Erfolg praktiziert.
- Um Unterstützte Kommunikation nicht mehr in das Belieben von Kollegien bzw. einzelner zu stellen, ist eine *Verankerung in Lehrplänen und Richtlinien* entscheidend. Für die Schulen sollte eine Verpflichtung zur Förderung in Unterstützter Kommunikation bestehen, so daß alternative und ergänzende Kommunikationsformen (Gebärden, Kommunikationstafeln, Sprachcomputer) gleichberechtigt neben der Lautsprache anerkannt werden. Daraus ergeben sich Konsequenzen für die Lehrerausbildung und -fortbildung.
- Da zur Zeit oft noch die Sensibilität für diese Problematik und das Wissen über diese Möglichkeiten der Förderung fehlt, sollten alle Mitarbeiterinnen und Mitarbeiter von Institutionen, an denen Personen ohne verständliche Lautsprache betreut werden, über die Notwendigkeit, Möglichkeiten und Formen der Unterstützten Kommunikation informiert werden. Dies geschieht am besten durch eine breit angelegte *Öffentlichkeitsarbeit* und verstärkt angebotene *Fortbildungen.*

Franz-Josef Hanke

Multimedia – Blinde finden keinen Anschluß

«Wir stehen auf der offenen Plattform des letzten Wagens im Zug», sagt der blinde Nachrichtenredakteur Peter B. zu seiner beruflichen Situation. «Uns bläst der Fahrtwind scharf ins Gesicht; und es kümmert keinen, wenn wir hinten runterfallen.»

Seit 1990 arbeitet B. beim Süddeutschen Rundfunk. Mit der Einführung des digitalen Schneidesystems «Digas» beim SDR fürchtet er nun um seine berufliche Zukunft. Denn das Schneiden von Hörfunkbeiträgen am Computerbildschirm verändert die Arbeitsbedingungen in den Funkhäusern so nachhaltig, daß die Sehbehinderten möglicherweise bald nicht mehr mitkommen.

Mit den klassischen Schneide- und Aufnahmetechniken konnten Blinde im Hörfunk kompetent mitarbeiten. Durch die elektronische Studiotechnik droht ihnen nun eine Ausgrenzung aus wichtigen Tätigkeitsfeldern und damit langfristig auch aus ihrem Beruf.

«Früher hatten wir Blinde mit unseren Spezialcomputern häufig einen Vorsprung gegenüber den Sehenden. Das ist jetzt vorbei!» stellt Mattias K. fest. Monatelang hat sich der Musikredakteur bei der Deutschen Welle um eine blindengerechte Lösung für das digitale Schneidesystem «Dalet» bemüht, das das Kölner Funkhaus Anfang 1995 eingeführt hat. Doch seine Suche war vergeblich.

In allen Funkhäusern verdrängen elektronische Schneidesysteme die klassischen Bandmaschinen. Nachrichten und Musiksendungen werden bald nur noch am Computer gemischt, geschnitten und zusammengebaut. Die bisherige Trennung zwischen den Berufen «Redakteur» und «Tontechniker» wird auf Dauer wegfallen. Auch der Rundfunkredakteur erledigt seine Arbeit – wie heute schon der Zeitungs- und Zeitschriftenredakteur – zukünftig überwiegend am Computerbildschirm. Die beim Hörfunk eingesetzte Software stellt die Lautstärke des aufgenommenen Tons in Form von Oszillogrammen dar. Diese grafische Benutzerführung erleichtert Sehenden das Auffinden der idealen Schnittposition; für Blinde ist sie aber nicht bedienbar. Denn die Angabe des Schnitts erfolgt hier über ein Anklicken des jeweiligen Pegelausschlags mit der «Maus». Weder das Oszillogramm noch die Position der Maus kann der Blinde mit seiner Sprachausgabe oder Braillezeile verfolgen. Der blinde Radiomacher kann nicht einmal mehr einzelne Beiträge abhören, weil selbst das Abspielen der sogenannten «Audio-Files» über diese Benutzerfläche angesteuert wird.

Blinde steuern ihren Computer über die Tastatur. Seit Ende der 70er Jahre haben verschiedene Hersteller in Deutschland handelsübliche Personalcomputer mit blindengerechten Zweitausstattungen versehen. Computer haben sprechen und lesen gelernt. Sprachsynthesizer geben den Bildschirminhalt in flüssiger Sprache wieder und buchstabieren auf Wunsch auch jedes einzelne Wort. Braillezeilen stellen die Schrift auf dem Monitor zeilenweise in tastbarer Blindenschrift dar, indem sich kleine Metallstifte elektromagnetisch aus einer Tastleiste herausheben oder darin versinken. Die nach dem französischen Blindenlehrer Louis Braille benannte Tastschrift setzt sich aus unterschiedlichen Kombinationen von 6 Punkten zusammen. Braillezeile und Synthesizer eröffnen Blinden den Zugang zu allen Informationen, die der Computer im sogenannten «ASCII-Code» abgespeichert hat. Die 256 «ASCII-Zeichen» kann jeder Computerbenutzer von seiner Tastatur aus ansteuern; nur diese Buchstaben, Satz- und Sonderzeichen können Braillezeile und Synthesizer dem Blinden übermitteln.

Dank dieser Zusatzgeräte hat die moderne Computertechnik Blinden bisher vielfältige Arbeitsmöglichkeiten eröffnet. Mit dem allgemeinen Trend zu Multimedia gerät diese Integrationsmöglichkeit jedoch zunehmend in Gefahr. Die Digitalisierung der Studiotechnik im Rundfunk ist nur ein Beispiel dafür, wie Multimedia Blinde und Sehbehinderte ausgrenzt.

Unter dem Stichwort «Multimedia» plant die Industrie ein Zusammenwachsen von Computer-, Fernseh-, Radio-, Video-, Telefon- und Telefaxtechnik. Die elektronische Schaltzentrale soll auf einen Knopfdruck oder durch vorprogrammierte Zeitschaltung elektrische Geräte steuern und so das Büro oder den gesamten Haushalt dirigieren. Was bei dieser Technik auf der Strecke bleibt, ist der Mensch.

Im Rahmen der Diskussion um «Multimedia» hat die Computerindustrie zunächst damit begonnen, ihre Programme mit vielen bunten Bildern zu versehen. Grafische Benutzerführungen wie «Windows» oder «OS 2» sind zwar inzwischen in ihren gängigen Anwendungen für

Blinde benutzbar gemacht worden, doch bedarf jede neue Update-Version auch einer Erneuerung der Übersetzungs-Software für blinde Menschen. Noch problematischer sind jedoch die vielfältigen Multimedia-Anwendungen, ohne die ein Computernutzer heute kaum noch arbeitet.

Da flimmern bunte Bilder über den Monitor, wenn man im Lexikon nach einem Begriff, beispielweise einer fernen Stadt, sucht, oder Grafiken veranschaulichen einen Sachverhalt, der aus dem beigefügten Text nicht eindeutig erschlossen werden kann.

Besonders ärgerlich für die Blinden ist die Bilderflut im «World Wide Web» (WWW) des Internet. Dieser Dienst, der derzeit den größten Zuspruch bei den «Usern» genießt, ist grafisch aufgebaut; er erlaubt damit nicht nur eine Darstellung von Informationen durch Buchstaben und Zahlen, sondern auch eine Übermittlung von Bildrastern. Bunte Bilder und Piktogramme sollen sehende User zu einer Recherche verlocken. Immer mehr Homepages sind deshalb grafisch aufgebaut und damit für Blinde unbenutzbar.

Die «Homepage» ist gewissermaßen das Türschild im Internet, mit dem Anbieter einen Nutzer zu ihren einzelnen Informationen weiterlenken. Oft werden diese Einstiegsinformationen mit Bildern, Symbolen oder Grafiken versehen, um sie für Sehende interessanter zu machen. Für Blinde werden sie dadurch unbrauchbar.

Suchmaschinen, die auch Blinden ein Surfen im Internet ermöglichen, greifen deshalb nur auf Texte zu. Mit bunten Bildern gestaltete Homepages zwingen Blinde oft zum Abbruch ihrer Suche; die hinter einer solchen Homepage versteckten Informationen bleiben so unerreichbar.

Viele Homepages bieten neben dem Grafikmodus auch die Möglichkeit einer Schnellübermittlung ausschließlich von Texten. Dieser Modus, der Sehenden die Suchzeiten verkürzen soll, ist für Blinde Voraussetzung, um die jeweilige Information überhaupt nutzen zu können.

«Manchmal wird die Grafik zum Selbstzweck. Das dauert dann oft Minuten, bis so eine Internetseite übermittelt ist», klagt Andreas Bethke. Der Geschäftsführer des Deutschen Vereins der Blinden und Sehbehinderten in Studium und Beruf (DVBS) fordert alle Programmierer von Internet-Seiten auf, ihre Homepages neben Grafiken auch mit einem Textmodus zu unterlegen, damit auch Blinde diese Angebote direkt nutzen können: «Der rasche Zugriff auf Informationen ist heute im Alltag und Arbeitsleben unerläßlich. Es wäre eine Katastrophe, wenn Blinde und Sehbehinderte davon ausgeschlossen würden.»

Schwierigkeiten bereitet Blinden auch die Handhabung moderner Telefone, die über ein Display gesteuert werden. Insbesondere Mobiltelefone sind für Blinde kaum voll bedienbar, weil sie fast alle über die Leuchtanzeige eingestellt werden müssen. Dabei ist so ein «Handy» gerade für Blinde eine besondere Erleichterung, weil sie die nächste Telefonzelle nur mit fremder Hilfe ausfindig machen können.

In der Bundesrepublik leben mehr als 700 000 Menschen mit Sehbehinderungen. Sie werden durch optische Informationssysteme von vielen Informationen ausgeschlossen. Aber die Firmen setzen zumeist auf die Einspareffekte, die sie sich von elektronischer Selbstbedienung versprechen. Denn die Arbeit des freundlichen Mitarbeiters hinter dem Tresen übernimmt hier der Kunde, der seine Bestellungen oder Buchungen selbst online in den Rechner des Serviceanbieters eingibt.

Personalabbau im Kundendienst ist die zwangsläufige Folge. Telebanking und Teleshopping werden den Service am Bankschalter oder im Dienstleistungsunternehmen langfristig verschlechtern. Dem Blinden stehen dann am Schalter nur noch wenige Menschen gegenüber, die ihm bei der Erledigung seiner Geschäfte behilflich sind.

Noch haben auch Blinde per Datenfernübertragung Zugriff auf das Kursbuch, das Telefonbuch, Datenbanken oder andere Informationsquellen, doch kommen immer mehr Computerprogramme mit grafischen Benutzeroberflächen daher. Es wäre für die Programmierer ein Leichtes, ihre Software von Anfang an mit einem Textmodus zu unterlegen, der auch für Blinde einfach zu bedienen ist. Während eine nachherige Anpassung an die Erfordernisse der Blindenhilfsmittel häufig mit hohen Kosten verbunden ist, verursacht eine Erstellung blindenfreundlicher Software gleich beim Programmieren kaum nennenswerten Mehraufwand.

Bethke fordert deshalb ein Zugangsrecht zur Information für alle Menschen, gerade auch für Blinde und Sehbehinderte. Arbeitgeber sollten nur solche Software beschaffen, die über einen Textmodus auch für sie bedienbar ist. Außerdem setzt sich der DVBS-Geschäftsführer dafür ein, daß Dienstleistungen in Zukunft nicht ausschließlich von Maschinen, sondern auch von Menschen erbracht werden.

WO EIN WILLE IST, IST NOCH KEIN WEG.

„Wenn ich an meine letzte Fahrt nach Siegburg denke, wird mir jetzt noch schwindelig. Der Bahnsteig war nicht hoch genug, so daß ich mit meinem Rollstuhl gar nicht allein aus der S-Bahn kam. Also haben mich zwei Beamte rausgehievt. Doch dann kam das nächste Problem: Wie komme ich vom Bahnsteig runter? ‚Da müssen Sie dahinten über die Gleise', war die Antwort, ‚ aber passen Sie auf, daß Sie nicht unter den Zug kommen' "(Bernd Masmeier, Düsseldorf). „Bei dem Wort ‚behindertengerecht' denken manche Leute an Toiletten, so groß wie Tanzsäle, und Superaufzüge, in die eine ganze Kompanie hineinpaßt. Das ist Quatsch! Was wir wollen, sind barrierefreie Lebensräume. Und die sind für alle gut. Auch für Eltern mit Kinderwagen und alte, gehbehinderte Menschen" (Marita Boos-Waidosch, Mainz).

„Niemand darf wegen seiner Behinderung benachteiligt werden." (Art. 3 Abs. 3 Grundgesetz)

Eine Initiative
der Aktion Sorgenkind und
85 Verbänden und Organisationen
der Behindertenhilfe
und -selbsthilfe.

http://www.aktion-sorgenkind.de/grundgesetz/

Aktion GRUNDGESETZ

Ilja Seifert

Denkmalschutz contra Benutzbarkeit: Die Hackeschen Höfe

Scharf zog am 9. Oktober 1996 der kalte Wind über die wiedereröffneten Hackeschen Höfe in Berlins Mitte. Eine ungewöhnliche Gruppe drängte sich dort. Am auffälligsten unter rund anderthalb Dutzend Neugierigen fünf Frauen und Männer in Rollstühlen. Manche mit Muskelkraftantrieb, andere mit elektrischem. Mehr oder weniger geduldig hörten sie sich den schwärmerischen Vortrag der Bauamts-Vertreterin an. In hohen Tönen pries Frau N. die gelungene historisierende Rekonstruktion. Die Hackeschen Höfe seien im Stile der Jahrhundertwende und der 20er Jahre wiedererstanden. Dem Denkmalschutz verpflichtet, leisten sie dennoch ganz modernen Ansprüchen Genüge. Die acht ineinander verschachtelten Höfe und die dazugehörigen Mehrgeschosser beherbergen verschiedene Restaurants, Boutiquen, Kinos, Theater, kleine Geschäfte. Auch Wohnungen finden sich.

Die Fröstelnden waren gekommen, um zu testen, ob und wie behindertenfreundlich dieser weithin mit Vorschußlorbeer bedachte Besuchermagnet ist. Zunächst einmal stellten sie – während des Vortrags um sich schauend – fest, daß innerhalb der Höfe Rollstuhlfahrer durch Bordsteine von den Fassaden ferngehalten werden. Hohe Kanten hatten ihnen allerdings schon vorher arg zugesetzt. Um überhaupt auf die Höfe zu gelangen, sind stark befahrene Straßen und Plätze zu überqueren. Straßenbahnschienen in deren Mitte sind unvermeidlich, wenn man effektiven Personennahverkehr will. Daß es keine Niederflurbahn mit Einstieghilfe ist, sehen die Besucher ebensowenig ein wie die Tatsache, daß die Haltestelle auf dem Hackeschen Markt keine Möglichkeit für Rollstuhlfahrer bietet, ungehindert ein- und auszusteigen. Wenn schon ein hauptstädtisches Vorzeige-Objekt errichtet wird, dann soll es auch umfassend vorzeigbar sein. Schließlich sind seit der vergeblichen Bewerbung Berlins um die Olympischen Sommerspiele des Jahres 2000 Leitlinien für ein behindertengerechtes Berlin in Kraft.

Keine Kosten, nur Nachdenken

Die schneidende Kälte beschleunigte das Verfahren. Alle Ladenpächter waren vorab über die Berollung informiert worden, die der Allgemeine Behindertenverband in Deutschland «Für Selbstbestimmung und Würde» e. V. (ABiD) angeregt hatte. Behindertenorganisationen wurden ebenso eingeladen wie das Bezirksamt, die Bezirksverordnetenversammlung und – last not least – der Investor. Man begann also, sich richtig umzusehen. Daß der Investor keinen Vertreter entsandte, mußte mit Bedauern zur Kenntnis genommen werden. Die Pächter hatten zwar fast alle schon wieder vergessen, daß da eine «Berollung» angekündigt worden war, sie zeigten sich jedoch durchweg freundlich und zuvorkommend. Das konnte allerdings nicht über die Tatsache hinwegtäuschen, daß kein einziges der Geschäfte im Rollstuhl erreichbar war. Überall allerliebste Treppchen, meist vier Stufen, sehr futuristischer Stil. Hauptbegründung: Der Denkmalschutz schlösse andere Lösungen aus. Die ursprüngliche Rampenhöhe für Warenanlieferungen betrug nun einmal achtzig Zentimeter. Geneigte Ebenen hätten die Höfe verbaut. Es gibt zu viele Eingänge. Die Fußböden abzusenken wäre zu teuer. Da aber beispielsweise kleine Aufzüge installiert wurden, um die Abfallkiepen aus dem Keller zu holen, wäre jeder sachverständige Betroffene sofort auf die Idee gekommen, damit gleichzeitig den Niveau-Unterschied bis zum Ladeneingang auszugleichen. Keine Kosten, nur Nachdenken. Eins der Restaurants ist ebenerdig erreichbar. Hurra! Ein Lichtblick. Doch gefehlt, es hatte sich nur zufällig so ergeben. Im Innern des Restaurants keine erreichbare Toilette.

Überhaupt: Nirgendwo in dem großen Objekt eine Toilette, die auch von Rollstuhlfahrern benutzt werden könnte. Es war einfach vergessen worden! Um möglichst viel Fläche «vermarkten» zu können, verbannte man viele Toiletten in den Keller. Natürlich ohne Aufzug. Investor, Architekt, Gewerbetreibende und auch das Bauamt waren so verliebt in ihr High-Society-Denkmal, daß niemand auf den Gedanken kam, daß auch Menschen diese Räume nutzen wollen, die mit ihren verschiedenen Behinderungen durchaus ganz selbstverständlich am öffentlichen Leben teilhaben. Bei einem späteren Ortstermin im Februar 1997 versuchte Frau N. vom Bauamt, den Vorwurf zurückzugeben: «Sie hätten ja schon früher mal etwas sagen können!» Als wenn jedermann jederzeit alle Baupläne einsehen und alle Baustellen persönlich ansehen könnte! Noch dazu im Rollstuhl. Dazu hatten wir, Menschen mit den verschiedenen Behinderungen, ja entsprechende Vorschriften und Richtlinien mühsam erkämpft. Wenn auch die DIN 18024/25 leider keine Verbindlichkeit besitzt, so ist doch jeder Planer und erst recht jede Genehmigungsbehörde aufgefordert, sie zu berücksichtigen. Zumindest, wenn öffentliche Fördermittel fließen.

Gebäude für alle

In einem hatte die Amtsdame allerdings recht. Wir hätten wesentlich früher einbezogen werden müssen! Wenn schon bei der Entwurfs-Planung daran gedacht wird, *Gebäude für alle* zu bauen, lassen sich zusätzliche Kosten in großem Umfange vermeiden. Allerdings zeigt die Erfahrung, daß es nicht genügt, einmal die entsprechende DIN oder die Bauordnung zu Rate zu ziehen. Im Verlaufe der Ausführungsplanungen und erst recht während des Bauens selbst ergeben sich immer wieder – scheinbar geringfügige – Änderungen. Am Ende finden wir dann – häufig sogar trotz gegenteiliger Ursprungsplanung – nicht selten Treppen vor dem Eingang oder zu schmale Türen im Sanitätsbereich. Aufzüge vergessen, die Etage anzusagen, Orientierungshilfen sind in kontrastarmen Ton-in-Ton-Linien gehalten. Hörschleifen fehlen in Kinos, Theatern, Konferenzräumen und sonstigen Begegnungsstätten.

Ein kurzes Protokoll der Berollung wurde angefertigt, an die verschiedenen zuständigen Ämter, den Investor und die Presse verschickt und – es geschah nichts. Jedenfalls fast nichts. Nur BERLIN-KONKRET, eine hauptstädtische Behindertenzeitschrift, veröffentlichte einen Artikel. In allen anderen Zeitungen, im hauptstädtischen Rundfunk und im Fernsehen überschlugen sich statt dessen in den folgenden Wochen Journalisten mit Lobeshymnen. Kritiklos übernahmen sie die Werbe-Mitteilungen des umtriebigen Investors. Hier sei ein Kleinod für *alle* Berliner und ihre Gäste entstanden. Uns blieb nichts anderes übrig, als über Leserbriefe zu versuchen, den mehr als «kleinen Mangel» ins öffentliche Bewußtsein zu heben. Erst dann regte sich Interesse. Größere Berichte in Zeitungen wiesen auf die behinderten-, also menschenfeindliche Bauweise hin. Ein lokaler Fernsehsender berichtete. Plötzlich verschloß sich auch der Investor nicht mehr. Weitere Ortstermine folgten. Wenn die Gesetze und der lauthals propagierte

Wille, niemanden wegen seiner Behinderung zu benachteiligen, ernst genommen würden, hätte der gesamte Komplex baupolizeilich geschlossen werden müssen. Wir verlangten, zumindest mehrere öffentliche *City-Toiletten für alle* auf den Höfen zu installieren. In der Stadt gibt es gute Erfahrungen mit über hundert dieser selbstreinigenden High-Tech-Klos, bei deren Entwicklung mehrere Betroffene einbezogen waren. Der Architekt wehrte sich aus ästhetischen Gründen dagegen. Er fragte sich nicht, wie unästhetisch es ist, sich in die Hosen machen zu müssen. Der Investor wehrte sich dagegen, diese Toiletten zusätzlich einzurichten. Als ob Berlin nicht ohnehin mehrere hundert derartige Häuschen benötigte! Zumal sie ein gutes Beispiel dafür abgeben, daß «Sonderregelungen» für Menschen mit Behinderungen weitgehend unnötig sind. Benötigt werden Häuser, Straßenbahnen, Toiletten, Kinos, Theater *für alle!*

Schließlich wurde zugesagt, in eine der Erdgeschoßzonen eine Behindertentoilette einzubauen, eine weitere am Rande eines der Höfe, eine dritte möglicherweise in einem versteckten Lichthof. Halbherzige Lösungen. Sonderlösungen. Über ein Nachbargrundstück könnte eventuell ein Außenaufzug zum Kino führen. Dem Theater läßt sich über einen Seiteneingang eine Rampe anbauen.

Sachkundige Betroffene rechtzeitig einbeziehen

Die beteiligten Behindertenorganisationen werden nicht lockerlassen. Wir werden sehen, was sich tut. Bis jetzt finden sich an den Bordsteinen im Innern der Höfe angehäufelte Rämpchen. Als unschöne Asphaltflecken ragen sie in das Profil der Fahrwege hinein. Als ob nun nachträglich der Beweis erbracht werden sollte, wie lästig diese Forderungen von Behinderten sind, einfach dazugehören zu wollen. Dabei zeigt sich nun wieder: Nachträgliche Umbauten sind unzulänglich und teuer.

Die beträchtliche öffentliche Aufmerksamkeit, die wir über vier Monate auf die unsachgemäße Herstellung baulicher Gegebenheiten lenken konnten, läßt uns hoffen, zukünftige Investoren rechtzeitig, also schon ab der Planungsphase und bis zur Übergabe, dazu bewegen zu können, sachkundige Betroffene zu Rate zu ziehen. Natürlich haben auch wir, die wir mit unseren Behinderungen Teil dieser Gesellschaft sind, kein Interesse daran, fertiggestellte neue oder historische Häuser und städtebauliche Ensembles zu sperren oder ihren sofortigen Wiederabriß zu erzwingen. Wer aber gesellschaftliche Ressourcen wider besseres Wissen in diskriminierender Weise vergeudet, braucht sich auf Dauer nicht zu wundern, wenn wir eines Tages auch zu solch drastischen Forderungen greifen werden.

Nicht nur in Berlin kann der Sachverstand von geschulten Betroffenen in Anspruch genommen werden. Denkmalpflege und Benutzerfreundlichkeit schließen sich keinesfalls aus. Bei rechtzeitiger Einbeziehung erfahrener, betroffener Sachverständiger lassen sich Lösungen finden, die architektonisch originell und technisch auf dem Stand der Zeit sind, ohne große finanzielle Mehraufwendungen zu verursachen. Da in der Hauptstadt gegenwärtig besonders viel gebaut wird und da es hier etliche interessante Denkmale zu erhalten und besser zu nutzen gilt, bieten sich zahlreiche Möglichkeiten, das Miteinander von Investoren, Architekten, Bauausführenden und betroffenen Sachverständigen zu üben.

Dazu gibt es gemeinnützige Vereine und professionelle Sachverständigenbüros. Es gibt lokale Behindertenorganisationen, die geradezu prädestiniert sind, beispielsweise die großflächige Sanierung der denkmalgeschützten Karl-Marx-Allee mit ihren angrenzenden Gebieten systematisch mit Sachkunde und dem Engagement direkter Betroffenheit gutachterisch zu begleiten. Alle Seiten werden dabei Erfahrungen sammeln, die sie selbst voran bringen. Dann werden pfiffige Lösungen gefunden. Es wird der Vergangenheit angehören, daß zu einem Begegnungszentrum eine viel zu steile Rampe führt und der zusätzlich angebaute Aufzug kaum genutzt wird, weil er unzweckmäßig ist. Dann wird es – hoffentlich – auch der Vergangenheit angehören, daß eine große amerikanische Fast-Food-Kette im Nikolai-Viertel, dem ältesten Siedlungsgebiet Berlins, vor ihre neueröffnete Filiale zwei glattpolierte Granitstufen baut und sich auf den Denkmalschutz herausreden kann, wenn behinderte Menschen die feierliche Eröffnung durch ihre Anwesenheit stören. Von dieser Aktion eines guten Dutzends Frauen und Männer im Rollstuhl nahm die Presse im Mai 1995 noch wenig Notiz. Vielleicht hätte sie doch? Jedenfalls ließen wir uns nicht mit einem freundlichen Lächeln beschwichtigen und auch nicht mit dem Versprechen bestechen, daß man uns ja die gewünschten Häppchen herausbringen könnte.

Denkmalschutz und Benutzerfreundlichkeit schließen einander nicht aus. Ihre Verbindung kann als interessante Herausforderung gesehen werden. Wer für Menschen baut, die mit ihren Behinderungen – seien sie körperlicher, geistiger, sinnlicher und/oder psychischer Art – ganz selbstverständlich am gesellschaftlichen Leben teilhaben, baut für Menschen, baut *für alle!*

Sigrid Arnade

«Alle Deutschen haben das Recht ...» – Behinderte Deutsche haben es nicht

Die bundesdeutschen Behindertenverbände, die weit über zwei Millionen behinderte und chronisch kranke Menschen vertreten, wollen künftig mit einer Stimme sprechen und sich in einem Deutschen Behindertenrat zusammenschließen. Nach etwa zweijähriger Verhandlungszeit soll er sich konstituieren. Die beteiligten Verbände wollen das politisch gewichtige Ereignis in der Hauptstadt Berlin begehen und suchen geeignete Räumlichkeiten. Da der Reichstag zur Zeit umgebaut wird, richtet man Anfragen an das Rote Rathaus, den Sitz der Berliner Regierung, und an den Preußischen Landtag, das Abgeordnetenhaus von Berlin: Beides wird verwehrt, da das zuständige Bezirksamt verfügt hat, es dürften nicht mehr als vier rollstuhlfahrende Personen gleichzeitig in diese Gebäude. Argumentiert wird mit der Sicherheit im Falle eines Brandes. Die Konsequenz: Die Gründungsversammlung des Deutschen Behindertenrates muß in einem nicht repräsentativen Zweckbau am Nordrand von Bonn stattfinden – abseits von Politik und Presse.

Das Sicherheitsargument ist in Deutschland sehr beliebt, wenn es darum geht, behinderten Bürgerinnen und Bürgern den Zugang zu Gebäuden, Sehenswürdigkeiten, Kinos, Theatern und damit ihre Grundrechte zu verweigern. Denn neben dem Benachteiligungsverbot in Artikel 3 wird in Artikel 8 des bundesdeutschen Grundgesetzes das Recht auf Versammlungsfreiheit für *alle* Deutschen garantiert. Für behinderte Deutsche gilt die Versammlungsfreiheit offensichtlich nicht uneingeschränkt.

«Das Sicherheitsargument wird immer nur gegen behinderte Menschen vorgebracht mit dem Resultat, daß wir ausgeschlossen und benachteiligt werden», kritisiert Ottmar Miles-Paul, Geschäftsführer der «Interessenvertretung Selbstbestimmt Leben Deutschland e. V.» (ISL). «Wenn es den Verantwortlichen tatsächlich um unsere Sicherheit ginge, dann müßten sie andere Maßnahmen ergreifen», so Miles-Paul. Es gäbe zum Beispiel Aufzüge, die auch im Brandfall von mobilitätsbehinderten Menschen zu benutzen seien – sie müßten installiert werden; gehörlose Menschen müßten per Lichtsignal gewarnt werden, da sie die Sirenen nicht hören; für blinde und sehbehinderte Menschen gelte es, Leitsysteme bereitzustellen, so daß der Ausgang sicher erreicht werden könne.

Damit die in der Verfassung garantierten Grundrechte wie die Versammlungsfreiheit und das Benachteiligungsverbot auch für behinderte Menschen zur Realität werden, muß folgendes geschehen:

- In das Bundesbaugesetz ist eine Generalklausel aufzunehmen, die sicherstellt, daß alle baulichen Anlagen von allen Menschen genutzt werden können. Der Umbau bereits bestehender Anlagen ist nur dann mit öffentlichen Mitteln zu fördern, wenn er den Kriterien der Barrierefreiheit entspricht.
- In der Musterbauordnung des Bundesbauministeriums und in den Landesbauordnungen sind die DIN-Normen 18024 und 18025 verbindlich festzuschreiben. Sie garantieren den barrierefreien Zugang für alle Menschen und dürfen nicht länger nur «empfohlen» werden.
- In die Bauordnungen ist ein Verbandsklagerecht aufzunehmen, so daß die Betroffenen die Möglichkeit haben, sich gegen Verstöße zu wehren.

Gregor Pleßmann

Wie kommt Jenny zum Sport?

Spielen, toben, mit Freunden trainieren. Für Kinder gibt es kaum etwas Schöneres. Auch Jenny M. hat den gleichen ausgelassenen Bewegungsdrang wie alle Kinder in ihrem Alter. Mit dem einzigen Unterschied, daß Jenny im Rollstuhl sitzt.

Lange mußte sie warten auf einen Verein mit einem entsprechenden Bewegungs- und Sportangebot. Die Sportgemeinschaft Multisport bietet Behinderten und Nichtbehinderten die Möglichkeit, gemeinsam zu spielen und zu toben. Einmal die Woche mit den Geschwistern und den Freunden aktiv sein, darauf freute Jenny sich!

Die Freude wich aber langsam, als Jenny und ihre Eltern die ersten Probleme zu spüren bekamen. «Wie komme ich denn überhaupt zur Übungsstunde hin», war ihre erste Frage. «Na, mit dem Bus», wollte ihr Vater schon antworten, ehe er sich erinnerte, wie mühselig die letzte Fahrt mit dem Bus gewesen war. Alleine war das für Jenny nicht zu schaffen, und Niederflurbusse fuhren nicht zur Turnhalle. «Die S-Bahn wäre schon geeignet, wenn die nächste Station nicht so weit entfernt wäre», warf die Mutter ein.

Als letzte Möglichkeit blieb Familie M. nur der Griff zum Telefon. Ein Fahrdienst könnte die Lösung sein, über die Kosten müßte man dann mit der Krankenkasse sprechen. «Aber Sie haben doch bestimmt ein Fahrzeug in der Familie», hörte Jennys Vater sein Gegenüber am Telefon reden. «Ja, das stimmt. Aber zum Beginn der Übungsstunde bin ich noch nicht von der Arbeit wieder zu Hause.» – «Beim Transport müßte dann auch eine Begleitperson mitfahren», hieß es weiter. «Kein Problem», meinte Jennys Vater, «da könnte einer von ihren Freunden mitfahren.» «Das geht auf gar keinen Fall», tönte es vom anderen Ende der Leitung. Die Argumente gegen die Bewilligung schienen endlos, und langsam begannen Jennys Eltern zu verzweifeln. Erst als Vater M. die Presse ins Spiel brachte und mit einer Veröffentlichung drohte, bot die «Gegenseite» an, bei Stillschweigen könnte eine Ausnahmeregelung gefunden werden.

Regelmäßige sportliche Betätigung, da sind sich alle Experten einig, ist ein wichtiger Beitrag zur Gesundheitsvorsorge. Für behinderte Menschen spielt der Sport eine noch entscheidendere Rolle, er ist wichtiger Bestandteil der Therapie und der Nachsorge geworden. Laut Sozialgesetzbuch § 43, Gesetzliche Krankenversicherung, *kann* die Krankenkasse (oder ein anderer Kostenträger) ärztlich verordneten Rehabilitationssport fördern. Das tut sie in den überwiegenden Fällen durch eine Bezuschussung der Fahrtkosten bei Fahrten mit dem eigenen Wagen. Was machen aber Kinder und Jugendliche (oder auch Erwachsene), die ja noch nicht über ein eigenes Auto verfügen? Sie sind auf öffentliche Verkehrsmittel angewiesen, die allerdings erfahrungsgemäß kaum ohne größere Probleme von ihnen genutzt werden können. Haben die Eltern nicht die Möglichkeit, ihre Kinder regelmäßig zum Sport zu bringen, bleibt nur der Weg über den Fahrdienst. In größeren Städten oder Landkreisen gibt es eigene Fahrdienste. Diese werden auf Anforderung von Einrichtungen in privater Trägerschaft zur Verfügung gestellt.

Die Inanspruchnahme dieser Fahrdienste gestaltet sich aber in der Regel sehr schwierig, wie das Beispiel zeigt. Einen Rechtsanspruch darauf gibt es nicht, auf Erstattung der Kosten ebenfalls nicht. Es bleibt dem Verhandlungsgeschick der Eltern und dem Ermessensspielraum der Sachbearbeiter der Kostenträger überlassen, ob Kinder wie Jenny regelmäßig den Fahrdienst nutzen können.

Behindertengerechte Sportangebote, gerade für Kinder und Jugendliche, gibt es nicht an jeder Ecke. Es fehlen immer noch entsprechende Räumlichkeiten. Viele und gerade auch neue Sporthallen sind trotz entsprechender Auflagen nicht immer geeignet. Es fehlen ebenerdige Zugänge, hinreichend große Toiletten und Umkleideräume. Beim Neu- oder Umbau von Sportanlagen sollten Vertreter der Behindertenverbände in der Planungsphase mit einbezogen werden.

Nach wie vor sind die Einzugsgebiete von Behinderten- und Rollstuhlsportvereinen sehr groß. Das bringt besonders für Eltern von sportbegeisterten Kindern enorme Belastungen mit sich. Bei der Neuanschaffung und dem Einsatz öffentlicher Verkehrsmittel sollten die Vorschläge der Behindertengruppen Berücksichtigung finden. Eine unbürokratische länderübergreifende Fahrdienstregelung und die Bereitschaft der Kostenträger zur vollen Kostenerstattung könnten zur weiteren Entlastung der Eltern beitragen.

Der Wunsch behinderter Kinder, ihren Bewegungsdrang und ihre sportliche Begeisterung, auch gemeinsam mit nichtbehinderten Kindern, voll ausleben zu können, darf nicht länger an der aktuellen Wirklichkeit scheitern.

Sigrid Arnade

Die Macht der Bahn ist die Geduld der Betroffenen

Ende August 1997. Im Jugendgästehaus Oberwesel am Rhein wollen sich mehr als 40 behinderte Frauen treffen, um über wirkungsvolle Vernetzungsstrategien zu beraten. Aus allen Teilen der Republik reisen sie an: natürlich aus dem Rheinland, aber auch aus München, Lübeck, Berlin und Dresden. Nicht alle können Auto fahren, und bei der drükkenden Hitze ist eine Reise mit der Bahn sowieso angenehmer.

Es gibt allerdings ein entscheidendes Problem: In Oberwesel können die rollstuhlfahrenden Seminarteilnehmerinnen den Zug nicht verlassen. Trotz mehrerer Telefongespräche vorab sah sich die Deutsche Bahn AG nicht in der Lage, einen der zwei in Koblenz befindlichen Hublifte nach Oberwesel zu transportieren. Jegliche Hilfestellung wurde von vorneherein verweigert. Statt dessen bekamen die Frauen die Auskunft, sie sollten in Koblenz oder Bingen aussteigen und von dort ein Taxi nehmen – selbstverständlich auf eigene Kosten. Eine Teilnehmerin mußte dem Taxifahrer auch die Rückfahrt bezahlen, das bedeutete: 88 Mark Taxikosten für eine Strecke.

«Hier werden behinderte Fahrgäste in unzulässiger Weise benachteiligt», kommentiert Brigitte Faber, eine der Sprecherinnen des Bundesnetzwerkes behinderter Frauen. «Das verstößt gegen das Grundgesetz, und zwar gegen Artikel 3, das Benachteiligungsverbot, und gegen Artikel 11, 7, das Recht auf Freizügigkeit.»

Für behinderte Menschen ist es meist ein mittleres Abenteuer, den bundesdeutschen Nah- und Fernverkehr zu nutzen: Erst allmählich setzen sich Niederflurfahrzeuge im Nahverkehr durch. Die Installation von Aufzügen zur U- oder S-Bahn wird häufig aus Kostengründen verschoben. Der nachträgliche Einbau wird dann teurer. Es fehlen Leitsysteme für blinde und sehbehinderte Reisende sowie optische Orientierungsmöglichkeiten für gehörlose Fahrgäste.

Ein Dauerärgernis für behinderte Reisende ist und bleibt die Deutsche Bahn: Züge ohne Behindertentoilette werden eingesetzt; ein 1996 gebauter neuer Bahnsteig auf dem Mainzer Bahnhof ist nicht zugänglich; der 1996 eingesetzte Touristik-Zug ist für rollstuhlfahrende Fahrgäste gar nicht zu benutzen.

Der Petitionsausschuß des Deutschen Bundestages hat die Deutsche Bahn AG zwar schon mehrfach aufgefordert, barrierefreien Zugang auch für behinderte Fahrgäste zu schaffen – es geschieht allerdings nur wenig. Nach wie vor gibt es an deutschen Zügen keine fahrzeuggebundenen Einstiegshilfen, die in anderen Ländern längst zum Standard gehören.

Selbst das Wirtschaftlichkeitsargument scheint die Deutsche Bahn AG nicht zu beeindrucken: Rund zwölf Prozent der Fahrgäste würden nach verschiedenen Erhebungen von barrierefreien Beförderungsmöglichkeiten profitieren. Und der Export des Intercity Express (ICE) in die USA scheiterte vor einigen Jahren unter anderem an der nicht vorhandenen Einstiegsmöglichkeit für behinderte Reisende.

Um behinderte Fahrgäste nicht länger zu benachteiligen, müssen die Betreiber des öffentlichen Personenverkehrs gesetzlich verpflichtet werden, alle Verkehrsmittel und Verkehrsflächen barrierefrei zu gestalten. Dabei sind die Bedürfnisse von mobilitätsbehinderten, seh- und hörbehinderten Menschen sowie von Personen mit geistigen Beeinträchtigungen zu berücksichtigen. Hierfür können unter Umständen angemessene Übergangsfristen eingeräumt werden.

«Mit dem Zeitfaktor kann sich bald niemand mehr herausreden», sagt Brigitte Faber. «Wir machen seit Jahren, wenn nicht Jahrzehnten auf die Mißstände aufmerksam. Ich glaube, die Macht der Bahn ist die Geduld der Betroffenen.» Fragt sich nur, wie lange noch.

EINIGKEIT UND RECHT UND FREIHEIT?

„Ich möchte nicht immer für jede Kleinigkeit tausend Anträge stellen müssen. Ich möchte auf mein Grundrecht hinweisen können, auf die Menschenrechte und das haben für meinen behinderten Sohn, was andere Eltern für ihre Kinder ganz selbstverständlich bekommen: Zugang zur Schule, zur Universität, zu Verkehrsmitteln" (Hannelore Loskill). „Eine echte Behinderung sind für uns die Behörden. Auch beim 99. Antrag muß man wieder sämtliche Bescheinigungen vorlegen, zum Beispiel über Art und Ursache der Behinderung. Und das, obwohl sich an der Behinderung ein Leben lang nichts ändert" (Tilman Kleinau).

„Niemand darf wegen seiner Behinderung benachteiligt werden." (Art. 3 Abs. 3 Grundgesetz)

Eine Initiative
der Aktion Sorgenkind und
85 Verbänden und Organisationen
der Behindertenhilfe
und -selbsthilfe.

http://www.aktion-sorgenkind.de/grundgesetz/

Aktion GRUND GESETZ

Ursula Mense

Solidargemeinschaft ade – «Gesundheitsreform» auf Kosten der chronisch kranken Rheumatiker

Für Ingrid K. ist das Leben ein fortwährender Kampf mit und um ihren Körper. Seit 27 Jahren leidet die 51jährige Frau an einer systemischen Rheumaerkrankung mit dem Namen Lupus Erythematodes. Das ist eine sogenannte Auto-Immun-Erkrankung, bei der sich der Körper selbst angreift, in ihrem Fall innere Organe: Herz, Leber, Lunge. Inzwischen sind auch die Gefäße betroffen und das Bindegewebe. Eine enorm hohe Infektanfälligkeit bescherte ihr in ihrem Leben bisher unter anderem an die 40 Lungenentzündungen. Ingrid K. wird rund um die Uhr sauerstoffbeatmet und kann sich außerhalb ihrer Wohnung nur mit fremder Hilfe fortbewegen. Keine Frage: Für sie sind Heil- und Hilfsmittel aller Art lebensverlängernd.

Mit Beginn der Gesundheitsreform am 1. Juli 1997 hat sich für Ingrid K. einiges geändert.

Die gute Nachricht: Obwohl bei ihr die sogenannte Sozialklausel nicht angewendet werden kann, weil sie über mehr als 1708 Mark brutto im Monat verfügt, sind ihre allgemeinen Zuzahlungen für Leistungen der Krankenkasse geringer geworden. Denn durch die Neuregelung der Überforderungsklausel dürfen die Kosten in ihrem Fall ein Prozent des Bruttofamilieneinkommens nicht übersteigen. Das heißt: Trotz der im allgemeinen drastisch erhöhten Zuzahlungen ist die Selbstbeteiligung für die chronisch Kranken geringer geworden. Das gilt für viele Rheumapatienten, denn der Kreis derer, die aufgrund der geänderten Prozentsätze nun die Überforderungsklausel in Anspruch nehmen werden, ist größer geworden. Allerdings müssen sie zuerst einmal nachweisen, daß sie berechtigt sind; ein Prozedere, das im Augenblick noch reichlich Verwirrung stiftet und eine finanzielle Mehrbelastung bedeutet. Denn die Patienten müssen zunächst einmal selbst für Arzneimittel oder Fahrten zahlen und Quittungen sammeln, um später ihre Auslagen bis zur gesetzlich zulässigen Selbstbeteiligung erstattet zu bekommen.

Ingrid K., die schon sehr lange chronisch krank ist, macht deshalb von einer Regelung Gebrauch, die ihr die Krankenkasse angeboten hat und die sich nach dem Willen des Gesetzgebers durchsetzen sollte. Sie zahlt zu Jahresbeginn ihren Selbstbeteiligungsbetrag an die Krankenkasse und ist damit von der Nachweispflicht befreit. Das kann aber nur funktionieren, wenn die Krankenkasse grundsätzlich geklärt hat, ob und wie jemand die Überforderungsklausel in Anspruch nehmen darf. Ein Verfahren, das sich zwei Monate nach Inkrafttreten des Gesetzes noch als äußerst schwierig erweist.

Die schlechte Nachricht: Trotz der verbesserten Überforderungsklausel zahlen chronisch Kranke wie Rheumakranke jetzt drauf. Denn bei stationären Vorsorge- und Rehabilitationsmaßnahmen müssen die Kranken nun in jedem Fall zuzahlen; mit 25 Mark (West) bzw. 20 Mark (Ost) pro Tag erheblich mehr als vorher. Außerdem verkürzte der Gesetzgeber die Dauer des Aufenthalts auf drei Wochen und verlängerte das Wiederholungsintervall auf vier Jahre. Eine Regelung, die Rheumatiker – zum Beispiel Bechterewkranke – besonders hart trifft. Sie sind dringend auf Rehabilitationskuren angewiesen, um den fortschreitenden Krankheitsprozeß zu verlangsamen. «Und einige hundert Mark zusätzlich aufzubringen ist für viele Rheumakranke kaum möglich. Wir reden schließlich nicht über Leute mit einem hohen Einkommen», sagt Silvia Wollersheim, die Geschäftsführerin der Deutschen Rheuma-Liga.

Ihre Forderung: Chronisch kranke Menschen sollten von Zuzahlungen befreit sein. Denn sie müssen wegen ihrer Erkrankung erhebliche Mindereinnahmen und krankheitsbedingte Mehrbelastungen verkraften. Zumindest müßten die Zuzahlungserhöhungen bei Reha-Aufenthalten in die Überforderungsklausel einbezogen werden. Auch möchte der Verband die übrigen nachteiligen Änderungen des neuen Gesetzes, wie etwa die 20prozentige Zuzahlung bei Einlagen und Kompressionsstrumpfhosen, nicht als «peanuts» betrachten.

Die größte Fehlleistung ist nach Auffassung der Deutschen Rheuma-Liga, daß mit der neuen Gesundheitsreform das Solidaritätsprinzip zwischen Gesunden und Kranken aufgegeben wurde. Die gesetzlichen Krankenkassen haben jetzt die Möglichkeit, Gesunden am Ende des Jahres Beiträge zurückzuerstatten, sie also quasi zu belohnen, wenn sie die Leistungen der Kasse nicht in Anspruch genommen haben. Chronisch kranke Menschen werden damit ausgegrenzt und ins soziale Abseits gedrängt.

Bereits die Basisversorgung eines Rheumatikers hat einen Umfang, der den Rahmen für vergünstigte Tarife sprengt – ganz abgesehen von den Nebenerkrankungen, die als Folge der rheumatischen Erkrankung in den meisten Fällen auftreten. Er wird also niemals in den Genuß der Vergünstigungen kommen, sondern im Gegenteil die Krankenkasse immer belasten. Offenbar gewollt sei, daß chronisch Kranke dafür jetzt zahlen. «Was ist das für ein Gesundheitssystem, das Gesunden die Beiträge erstattet, die von den chronisch Kranken durch erhöhte Zuzahlungen an die Kasse geleistet werden?» fragt Silvia Wollersheim. Das Recht auf einen Kassenwechsel bei Beitragserhöhungen diskriminiere chronisch Kranke in gleicher Weise. Denn «welche Kasse kann es sich in Zukunft noch leisten, Rheumakranke aufzunehmen»? Im Gegenteil müsse sich jede Krankenkasse an gesunden und jungen Mitgliedern orientieren.

Für die Deutsche Rheuma-Liga bleibt deshalb die Solidarität zwischen Gesunden und Kranken die Zentrale Forderung. Eine Gesundheitspolitik müsse nicht nur die Ausgaben-, sondern auch die Einnahmenseite im Auge behalten. Aus diesem Grund schlägt der Verband vor, die Beitragsbemessungsgrenze der Krankenversicherung auf das Niveau der Rentenversicherung anzuheben. Dadurch müßten mehr Menschen mit einem überdurchschnittlich hohen Einkommen in der Gesetzlichen Krankenversicherung bleiben. Beitragsvergünstigungen oder -erstattungen aber, die nur von Gesunden in Anspruch genommen werden können, darf es nicht geben.

Elke Bartz

Selbstbestimmt leben mit Assistenzbedarf – bald Utopie?

Paul T. (29) lebt in Süddeutschland. Er ist spastisch gelähmt und stark sehbehindert. Dadurch benötigt er rund um die Uhr fremde Hilfe. Für Menschen ohne Behinderung ist es selbstverständlich, ihr Leben selbstbestimmt zu gestalten. Paul T. muß um seine Grundrechte kämpfen.

Nach seiner Ausbildung zum Bürokaufmann lebte er zunächst in einer stationären Einrichtung. Mit diesem von strukturellen Zwängen eingeschränkten Leben wollte er sich nicht abfinden. Paul T. schaffte es, mit Hilfe von Zivildienstleistenden (Zivis) in eine eigene Wohnung zu ziehen und eine Halbtagsstelle in einem Büro zu bekommen. Leider war das keine Dauerlösung, mehrmals entstanden Versorgungslücken. Wenn ein Zivi krank wurde oder seine Dienstzeit beendet war, konnte die zuständige Dienststelle nicht immer sofort für Ersatz sorgen. Dadurch mußte Paul T. oft mehrere Stunden ohne die dringend benötigte Assistenz allein in seiner Wohnung verbringen. Einige Zivis ließen ihn zudem deutlich spüren, daß sie ihren Dienst nur gezwungenermaßen absolvierten. Der permanente Wechsel belastete ihn stark.

Schließlich bot sich ihm eine günstige Gelegenheit: Seine Eltern boten ihm im Nachbarkreis eine kostenlose barrierefreie Wohnung an. Diese lag auch näher bei seiner Arbeitsstelle. Das Dienstende seiner Zivis stand bevor, und die Dienststelle konnte die Einstellung neuer Zivis nicht garantieren. Wieder drohte eine Versorgungslücke. Paul T. wollte den Umzug in die neue Wohnung nutzen, seine Assistenz auf das sogenannte Arbeitgebermodell umzustellen.

Beim Arbeitgebermodell stellen assistenznehmende Menschen ihre Helferinnen und Helfer (Assistenten) in einem eigens angemeldeten Betrieb selbst ein. Die Assistentinnen und Assistenten stehen in einem normalen Arbeitsverhältnis zum behinderten Menschen. Das hat für die Assistenznehmer den Vorteil, selbst bestimmen zu können, wer, wann, wo die Assistenzleistungen erbringt. Da diese Assistenten ihre Arbeit freiwillig leisten, ist die Fluktuation zudem wesentlich geringer. Dadurch verfügen behinderte Arbeitgeberinnen und Arbeitgeber nach einer gewissen Einarbeitungszeit über speziell für ihre Bedürfnisse ausgebildetes Fachpersonal ihres Vertrauens.

Paul T. konnte nicht ahnen, welche Probleme auf ihn zukamen. Da er mit seinem Umzug den Kreis wechselte, setzte er sich frühzeitig mit dem künftig zuständigen Sozialamt in Verbindung. Er wollte die Finanzierung des Arbeitgebermodells sichern, bevor er Assistenten einstellte. Der zuständige Sachbearbeiter antwortete auf seine Anfrage: «Ziehen Sie erst einmal in unseren Kreis. Vorher sind wir nicht zuständig und können keine Auskunft erteilen.»

Wenige Tage vor seinem Umzug teilte Paul T. seinem Sachbearbeiter mit, daß er ab der nächsten Woche im Kreis wohnen würde. Der Kommentar: «Prima, dann kann ich Ihnen gleich sagen, daß wir die Kostenübernahme für die Assistenten ablehnen.» Paul T. war wie vor den Kopf geschlagen. Er hatte zwischenzeitlich drei Assistenten eingestellt, die ihm in der neuen Wohnung die lebensnotwendigen Assistenzleistungen erbringen sollten. Diese erwarteten nach dem ersten Dienstmonat natürlich ihren vereinbarten Lohn. Paul T. verfügte nicht über eigenes Vermögen, um diese Löhne zahlen zu können.

Er beauftragte einen Rechtsanwalt mit der Wahrnehmung seiner Rechte. Dieser forderte zunächst einen rechtsmittelfähigen Bescheid. In diesem Bescheid wollte die Behörde die Kostenübernahme auf die Höhe der durch die Zivis entstandenen Kosten begrenzen. Die Begründung lautete, die höheren Kosten für das Arbeitgebermodell aus Gründen der Verhältnismäßigkeit nicht tragen zu müssen. Es sei ihm durchaus zuzumuten, weiterhin die Assistenz von Zivis in Anspruch zu nehmen. Wenn er das nicht wolle und mit der bewilligten Summe seine Pflege nicht sicherstellen könne, müsse er sich nach einem Heimplatz umsehen.

Gegen diesen Bescheid legte der Rechtsanwalt Widerspruch ein. Dem Widerspruch wurde nicht stattgegeben. Da sich Paul T. für die Zahlung der Löhne hoch verschuldete, beantragte sein Anwalt eine einstwillige Anordnung. Die Behörde hatte bis zu diesem Zeitpunkt nicht einmal die bis dahin bewilligte Summe überwiesen.

Paul T. bat die zuständige Finanzbehörde um Stundung der zu leistenden Lohnsteuerbeträge, bis sich seine Situation geklärt habe. Die Behörde reagierte mit der Androhung eines Säumniszuschlages.

Paul T., sein Anwalt, Mitarbeiter des Sozialamtes und der zuständige Richter trafen sich zu einem Gespräch. Paul T. konnte zum Glück nachweisen, daß ihm eine Heimeinweisung nicht zuzumuten ist. Außerdem legte er den Kostenvoranschlag eines ambulanten Dienstes für eine «Rund-um-die-Uhr»-Versorgung vor. Die Kosten des ambulanten Dienstes hätten die des Arbeitgebermodells um das 2,5fache überstiegen. Als Paul T. zusätzlich nachwies, daß ein weiterer ambulanter Dienst die Versorgung mit «billigen» Zivis nicht gewährleisten kann, sagte die Behörde schließlich die Kostenübernahme für die selbsteingestellten Assistenten zu.

Paul T. hatte Glück. Er hatte genug Mut zu kämpfen und einen sehr guten Rechtsanwalt. Er war in eine Behördenfalle geraten: Zunächst muß der Bedarf geschaffen sein, dann erst kann eine Behörde mittels eines Bescheides auf einen entsprechenden Antrag reagieren. Die Zeit der Antragsbearbeitung sowie eines eventuellen Widerspruchs- oder gar Klageverfahrens zu überbrücken, stellt für viele ein nahezu unüberwindbares Hindernis dar. Menschen, die auf Assistenz angewiesen sind, benötigen diese ständig. Sie können auf lebensnotwendige Hilfeleistungen nicht bis zur Kostenbewilligung verzichten.

Paul T. hatte weiterhin Glück, da für ihn der (von seinem Sozialamt geflissentlich «übersehene») § 143 Bundessozialhilfegesetz (BSHG) gilt. Dieser Paragraph beinhaltet einen Besitzstandsschutz für alle, die schon vor dem 27. 6. 96 ambulante Hilfen erhielten. Seit im Juni 1996 der § 3 a BSHG geändert wurde, dürfen erstmals stationäre mit ambulanten Kosten für eine Assistenz miteinander verglichen werden. Da Paul T. schon vor dem 27. 6. 96 ambulante Hilfen bekam, gilt für ihn weiterhin der alte § 3 a BSHG. Sein Sozialamt hätte ihn also nicht auf eine stationäre Unterbringung verweisen dürfen. Lediglich ein Kostenvergleich zwischen verschiedenen ambulanten Möglichkeiten wäre zulässig gewesen.

Auch heute können Menschen nicht nur wegen der Höhe der Assistenzkosten ohne weiteres in Einrichtungen eingewiesen werden, da der Gesetzgeber eine «Zumutbarkeitsklausel» in den neuen § 3 a BSHG einbaute. Dieser besagt, daß auch die persönlichen, familiären und örtlichen Verhältnisse angemessen berücksichtigt werden müssen. Aber nicht alle haben Kraft, Mut, Sachkenntnis und die finanzielle Ausdauer, solche langwierigen Verfahren durchzustehen. Selbst Rechtsanwälte kennen sich oft nicht ausreichend in der jeweils aktuellen Gesetzgebung aus, wie die Erfahrungen Betroffener immer wieder zeigen. Das Beratungsangebot ist noch viel zu schlecht ausgebaut. Behörden informieren meistens nach dem Kostenaspekt. Beratung von behinderten für behinderte Menschen (*peer counseling*) kennen viel zu wenig Ratsuchende.

Ein weiteres gravierendes Problem ist die Bürokratie. So argumentieren Sozialbehörden gerne, man könne der Gesellschaft die Kosten für das Arbeitgebermodell nicht zumuten, wenn eine stationäre Unterbringung billiger sei. Dabei wird jedoch nur bis zum «eigenen Tellerrand» geblickt. Durch Subventionen beim Bau der Einrichtungen und weitere Zuschüsse für die Instandhaltung sowie andere private und öffentliche Förderungen werden die Kosten für einen Wohnheimplatz auf den ersten Blick niedrig gehalten. Vergleicht man jedoch die gesamte «Belastung» für die Gesellschaft, fällt die Bilanz eindeutig zugunsten des Arbeitgebermodells aus. Behinderte Arbeitgeberinnen und Arbeitgeber schaffen Arbeitsplätze und bieten individuelle, im Einzelfall flexible Arbeitszeiten. Dadurch fließen Steuern und Sozialversicherungsbeiträge in die jeweiligen Kassen.

Alleine die Tatsache, daß eine Pflegestunde in einer Einrichtung gut dreimal soviel wie beim Arbeitgebermodell kostet, spricht für sich. Die höheren Kosten bei den ambulanten Diensten resultieren aus der Verpflichtung, Fachpflegekräfte zu beschäftigen, aus Verwaltungskosten wie Mieten, Anschaffung und Unterhalt von Dienstfahrzeugen und vielem anderen mehr.

Bei allen Gegenüberstellungen von Kostenbeispielen wurde das wichtigste außer acht gelassen: Die Menschenwürde ist unantastbar. Die Grundrechte gelten auch für Menschen mit Assistenzbedarf. Sie dürfen nicht dem Sparzwang zum Opfer fallen. Auch Menschen mit Behinderungen haben das Recht auf Teilnahme am öffentlichen Leben. Das bedeutet in diesem Zusammenhang: Sie müssen selbstbestimmt zwischen verschiedenen akzeptablen Wohnformen wählen können.

Bis Ende 1996 stand ein Leistungsgesetz für Menschen mit Behinderungen zur Debatte. Dieses sollte in ein eigenes Sozialgesetzbuch, das SGB IX, eingebunden werden. Darin hätten alle Leistungen verankert werden können. Leider lassen die restriktiven Kürzungen in allen Bereichen, die schon jetzt zu diskriminierenden Situationen führen, befürchten, daß ein neues Leistungsgesetz, käme es heute tatsächlich noch, nur weitere Verschlechterungen mit sich bringen würde.

In der Realität werden Menschen mit Behinderung in Zuständigkeiten der unterschiedlichsten Kostenträger aufgeteilt. Wer kann schon nachvollziehen, daß für die Bezahlung der Hilfe beim Toilettengang während der Arbeitszeit ein anderer Kostenträger zuständig ist als zu Hause? Welcher nichtbehinderte Mensch würde sich vorschreiben lassen, wie lange der Toilettengang dauern, wann und wie oft er stattfinden darf? Wem wird ein Leben nach Modulen, wie in der Pflegeversicherung, zugemutet? Nichtbehinderte Menschen würden sich, zu Recht, gegen diese menschenunwürdige Behandlung wehren.

Natürlich sind Leistungen aus der Sozialhilfe nachrangig. Der Vorrang zum Beispiel einer Haftpflichtversicherung bei Unfallfolgen ist nachvollziehbar. Nicht nachvollziehbar sind die Unterscheidungen von Eingliederungshilfen, Hilfen zur Pflege, im Haushalt, in Ausbildung und Beruf. Alleine der zeitliche Bedarf an Assistenzleistungen muß ausschlaggebend sein.

Assistenz bedeutet lebensnotwendigen Nachteilsausgleich und nicht Bevorzugung. Daher fordern Menschen mit Behinderungen ihre Anerkennung als unteilbare Personen, die weder in Leistungsmodule noch in Zuständigkeiten von Kostenträgern aufgeteilt werden dürfen. Sie fordern die Bewilligung der Assistenzleistungen im tatsächlich benötigten Umfang. Diese Leistungen dürfen nicht auf den medizinischen Bereich begrenzt werden, sondern müssen ebenso die gleichberechtigte Teilnahme am Leben in der Gesellschaft ermöglichen. Verschiedene Alternativen der Assistenznahme müssen zur Verfügung stehen, damit jeder assistenznehmende Mensch sein Leben nach eigenen Fähigkeiten und Bedürfnissen, dem Grundgesetz entsprechend, in Selbstbestimmung gestalten kann.

Peter Dietrich

Privater Versicherungsschutz für Behinderte – nur bei British Lloyds?

Für viele Menschen gehört zu einer angemessenen Gesundheitsvorsorge auch eine Krankenhauszusatzversicherung. So dachte auch Familie B. und wollte für ihren geistig behinderten Sohn Michael bei ihrer privaten Krankenkasse eine solche Versicherung abschließen. Damit sollte im Falle eines Krankenhausaufenthalts die Unterbringung in einem Ein- oder Zweibettzimmer ermöglicht werden. Familie B. war seit vielen Jahren Mitglied bei dieser Gesellschaft. Auch ihr Sohn Michael, der nach einer Infektionskrankheit im Kleinkindalter mit einer geistigen Behinderung lebt, war von klein auf dort versichert gewesen, bis er mit Beginn seiner Beschäftigung in einer Werkstatt für Behinderte in die gesetzliche Pflichtversicherung wechseln mußte. Jetzt weigerte sich die Gesellschaft, Michael B. wieder aufzunehmen.

Frau B. bestand auf einer Erklärung. In einem Schriftwechsel verwies die Gesellschaft auf interne Beurteilungs- und Annahmerichtlinien, die sie jedoch nicht offenlegen wollte. Auf die gesundheitlichen Umstände, die für die Antragsablehnung maßgeblich seien, so die Gesellschaft, wolle sie nicht im einzelnen eingehen, denn, so wörtlich: «Wir liefen ständig Gefahr, in das zwischen Arzt und Patient bestehende Vertrauensverhältnis einzugreifen, wenn wir aus unserer Sicht zum Krankheitsgeschehen gegenüber dem Patienten Stellung nehmen würden.» Gerade die «gesundheitlichen Umstände» ihres Sohnes aber boten nicht den geringsten Anhaltspunkt für ein gesteigertes Erkrankungsrisiko: die einzige nennenswerte «Erkrankung» während des mehr als 20jährigen Versicherungsverhältnisses war eine Blinddarmoperation in der Kindheit gewesen.

Die Versicherung kümmerte das nicht. Sie hatte ganz eigene Ansichten: Für sie war gerade der Wunsch der Eltern, für ihren Sohn eine Zusatzversicherung abzuschließen, Indiz für ein erhöhtes Risiko. «In diesem Wunsch, das finanzielle Risiko eines Krankenhausaufenthalts ihres Sohnes abzusichern», erklärte das Versicherungsunternehmen, «spiegelt sich aber auch wider, daß die Eltern selbst ein erhöhtes Risiko durch die besonderen Bedürfnisse ihres Sohnes erkannt haben.» Und dieses Risiko hielt das Unternehmen für unkalkulierbar. Es verwies in diesem Zusammenhang auf British Lloyds mit der Bemerkung: «Wie Ihnen sicherlich bekannt ist, kann dem Grunde nach jedes noch so extravagante Risiko, sofern es auch nur irgendwie halbwegs einschätzbar ist, versichert werden. Hierfür stellen sich insbesondere englische Versicherer wie British Lloyds zur Verfügung. Dies ist nur eine Frage des Preises.»

Der geschilderte Fall ist authentisch und steht bei weitem nicht allein. Die Diskriminierung behinderter Menschen findet im gesamten Versicherungswesen statt. Dies geschieht teilweise durch interne Richtlinien von Versicherungsgesellschaften, die auch auf Verlangen nicht offengelegt werden, teilweise aber auch ganz offen in den allgemeinen Versicherungsbedingungen. So werden in den Unfallversicherungsbedingungen pflegebedürftige Personen und Menschen mit geistiger Behinderung schlicht für versicherungsunfähig erklärt. Dazu heißt es in § 3 der Allgemeinen Unfallversicherungs Bedingungen (AUB 88): «Nicht versicherbar und trotz Beitragszahlung nicht versichert sind dauernd pflegebedürftige Personen sowie Geisteskranke.» Während sich Unfallversicherer mit dem Hinweis auf diese Bedingung «leider außerstande sehen», eine Versicherung abzuschließen, ziehen sich Krankenversicherungen häufig auf ihre Beurteilungs- und Annahmerichtlinien zurück und berufen sich letztlich auf den privatrechtlichen Grundsatz der Vertragsfreiheit.

Dieser Grundsatz – so eine norddeutsche private Krankenversicherung – gebe dem einzelnen Unternehmen die Möglichkeit zu entscheiden, ob überhaupt und mit wem ein Vertrag zustande komme. Entlarvend ist die Stellungnahme eines Versicherungsunternehmens gegen den Vorwurf, Menschen mit geistiger Behinderung in diskriminierender Weise auszugrenzen, wenn es ganz offen heißt: «Für uns stellt sich gar nicht die Frage, ob bestimmte Gruppierungen in diskriminierender Weise ausgegrenzt werden sollen. Letztendlich dreht es sich in unserer Diskussion doch um die Frage, ob wir zu dem vorgegebenen Preis des Versicherungsschutzes denselbigen für Personen mit Hirnerkrankungen oder -schädigungen anbieten können oder nicht.»

Das Bundesaufsichtsamt für das Versicherungswesen sieht in dem behinderte Menschen diskriminierenden Geschäftsgebaren vieler privater Versicherungsgesellschaften keinen Grund zu Beanstandung. Eine Einschränkung des Grundsatzes der Vertragsfreiheit im Bereich des Versicherungsschutzes bestehe nur in der Pflichtversicherung der Kraftfahrzeug-Haftpflichtversicherung, ließ es verlauten. Darüber hinaus stehe es jedem Versicherer frei, durch interne Richtlinien zu bestimmen, welches Risiko er bereit sei zu versichern.

Die oft von den Versicherungsunternehmen vorgebrachte Ansicht, Menschen mit geistiger Behinderung trügen ein höheres Erkrankungsrisiko als nicht behinderte Menschen, beruht auf Unkenntnis. Bei geistigen Behinderungen handelt es sich in den meisten Fällen um bleibende Beeinträchtigungen aufgrund hirnorganischer Schädigungen durch Sauerstoffmangel vor oder während der Geburt oder um genetische Veränderungen wie das Down-Syndrom. Im Regelfall dürfte die Krankheitshäufigkeit dieser Menschen kaum höher einzustufen sein als die von nichtbehinderten Menschen.

Die pauschale Ablehnung, Menschen mit geistiger Behinderung zu versichern, hat diskriminierenden Charakter, weil eine ganze Gruppe von Menschen allein wegen des gemeinsamen Merkmals der geistigen Behinderung von einem Versicherungsschutz ausgeschlossen wird, der für nichtbehinderte Menschen selbstverständlich zu haben ist. Das Argument des nicht einschätzbaren und daher nicht versicherbaren Erkrankungsrisikos mutet um so erstaunlicher an, als dieselben Versicherer das Betreiben von Extremsportarten wie Bergsteigen oder Drachenfliegen, ebenso das Rauchen offenbar nicht als risikoerhöhenden Faktor sehen. Es soll jedoch nicht verschwiegen werden, daß sich vereinzelt auch Versicherungsunternehmen finden, die offenbar das Versicherungsrisiko von Menschen mit geistiger Behinderung realistischer einschätzen und durchaus bereit sind, Versicherungsschutz anzubieten.

Der in unserer Rechtsordnung verankerte Grundsatz der Vertragsfreiheit – auf den sich Versicherungsunternehmen gern berufen – darf nicht als Rechtfertigung von offenkundiger Diskriminierung behinderter Menschen hingenommen werden. Es muß verlangt werden, daß der Begriff der «versicherungsunfähigen Personen» in den Versicherungsbedingungen nicht mehr zulässig ist. Das Merkmal «pflegebedürftig» oder «geistig behindert» ist in seiner generalisierenden Weise als Kriterium für einen das Versicherungsrisiko erhöhenden Umstand untauglich.

Wenngleich die Vertragsfreiheit als Ausfluß der Privatautonomie nicht in Frage gestellt werden soll, so ist dennoch zu prüfen, inwieweit das Benachteiligungsverbot aus Art. 3 Abs. 3 des Grundgesetzes (GG) eine Handhabe bietet oder durch Rechtsfortbildung eine solche entwickelt werden kann, um die vielfach durch keinen sachlichen Grund gerechtfertigte Benachteiligung behinderter Menschen im Privatrechtsverkehr zu sanktionieren. Die Auswirkung auf den Privatrechtsverkehr darf jedoch nicht überschätzt werden. Das als Grundrecht behinderter Menschen ausgestaltete Benachteiligungsverbot ist unmittelbar nur für den Staat und dessen Institutionen bindend. Obwohl die Grundrechte im Privatrechtsverkehr keine unmittelbare Geltung haben, wirken sie dennoch mittelbar auf die Rechtsbeziehungen zwischen den Bürgern ein. Diese sogenannte Ausstrahlungswirkung der Grundrechte erfolgt über die Generalklauseln der Gesetze, die den Privatrechtsverkehr regeln, etwa über das Bürgerliche Gesetzbuch (BGB). Hiernach könnte dem Benachteiligungsverbot eine Bedeutung in den Fällen zukommen, wo während bereits laufender Versicherungsverträge eine körperliche oder geistige Behinderung eintritt. Nach den Versicherungsbedingungen erlischt nämlich in solchen Fällen der Versicherungsschutz. Hierin könnte ein Verstoß gegen § 9 Abs. 1 des Gesetzes über die allgemeinen Geschäftsbedingungen (AGBG) gesehen werden, denn dort heißt es: «Bestimmungen in allgemeinen Geschäftsbedingungen sind unwirksam, wenn sie den Vertragspartner des Verwenders entgegen den Geboten von Treu und Glauben unangemessen benachteiligen.» Dieses ist eine der erwähnten Generalklauseln, bei deren Auslegung die Gerichte auch die im Grundgesetz zum Ausdruck gekommenen Wertentscheidungen unserer Rechtsordnung zu beachten haben. Und zu diesen Wertentscheidungen zählt auch das Benachteiligungsverbot aus Art. 3 Abs. 3 GG. Daher böte diese Verfassungsnorm eine geeignete Rechtsgrundlage für die Rechtsprechung, um mit Blick auf Art. 3 Abs. 3 GG die Bestimmung in den Versicherungsbedingungen für laufende Verträge wegen Verstoßes gegen § 9 Abs. 1 AGBG für unwirksam zu erklären. Ob dies geschieht, bleibt jedoch abzuwarten.

Bei einem etwas gewagten Ausblick könnte im Zuge einer Antidiskriminierungsgesetzgebung auch an ein generelles Benachteiligungsverbot von behinderten Menschen als Grundsatz für alle Vertragstypen gedacht werden. Eine solche Regelung besteht bereits in § 611 a BGB für den Bereich des Arbeitsrechts. Danach ist die Benachteiligung wegen der Geschlechtszugehörigkeit bei der Begründung eines Arbeitsverhältnisses mit einer Entschädigungspflicht des Arbeitgebers in Höhe von drei Monatsgehältern belegt. Die Sanktionierung von diskriminierenden Verhaltensweisen im Privatrechtsverkehr ist unserer Rechtsordnung insofern gar nicht so fremd, wie es auf den ersten Blick erscheinen mag. Ein generelles Benachteiligungsverbot in Anlehnung an § 611 a BGB stellte keinen Verstoß gegen den Grundsatz der Vertragsfreiheit dar, verlangte allerdings von den Versicherungsunternehmen einen nachprüfbaren sachlichen Grund für die Ablehnung eines Versicherungsantrags.

Heike Zirden

«Mensch, die sind doch verrückt!»

Für die Anerkennung von Zwangssterilisierten und Euthanasie-Opfern als rassisch Verfolgte des NS-Regimes

Heute, mit 75 Jahren, ist Klara N. oft müde. Seit 1971 streitet sie für die Rechte von zwangssterilisierten und euthanasiegeschädigten Menschen des NS-Regimes, sucht sie aus ihrer Isolation zu befreien, in Gesprächskreisen das Selbstwertgefühl der Betroffenen und das Vertrauen in die Mitmenschen wiederherzustellen. Es ist ein Kampf gegen die Zeit: «Viele nehmen ihren Gram und Kummer mit ins Grab.»

Klara N. war 17, als sie 1940 eine Treppe herunterfiel und in einem 60-Betten-Schlafsaal der psychiatrischen Klinik in Neustadt wieder aufwachte. Drei Monate wurde sie in der Klinik festgehalten, bis sie von ihrer Mutter nach Hause geholt werden konnte.

Inzwischen war ihr zwei Jahre jüngerer Bruder Gustav, der wegen einer «fieberhaften rheumatischen Erkrankung mit Angina» (so die später aufgefundenen Gerichtsprotokolle) in die Heil- und Pflegeanstalt Eickelborn eingewiesen worden war, in die Berliner Charité verlegt worden. Dort wollte Klara ihn besuchen: «Bei der Anmeldung sagte man mir, ich müßte eine Aufenthaltsgenehmigung haben und sollte mich in den Warteraum setzen. Es waren sehr viele Patienten da, die behandelt werden wollten, und ich wartete mehrere Stunden. Ich meldete mich und fragte nach, wie lange es noch dauert, denn ich müßte ja auch wieder nach Hause. Aber statt der Genehmigung für den Besuch kamen zwei Pfleger und brachten mich in die geschlossene Abteilung. Dort war ich einige Monate und habe schreckliche Erinnerungen. Auf der Station waren Frauen, die nach Probeuntersuchungen starben. Große Angst begleitete mich, und die Ungewißheit, was wird, läßt sich nicht in Worte fassen.»

Mehrere Monate verbrachte Klara hinter verschlossenen Türen, vergitterten Fenstern, ohne Kontakt nach außen. Viele Untersuchungen mußte sie über sich ergehen lassen. Endlich, im Sommer 1940, wurden sie und ihr Bruder entlassen. Während Klara in einem großen Berliner Verlag eine Anstellung in der Buchbinderei fand, arbeitete ihr Bruder als Gärtner.

Anfang des Jahres 1941 erhielten die Geschwister eine Einladung zum Erbgesundheitsgericht. Nicht ahnend, was auf sie zukommen könnte, meldeten sie sich. Die «Diagnose» war zugleich ein Urteil: Klara und Gustav N. seien angeblich «schizophren». «Es war eine kurze Verhandlung. Nach der Aufnahme unserer Personalien wurden wir vor die Entscheidung gestellt: Psychiatrie oder Operation, das heißt Zwangssterilisation. Wir wollten auf keinen Fall wieder eingesperrt werden, denn wir wußten nicht, ob wir das überlebt hätten. Wir hatten gesehen, daß viele Menschen in der Heilanstalt starben.»

Kurze Zeit später wurden die beiden operiert. «Ich kann mich erinnern, daß mein Bruder zu mir sagte: ‹Mensch, die sind doch verrückt. Wenn der Krieg vorbei ist, dann helfen wir uns schon.›»

Dazu allerdings kam es nicht mehr, denn Gustav starb schon 1942 als Soldat in Holland. Er wurde keine 18 Jahre alt.

Die Geschichte der Klara N. ist durchaus kein Sonderfall. Das am 14. Juli 1933 von den Nazis im Reichstag verabschiedete «Gesetz zur Verhütung erbkranken Nachwuchses» ebnete den Weg zu zahlreichen Zwangssterilisationen. Es war das erste Rassengesetz der Nazis. Bis 1945 wurden 350000 bis 400000 Menschen sterilisiert. Historiker gehen davon aus, daß etwa fünf- bis sechstausend Frauen und rund sechshundert Männer an den Eingriffen starben. Als «erbkrank» galt, wer an folgenden «Krankheiten» litt:

a) angeborener Schwachsinn,
b) Schizophrenie (Spaltungsirresein),
c) zirkuläres (manisch depressives) Irresein,
d) erbliche Fallsucht,
e) erblicher Veitstanz,
f) erbliche Blindheit,
g) erbliche Taubheit,
h) schwere erbliche körperliche Mißbildung, z. B. Knochenbrüchigkeit, Zwergwuchs, Spalthand, Spaltfuß, Häufung mehrerer leichterer Mißbildungen.

Für Zwangssterilisierte war der Besuch einer weiterbildenden Schule verboten. Ihnen war untersagt, einen «gesunden» Menschen zu heiraten, lernschwache Kinder erhielten keine Hilfen. Historiker haben nachgewiesen, daß die Mehrheit der erfaßten zwangssterilisierten

Menschen nicht erbkrank war. Diagnosen wurden, wie bei Klara N., willkürlich zugrunde gelegt.

Die Praxis der Zwangssterilisation war Ergebnis einer fanatischen Rassenpolitik der Nazis. Programmatisch hatte Hitler in «Mein Kampf» formuliert: «Es ist im übrigen die Aufgabe eines völkischen Staates, dafür zu sorgen, daß endlich eine Weltgeschichte geschrieben wird, in der die Rassenfrage zur dominierenden Stellung erhoben wird.» Die Ziele des «Erbgesundheitsrechts» wurden in juristischen Zeitschriften ausführlich dargelegt: «Ziel der dem deutschen Volk artgemäßen Erb- und Rassenpflege ist eine ausreichende Zahl erbgesunder, für das deutsche Volk rassisch wertvoller kinderreicher Familien zu allen Zeiten. Der Zuchtgedanke ist Kerngehalt des Rassengedankens.» (Ingo Müller in: «Furchtbare Juristen») Und: «Es muß in der Rassenhygiene immer der Grundsatz gelten, lieber einmal zuviel als zuwenig sterilisieren.» (Hilpert)

Das Erbgesundheitsrecht reichte den Nazis indessen noch nicht aus. Am 1. September 1939 ordnete Adolf Hitler mit einem persönlichen Erlaß die sogenannte «Euthanasie» an. Unter dem Deckmantel des «Gnadentodes» wurden bis Mitte 1941 70000 Menschen durch Gas getötet. Doch auch nach dem offiziellen Abbruch des «Euthanasie»-Programms ging die Ermordung von Menschen mit Behinderungen oder psychischen Krankheiten weiter: Durch Hunger, Überdosierungen von Medikamenten und Nichtbehandlung von Krankheiten wurden bis Kriegsende Tausende von Menschen in psychiatrischen Anstalten getötet.

Es gibt nur wenige Überlebende dieser Euthanasie-Maßnahmen. Einer von ihnen ist Karl F., der aufgrund von Depressionen in der Rekrutenausbildung bei der Marine als dienstunfähig entlassen wurde. Durch Denunziation einer Nachbarin wurde er von einem Nervenarzt in die Heil- und Pflegeanstalt Schleswig-Stadtfeld eingewiesen. Dort wurde er mit einer Schockbehandlung «therapiert» und 1936 zwangssterilisiert. Nach einem Aufenthalt im Universitätskrankenhaus Eppendorf und der Pflegeanstalt Langenhorn kam Karl F. im Januar 1944 mit einem Sammeltransport in die Tötungsanstalt Meseritz-Obrawalde. «Mein Leben wurde damit als vollkommen unwert abgestempelt.» Unterwegs stellte sich heraus, daß die Fahrt in den Tod gehen sollte. «Mein Glück war, daß man mich zur Arbeit einteilte. Die eigenen Kräfte wurden weit überfordert. Es war aber die einzige Überlebenschance, denn sobald man nicht mehr arbeiten konnte, kam man in die Mordmaschinerie.» Fast der gesamte «Transport» aus Langenhorn von ca. 100 bis 200 Menschen wurde getötet, um Platz zu schaffen für die fortlaufend neu ankommenden Transporte. Über 10000 Menschen wurden in Meseritz-Obrawalde ermordet. Als mit dem Einmarsch sowjetischer Truppen das Anstaltspersonal die Flucht ergriff, konnte sich Karl F. retten. Es folgten zehn Jahre, in denen er aufgrund der erlittenen Traumata und der Schwerstarbeit arbeitsunfähig war.

Weder Klara N. noch Karl F. wurden nach dem Krieg als Verfolgte des NS-Regimes anerkannt. Karl F. stellte 1947 und 1955 Wiedergutmachungsanträge, die beide mit der Begründung abgelehnt wurden, seine Verfolgung sei nicht politisch motiviert gewesen. Im Juli 1957 wurde auch der Antrag auf die Annullierung des Urteils des Erbgesundheitsgerichts, bei dem «Schizophrenie» diagnostiziert worden war, abgelehnt. Bei seinem Rentenantrag 1979 bei der Seekasse fehlten etliche Jahre durch die Zwangsmaßnahmen des «Dritten Reiches». Karl F. wurde mitgeteilt, daß es hierfür keinen Ausgleich geben könne, da er «nicht Opfer des Faschismus» sei.

Auch Klara N. erhielt 1974 von der zuständigen Oberfinanzdirektion den Bescheid, ihr sei durch die Zwangssterilisation und ihre Folgen ein «immaterieller Schaden» entstanden, der nicht als NS-Unrecht entschädigt werden müsse.

Das Bundesentschädigungsgesetz (BEG), das den rassisch Verfolgten des NS-Regimes Wiedergutmachung gewährt, gilt für euthanasiegeschädigte und zwangssterilisierte Menschen nicht. Im BEG heißt es: «Anspruch auf Entschädigung nach dem Gesetz hat, wer in der Zeit vom 30. Januar 1933 bis zum 8. Mai 1945 (Verfolgungszeit) wegen seiner gegen den Nationalsozialismus gerichteten politischen Überzeugung, aus Gründen der Rasse, des Glaubens oder der Weltanschauung (Verfolgungsgründe) durch nationalsozialistische Gewaltmaßnahmen verfolgt worden ist und hierdurch Schaden an Leben, Körper, Gesundheit, Freiheit, Eigentum, Vermögen oder in seinem beruflichen und wirtschaftlichen Fortkommen erlitten hat (Verfolgter).» Obwohl die Opfer von «Euthanasie» und Zwangssterilisation durch die Rassenpolitik der Nazis psychisch, physisch und materiell geschädigt wurden, blieben alle Bemühungen um Rehabilitation oder Entschädigung der Betroffenen für lange Zeit erfolglos. Bis heute sind die Betroffenen den anerkannten NS-Verfolgten nicht gleichgestellt.

Obwohl Zwangssterilisation und Euthanasie im medizinischen und juristischen Schrifttum des Dritten Reiches nachweisbar ideologisch, politisch und rassistisch begründet wurden, vertrat man in den ersten Jahrzehnten nach dem Krieg die Auffassung, das «Erbgesundheitsgesetz» sei kein typisch nationalsozialistisches Gesetz gewesen, da es auch in anderen Ländern ähnliche Gesetze gegeben habe und auch in der Weimarer Republik entsprechende Gesetzesvorlagen diskutiert worden seien. Konzediert wurden lediglich gerichtliche Fehlentscheidungen, vor allem wegen unzutreffender Diagnosen in geringem Umfang. Die Gewaltmaßnahmen bei der Durchführung der Zwangssterilisation und «Euthanasie» wurden außer acht gelassen, ebenso ihr Ausmaß: während in Deutschland innerhalb von zwölf Jahren mindestens 350000 Menschen zwangssterilisiert wurden, waren es in Dänemark, Schweden und den Vereinigten Staaten innerhalb von 58 Jahren (1907–1965) 78518 Personen.

Dennoch wurde den Betroffenen eine angemessene Entschädigung vorenthalten. Der Bund der «Euthanasie»-Geschädigten und Zwangssterilisierten e. V. sieht den Grund darin, daß nach dem Krieg sowohl in den juristischen als auch in den medizinischen Schlüsselpositionen immer noch Personen saßen, die die «Rassenhygiene» des Dritten Reiches mitgetragen hatten. Darüber hinaus spielte wohl auch die Erwägung eine Rolle, Zwangssterilisierten und «Euthanasie»-Geschädigten keine Entschädigungsansprüche aus Gründen rassischer Verfolgung einräumen zu müssen. Mit der Infragestellung der Nachkriegsstrukturen ab 1968 ließ sich diese restriktive Betrachtungsweise nicht mehr aufrechterhalten. Nach intensiver Überzeugungsarbeit kam es seit 1980 zu ersten Zugeständnissen und Kurskorrekturen: So können Menschen, die im Dritten Reich zwangssterilisiert wurden, einen einmaligen Betrag von 5000 Mark erhalten, wenn sie ihre Operation glaubhaft nachweisen. Dafür müssen sie eine Vereinbarung mit der Bundesregierung unterschreiben, daß sie mit dem Geld endgültig abgefunden sind und keine weiteren Ansprüche stellen.

Nach einer Anhörung im Deutschen Bundestag 1987 hat die Bundesregierung 1988 Richtlinien über Härteleistungen an Opfer von nationalsozialistischen Unrechtsmaßnahmen im Rahmen des Allgemeinen Kriegsnachfolgegesetzes beschlossen. Danach können Zwangssterilisierte eine Beihilfe beantragen, wenn das Familieneinkommen die Notlagengrenze nicht übersteigt.

Bei anderen anerkannten NS-Verfolgten wird nach Vollendung des 60. bzw. 65. Lebensjahres ein Gesundheitsschaden zuerkannt. Ein ärztliches Attest für den Nachweis genügt. Zwangssterilisierte müssen hingegen ein fachärztliches Gutachten beibringen. Seit 1990 erhalten sie monatlich 100 Mark, wenn sie keine Beihilfen bekommen.

«Achtung und Mitgefühl» sprach die deutsche Bundesregierung den Zwangssterilisierten und ihren Angehörigen 1988 aus, der Bundesrat folgte dem Beispiel 1994. Erst jetzt wurde offiziell festgestellt, daß die Zwangssterilisation und «Euthanasie»-Aktionen von 1933 bis 1945 nationalsozialistisches Unrecht waren.

Einen Gesetzentwurf zur Aufhebung von Sterilisationsentscheidungen der ehemaligen Erbgesundheitsgerichte hat das Bundesjustizministerium im Mai 1997 vorgelegt.

«Euthanasie»-Geschädigte und Zwangssterilisierte warten jedoch noch immer auf eine gerechte Entscheidung, ihre Anerkennung als NS-Verfolgte und angemessene Entschädigungen. Der Bund der «Euthanasie»-Geschädigten und Zwangssterilisierten fordert:

- die volle Anerkennung als rassisch Verfolgte des NS-Regimes und damit Gleichstellung mit dem in § 1 BEG genannten Personenkreis;
- bis zum Vollzug der vorstehenden Forderung: Gleichbehandlung bei Beweiserbringung für laufende Beihilfen mit den anderen Verfolgtengruppen;
- Nichtberücksichtigung des Familieneinkommens, lediglich Berücksichtigung des Eigeneinkommens bei Anträgen aus dem Härteausgleich für «Euthanasie»-Geschädigte.

Klara N., die seit 1971 für ihre Rechte kämpft und 1987 den «Bund der ‹Euthanasie›-Geschädigten und Zwangssterilisierten e. V.» gründete, hat als Zeichen des Vereins eine zerstörte Taschenuhr gewählt. Im Wettlauf mit der Gerechtigkeit ist das ein passendes Symbol: Lebten 1971 noch rund 250000 zwangssterilisierte Menschen in der Bundesrepublik, waren es nach einer groben Schätzung des Statistischen Bundesamtes vom April 1996 nur noch etwa 55000 unmittelbar Betroffene im vereinigten Deutschland. 195000 Entschädigungen hat die Bundesrepublik Deutschland schon gespart. Die Zeit läuft ...

„NIEMAND DARF WEGEN SEINER BEHINDERUNG BENACHTEILIGT WERDEN.“ ART. 3 ABS. 3 GG.

Seit dem 15. November 1994 ist dieser Satz im Grundgesetz verankert. Dennoch hat sich die Lebenssituation behinderter Menschen in unserer Gesellschaft in den vergangenen Jahren eher verschlechtert. Die Diskrepanz zwischen Verfassungsanspruch und Lebensrealität wächst in vielen Bereichen: Neben den sichtbaren Barrieren, die den Zugang zu Gebäuden und Verkehrsmitteln verwehren, gibt es vielfältige versteckte Barrieren – ausgrenzende und entmündigende gesetzliche Regelungen, die Unterdrückung selbstbestimmter Lebens- und Arbeitsformen, der gesellschaftliche Umgang mit behinderten Menschen, die Einstellung nichtbehinderter Menschen ... Diese Themen wird die „Aktion Grundgesetz“ gezielt aufgreifen. Mit dieser grünen Kampagne, die überall dort aufleuchten wird, wo es etwas zu sagen gibt, aber auch dort, wo tatsächlich Barrieren bestehen. Bei uns, in unserer Gesellschaft. Achten Sie darauf.

Eine Initiative
der Aktion Sorgenkind und
85 Verbänden und Organisationen
der Behindertenhilfe
und -selbsthilfe.

http://www.aktion-sorgenkind.de/grundgesetz/

Aktion GRUND GESETZ

Peter Radtke

Der lange Marsch hat begonnen

«Wenn der lahme Weber träumt, er webe, / träumt die kranke Lerche auch, sie schwebe, / träumt die stumme Nachtigall, sie singe, / daß das Herz des Widerhalls zerspringe ...» So beginnt der deutsche Lyriker Clemens Brentano sein Gedicht «Reime» (1838), und er endet mit den Worten: «Kömmt dann Wahrheit mutternackt gelaufen, ... rennt den Traum sie schmerzlich übern Haufen ...» 125 Jahre später, am 28. August 1963, hält zu Füßen des Lincoln Memorials in Washington der farbige Menschenrechtler Dr. Martin Luther King seine historische Ansprache «I have a dream». In ihr entwirft er das Bild einer Welt der Toleranz, ohne Rassendiskriminierung. Zwischen diesen beiden Polen müssen sich unsere Überlegungen bewegen, wenn wir der Umsetzung des neugefaßten Artikels 3 des Grundgesetzes nachgehen wollen: zwischen dem Traum, der eine gefährliche Selbsttäuschung darstellt, der den Blick für die Wirklichkeit versperrt, und dem Traum einer erreichbaren Vision, sofern wir uns mit all unsern Mitteln für diese Vision einsetzen.

«Niemand darf wegen seiner Behinderung benachteiligt werden.» Dieser Satz wendet sich an Menschen und betrifft das aktive Tun oder Unterlassen einer Handlung. Selbstverständlich gibt es Benachteiligungen, die unbeeinflußbar bleiben, weil sie in der Behinderung selbst liegen. Solche Beeinträchtigungen können durch kein noch so gutes Gesetz aufgehoben werden. Wer nur ein Bein hat, wird nicht wie ein Tausendfüßler laufen können. Die nicht auf Diskriminierung durch Menschen beruhenden Einschränkungen sind ein Faktum, mit dem wir, die Betroffenen, uns arrangieren müssen. Die meisten von uns haben sich an sie gewöhnt, wie man sich daran gewöhnt, in einer Stadt zu leben, mit Geschwistern aufzuwachsen oder einem Beruf nachzugehen. Daß offensichtlich keiner glauben will, daß auch wir unser Leben genießen, daß wir es keinesfalls als nicht mehr lebenswert ansehen, gehört vielleicht zu den schlimmsten Diskriminierungen, mit denen wir konfrontiert werden.

Zugegeben, einige unter uns können nicht den Sirenenklängen widerstehen, die von Forschung und Wissenschaft, von Medizinern und Humangenetikern unaufhörlich ausgehen. Da wird ein Ende aller Benachteiligung verheißen, indem Behinderung ausgemerzt werden soll. Doch dies ist ein Traum, der fruchtlos bleiben muß, denn er verstellt die Sicht für echte Perspektiven, gaukelt eine Fata Morgana vor und kultiviert ein Bild vom Menschen, das nicht nur wirklichkeitsfremd, sondern in höchstem Maße gefährlich ist. Noch immer gilt Fredi Saals Diktum über die Akzeptanz von Behinderung: «Wer zu meiner Behinderung nicht ja sagen kann, sagt auch zu mir als Mensch nicht ja.»

Man ist nicht behindert, man wird es. Erst der Vergleich mit anderen und die hierdurch geweckte Erkenntnis von Defiziten läßt uns Behinderung als Benachteiligung empfinden. Zu Recht spricht daher das Grundgesetz nicht vom Benachteiligtsein, sondern vom Benachteiligtwerden. Unser eigentliches Problem ist weniger unsere Behinderung als unsere nichtbehinderte Umwelt. Sie reduziert uns auf unsere Schwächen, sie gestaltet unser Umfeld nach Maßstäben, die keine Rücksicht auf unsere Bedürfnisse nehmen, sie zwingt uns Normen auf, denen wir nicht entsprechen können. Dies sind die Benachteiligungen, auf welche die neue Fassung des Grundgesetzes zielt. Wären wir Betroffene unter uns, bräuchten wir vermutlich kein Benachteiligungsverbot. Nicht daß Menschen mit einer Behinderung bessere Menschen wären, doch die Erfahrung eigener Begrenztheit, die wir tagtäglich zu machen gezwungen sind, läßt uns vielleicht toleranter, verständnisvoller als andere sein.

Entspricht dies aber tatsächlich der Wirklichkeit? Diskriminieren wir nicht selbst, indem auch wir nach unterschiedlichen Behinderungsgraden werten? Die bedauerliche Hierarchisierung in den eigenen Reihen bräuchte nicht zu sein, wenn wir uns vom Vorbild vorgegebener Fremdnormen emanzipierten. Alle Menschen sind gleich, doch jene, die dem Ideal einer Person ohne Fehl und Makel entsprechen, dünken sich etwas gleicher. Der erste Schritt, Diskriminierung abzubauen, muß daher darin bestehen, unsere eigenen Vorurteile zu bekämpfen.

Vielfach hört man, der Mensch sei nun einmal, wie er ist; selbst zu benachteiligen und benachteiligt zu werden gehöre zu seinem Wesen. Eine diskriminierungsfreie Gesellschaft sei zwar ein schöner, letztlich aber doch wirklichkeitsferner Traum. Seinem Wortstamm nach geht «Traum» auf die Wurzel «Trug», «trügen» zurück; tiefenpsychologisch gesehen hingegen bezieht sich jeder Traum auf ein reales Geschehen. Der lahme Weber des Clemens Brentano kann nur vom Weben träumen, wenn er eine vage Vorstellung dessen hat, was Weben bedeutet. So sind die Träume von einem Zusammenleben ohne gesellschaftliche Diskriminierung keineswegs Gespinste purer Phantasie. Sie sind Ausdruck einer Binsenweisheit, die schon Kindern beigebracht wird und die in abgewandelter Form lauten könnte: «Was du nicht willst, das man dir tu', das füg auch keinem behinderten Nachbarn zu.»

Wer möchte schon, daß andere über ihn bestimmen? Oft genug muß man sich ohnedies dem Diktat von Fremden fügen: dem Arbeitgeber, den Ordnungshütern, bestimmten gesellschaftlichen Kräften. Um so mehr wird darauf geachtet, das Privatleben von jedem unnötigen Zwang freizuhalten. Man kauft dort ein, wo man einkaufen will; man entscheidet sich für das Urlaubsziel seiner Wahl; man heiratet, bleibt ledig, hat Kinder oder zieht die Kinderlosigkeit vor; man wählt das Verkehrsmittel, das einem am günstigsten scheint; man besucht Veranstaltungen, nach denen einem der Sinn steht; man bezieht die Wohnung, die man beziehen möchte; man verpflichtet sich Helfer nach Sympathie und Laune. All dies und vieles andere mehr sind Selbstverständlichkeiten, solange es sich um Menschen ohne Behinderung handelt. Wird einem jedoch durch die Buchstaben «H», «Bl» oder «aG» auf einem kleinen grün-orangenen Stückchen Papier bescheinigt, daß man zur Randgruppe der Gesellschaft gehört, gewinnt die Erfüllung solcher Bedürfnisse die Dimension einer Gnade.

Ist es wirklich ein so unrealistischer Traum, Rechte einzufordern, die für den Großteil der Bevölkerung außer jeder Diskussion stehen? Welche Monstrosität, ein Buch mit dem Titel zu veröffentlichen: «Können, sollen, dürfen Behinderte heiraten?» Welche Anmaßung, über die Alltagsbedürfnisse eines behinderten Menschen anhand einer vorgedruckten Checkliste zu urteilen! Welche Perversität, Lebensqualität abhängig von den entstehenden Kosten zu machen! Was heute behinderten Bürgern geschieht, kann morgen schon auf andere Gruppen der Bevölkerung übertragen werden. Zwar hört man bei Festreden und ähnlichen Anlässen immer wieder das geflügelte Wort: «Wir sind alle behindert.» Nur in den seltensten Fällen steht hinter dieser Aussage jedoch ein tatsächliches Begreifen der Situation. Meist dient sie als Trostpflästerchen, um eigene Nichtbetroffenheit zu überspielen.

Sich ernsthaft mit uns, den behinderten Gliedern der Gesellschaft zu solidarisieren, hieße, unsere Anliegen nicht als Anliegen einer separaten Gruppe zu verstehen, sondern die Verletzung unserer Würde bewußt als Verletzung der eigenen Würde zu erkennen. Längst war es überfällig, Artikel 3 des Grundgesetzes den bestehenden Verhältnissen anzupassen. Und doch müssen wir ernüchtert feststellen: Es ist und bleibt ein Zeichen der Niederlage, wenn Diskriminierungstendenzen mit gesetzlichen Bestimmungen entgegengewirkt werden muß. Träumen wir also von einer Zeit, in der man verständnislos den Kopf über eine Formulierung des Grundgesetzes schüttelt, weil sich ihr Sinn im praktischen Leben überholt hat, weil die Diskriminierung von Menschen mit einer Behinderung einer fernen Vergangenheit angehört. Der Traum ist kein Traum, wenn wir ihn mit vollem Herzen wollen. Doch geben wir uns keiner Illusion hin! Es wird lange dauern, bis wir diesen Zeitpunkt erreichen.

Als im Sommer 1994 der Bundestag und anschließend der Bundesrat die Grundgesetzänderung verabschiedeten, schien dies für viele Betroffene bereits der Sieg von Gleichberechtigung und Partizipation in der Gesellschaft. Wie sich heute, drei Jahre nach Inkrafttreten der Novellierung, herausstellt, gehört dieser Glaube zu jenen Träumen, von denen Clemens Brentano spricht: «Kömmt dann Wahrheit mutternackt gelaufen ...» Die mannigfaltigen Diskriminierungen, denen wir uns noch immer gegenübersehen, unbeschadet jedes festgeschriebenen Benachteiligungsverbots, beweisen, daß mit der Grundgesetzänderung ein zwar wichtiger, aber doch nur allererster Schritt in die richtige Richtung getan wurde. Eine Verfassung muß bis zu ihren Grenzen hin ausgelotet werden, notfalls auch mit Hilfe von Gerichten, um nachhaltige Auswirkungen im Zusammenleben der Menschen zu erzielen. Auch Martin Luther King mußte in seiner Rede darauf verweisen, daß offiziell zwar die Sklaverei seit hundert Jahren abgeschafft war, die Verhältnisse für farbige Bürger in den USA aber noch lange nicht von Freiheit, Gleichheit und Toleranz geprägt waren. Selbst 34 Jahre nach diesem historischen Auftritt gibt es noch immer Rassendiskriminierung und Benachteiligung. Doch der lange Marsch hat begonnen – ein Marsch, an dessen Ende nur der gemeinsame Niedergang oder die gemeinsame diskriminierungsfreie Gesellschaft stehen kann. Realutopie nennt die Wissenschaft eine solche Vision. Das ist weniger und gleichzeitig mehr als ein Traum.

Die Aktion Grundgesetz

Die teilnehmenden Verbände und Unterstützer: Darstellungen, Forderungen und Kontaktadressen

Aktion psychisch Kranke, Vereinigung zur Reform der Versorgung psychisch Kranker (APK) e. V.
Die APK versteht sich als politische Lobby schwer psychisch kranker und behinderter Menschen, die krankheitsbedingt Mühe haben, ihre Interessen selbst zu vertreten. Sie wurde 1971 von Abgeordneten aller Fraktionen des Deutschen Bundestages und engagierten Fachleuten aus dem Bereich Psychiatrie gegründet, «um mit politischen Mitteln auf eine grundlegende Reform der Versorgung psychisch Kranker in der Bundesrepublik Deutschland hinzuwirken». Als überparteilich wirksame Vereinigung an der Nahtstelle zwischen Bundespolitik und psychiatrischer Fachwelt führt die APK unterschiedliche Organisationen und Interessenvertretungen zu konkreten psychiatriepolitischen Fragestellungen zusammen. Dazu zählen unter anderem eine bedarfsgerechte Versorgung, der Ausbau wohnortnaher Hilfen, die Koordinierung aller beteiligten Dienste sowie das Ausräumen sozialrechtlicher Hindernisse.

Forderungen: Die APK fordert eine grundsätzliche Hinwendung zu «personenzentrierten Hilfen», d. h. konkret die ambulante Bereitstellung derjenigen komplexeren Hilfen, die psychisch kranke Personen benötigen, um in ihrem Lebensfeld ihre Krankheit und die Krankheitsfolgen bewältigen zu können.

Brungsgasse 4–6
53117 Bonn
Tel.: 0228/676740/41, Fax 0228/676742

Allgemeiner Behindertenverband in Deutschland (ABiD) e. V.
Der ABiD ist eine Organisation von behinderten Menschen, die, unabhängig von parteipolitischen Interessen und Weltanschauungen, Einfluß nehmen auf die Behindertenpolitik aller Ebenen, um Benachteiligungen von behinderten Menschen, ihren Angehörigen und Freunden abzuwenden. Dabei unterstützt der ABiD alle Selbsthilfegruppen, Organisationen und Parteien, die die Interessen von Menschen mit Behinderungen vertreten bzw. deren Integration fördern. Ein Schwerpunkt ist die Eingliederung behinderter Menschen auf dem Arbeitsmarkt. Viele Mitgliedsorganisationen des ABiD sind selbst Träger von Ein-

richtungen und Diensten und schaffen hier vorrangig Arbeitsplätze für Behinderte. Ein weiterer Schwerpunkt ist die Mitarbeit in verschiedenen Ausschüssen und Widerspruchsgremien. Auf bundes- und landespolitischer Ebene beteiligt sich der ABiD aktiv an der Diskussion behindertenpolitischer Fragen, u. a. zu Antidiskriminierungsgesetzen, zur Pflegeversicherung sowie zur Vereinheitlichung und zum Ausbau des Schwerbehinderten- und Rehabilitationsrechts.

Seit 1992 ist der ABiD Mitglied in der Organisation «Very Special Arts International», die zum Ziel hat, behinderte Menschen zu ermutigen, sich künstlerisch zu betätigen und ihre Kreativität unter Beweis zu stellen. Im ABiD haben sich sieben Landesverbände und über 90 Kreis- und Stadtorganisationen zusammengeschlossen.

Am Köllnischen Park 6/7
10179 Berlin
Tel.: 030/23806673 o. 23806972, Fax: 030/23806673

Arbeitsgemeinschaft Allergiekrankes Kind – Hilfen für Kinder mit Asthma, Ekzem oder Heuschnupfen (AAK) – e. V.

Die AAK begleitet Eltern allergiekranker Kinder mit grundlegenden Informationen zu Diagnose- und Therapiemöglichkeiten. Angehörige chronisch kranker Menschen machen immer wieder die Erfahrung, daß mit einem solchen Leiden ein ganzes Bündel von Problemen auf sie zukommt. Um mit der psychischen Dauerbelastung fertig zu werden, brauchen die Familien kompetente Unterstützung. Dazu gehören neben dem Erfahrungsaustausch auch Fragen zu Behandlungsmethoden, alternativen medizinisch-therapeutischen Ansätzen, Ernährung, neuen Forschungsergebnissen, Umweltkrankheiten und -medizin, Sport, Atemübungen oder autogenem Training. In regionalen Selbsthilfegruppen sind zu diesen und anderen Themen Gesprächskreise und Workshops möglich. Die AAK wurde 1977 in Herborn von betroffenen Eltern gegründet; heute hat sie 7000 Mitgliedsfamilien.

Forderungen: Kürzere Wege zur Therapie; mehr wohnortnahe interdisziplinäre Fachambulanzen; mit Blick auf die dritte Gesundheitsstrukturreform: den Weg in ein unbelastetes Erwachsenendasein für chronisch kranke Kinder.

Hauptstraße 29
35745 Herborn
Tel.: 02772/9287-30, Fax: 02772/9287-48

Arbeitsgemeinschaft Behinderte in den Medien e. V.

Die Arbeitsgemeinschaft Behinderte in den Medien e. V. (ABM) wurde 1983 auf Anregung der bayerischen Staatsregierung gegründet, um behinderten Menschen und ihren Selbsthilfeverbänden die Möglichkeit aktiver Beteiligung im neu gegründeten Privatfernsehen einzuräumen. Seit September 1984 strahlt die ABM auf den verschiedensten Sendeplätzen regelmäßige TV-Programme zur Behindertenproblematik aus, die sich sowohl an Betroffene als auch an ihre Bezugspersonen und interessierte Laien wenden. Die Einbeziehung von Menschen mit Behinderung und ihrer Angehörigen in Konzeption und Ausführung der Sendungen ist Grundlage aller Tätigkeiten. Weniger das Außergewöhnliche als vielmehr der Alltag behinderter Menschen steht im Mittelpunkt der Programmphilosophie. Darüber hinaus sollen die Sendungen den Betroffenen Mut machen, sich aktiv am gesellschaftlichen Leben zu beteiligen. Neben der Fernsehabteilung betreibt die ABM eine Videothek für Hörgeschädigte, die untertitelte Dokumentar- und Spielfilme an Hörgeschädigte gegen eine geringe Jahresgebühr ausleiht. Jüngste Abteilung der ABM ist ein Filmbüro, das in zweijährigem Rhythmus das Filmfestival «Wie wir leben» durchführt.

Bonner Platz 1
80803 München
Tel.: 089/307992-0, Fax: 089/307992-22

Arbeitsgemeinschaft Spina bifida und Hydrocephalus e. V. (ASbH)

Die ASbH ist eine bundesweite Selbsthilfeorganisation für Menschen mit angeborener Querschnittlähmung (Spina bifida) und/oder Störung des Hirnwasserkreislaufes (Hydrocephalus). Ziel ist die Verbesserung der Lebensqualität sowie der Rechte von Betroffenen und ihren Angehörigen. Die ASbH ist Dachverband der über 60 Selbsthilfegruppen und Landesverbände mit ca. 5000 Mitgliedern. Eine Beratungsstelle bietet Hilfen zu medizinischen und rechtlichen Fragen und in persönlichen Krisensituationen. Ein umfangreiches Kurs- und Freizeitangebot fördert die sozialen Fähigkeiten und das Selbstwertgefühl der Betroffenen. In Fortbildungsseminaren werden sowohl Laien als auch Fachpersonen die neuesten wissenschaftlichen Erkenntnisse vermittelt. Die ASbH vertritt die Interessen der Betroffenen in der Öffentlichkeit, gegenüber Institutionen und Einrichtungen.

Forderungen: Neue Einrichtungen der ortsnahen als auch der spezialisierten medizinisch-therapeutischen Versorgung sind kurzfristig und dringend erforderlich. Auf dem Arbeitsmarkt müssen angepaßte Ausbildungs- und Arbeitsplätze geschaffen werden.

Münsterstraße 13
44145 Dortmund
Tel.: 0231/8610500, Fax: 0231/86105050

Arbeiterwohlfahrt Bundesverband

Die Arbeiterwohlfahrt tritt für mehr Chancengleichheit für behinderte Menschen ein. Die AWO-Behindertenhilfe ermöglicht die Eingliederung körperlich, seelisch, geistig- und sinnesbehinderter Menschen in Arbeit, Beruf und Gesellschaft. Dabei helfen die gemeindenahen AWO-Sozialzentren, Tagesstätten, Sozialstationen, Förder-, Werk- und Ausbildungsstätten. Die Arbeiterwohlfahrt setzt sich für die Gemeinschaft von behinderten und nichtbehinderten Menschen schon vom Kindergarten an ein, damit wir lernen, daß jeder ein Recht auf Anderssein hat. Ein Netz von stationären, teilstationären, ambulanten und mobilen AWO-Rehabilitationseinrichtungen und -diensten unterstützt behinderte Menschen medizinisch, pädagogisch und beruflich, um von fremder Hilfe unabhängig zu machen.

Die Arbeiterwohlfahrt tritt für mehr Freiheit, Gerechtigkeit, Toleranz und Solidarität ein. Die Arbeiterwohlfahrt gliedert sich in mehr als 4000 Bezirks-, Landes-, Kreisverbände und Ortsvereine mit 640000 Mitgliedern.

Forderungen: Integrative Einrichtungen schon vom Kindergarten an; Früherkennung, -förderung und -behandlung, damit die Betroffenen selbständig und erfüllt ihr Leben leben können.

Oppelner Str. 130
53119 Bonn
Tel.: 0228/6685-0, Fax: 0228/6685-209

Arbeitskreis «Werkstätten für Behinderte»

Der Arbeitskreis wurde 1992 im Rahmen einer Veranstaltung des Bundesverbandes für Körper- und Mehrfachbehinderte gegründet. Sein Ziel ist es, die Öffentlichkeit über die Arbeit in einer Werkstatt für Behinderte zu informieren und dabei auch auf bestehende Mißstände aufmerksam zu machen. Dazu gehören unter anderem die niedrigen Löhne, das Fehlen rechtlich gesicherter Mitbestimmungsmöglichkeiten und die ungeklärten Rechtsbeziehungen zwischen Mitarbeiterinnen bzw. Mitarbeitern und Werkstatt-Trägern. Seit 1996 lädt der Arbeitskreis darüber hinaus behinderte Mitarbeiterinnen und Mitarbeiter aus Werkstätten für Behinderte zu «Werkstattseminaren» ein, bei denen es im wesentlichen darum geht, wie die Betroffenen selbst Arbeitsplatzqualität und Mitwirkungsmöglichkeiten verbessern können.

Forderungen: Der Arbeitskreis fordert u.a. die Umwandlung von Werkstätten für Behinderte in gemeinnützige Beschäftigungsgesellschaften, die allen auf dem allgemeinen Arbeitsmarkt benachteiligten Personen mit und ohne Behinderung offenstehen, sowie den vollen Arbeitnehmerstatus für die behinderten WfB-Beschäftigten.

c/o: Klaus Schüll
Zum alten Zollhaus 2
42281 Wuppertal
Tel./p: 0202/77447,
Tel./d: 0202/27053-26

p. A. Bundesverband für Körper- und Mehrfachbehinderte e. V.
Brehmstraße 5–7
40239 Düsseldorf
Tel.: 0211/64004-0

Bundesarbeitsgemeinschaft der Clubs Behinderter und ihrer Freunde (BAG cbf) e. V.

Die Arbeitsgemeinschaft wurde 1971 als Dachorganisation gegründet und versteht sich als Sprachrohr der von ihr vertretenen Clubs. Erklärtes Anliegen der cbf-Arbeit ist es, Beziehungen ohne gegenseitige Abhängigkeiten und Bevormundungen zu üben. Die BAG cbf unterstützt die Clubarbeit vor Ort, organisiert Fortbildungen und Tagungen zur Entwicklung von pragmatischen Lösungsansätzen zur Lebensbewältigung behinderter Menschen sowie zu aktuellen politischen Themen und ethischen Grundsatzfragen. Sie berät sowohl Einzelpersonen z. B. zu Rechtsansprüchen, Wohnraumbeschaffung oder Urlaubsmöglichkeiten als auch Hersteller aus der Industrie und Anbieter von Dienstleistungen, Ausbildungs- und Entscheidungsträger, die mit der Rehabilitation behinderter Menschen befaßt sind. Sie engagiert sich in Gremien auf nationaler Ebene, organisiert internationale Austausche und arbeitet konstruktiv mit anderen Verbänden und Organisationen der Behindertenhilfe zusammen.

Forderungen: Seit 1990 hat sich die BAG cbf intensiv dafür eingesetzt, das Benachteiligungsverbot behinderter Menschen in Art. 3 des Grundgesetzes zu verankern; sie fordert auch eine entsprechende Regelung in der europäischen Gesetzgebung.

Eupener Straße 5
55131 Mainz
Tel.: 06131/225514, Fax: 06131/238834

Bundesarbeitsmeinschaft
Gemeinsam leben – Gemeinsam lernen
Eltern gegen Aussonderung, Zell u. A.
GEMEINSAM LEBEN – GEMEINSAM LERNEN versteht sich als eine bundesweite Bürgerrechtsbewegung, die sich für die Integration von Kindern mit Behinderungen in allen Bereichen unserer Gesellschaft einsetzt. Damit meinen wir ausnahmslos sämtliche Lebensbereiche wie Spielgruppen, Kindergarten, Schule, berufliche Bildung, Beruf bzw. Arbeit bis hin zu Wohnen und Freizeit. Wir gehen davon aus, daß «niemand aufgrund von Merkmalen, die zu seiner Person gehören, ausgesondert werden darf. Jeder Mensch hat das Recht auf ein Leben innerhalb seiner sozialen Bezüge. Deshalb fordern wir eine gemeinsame Erziehung und Bildung für alle im vorschulischen, schulischen und beruflichen Bereich, orientiert an den Bedürfnissen des einzelnen.»

Die BAG ist der Dachverband der jeweiligen Landesarbeitsgemeinschaften und wurde 1985 gegründet.

Forderungen: Als Anwälte unserer Kinder fordern wir entsprechende gesetzliche Regelungen im Kindergarten- und Schulgesetz, Vorschriften der beruflichen Bildung und Eingliederung und der Sozialgesetzgebung. Des weiteren fordern wir, daß Eltern von Kindern mit Behinderungen, wie alle anderen Eltern auch, *selbst bestimmen* können, wie und wo ihr Kind lebt, erzogen und gebildet werden soll und wie es am öffentlichen Leben teilhaben kann, wie auch die Selbstbestimmung für Menschen mit Behinderungen.

c/o Cordula Edler
Schillerstr. 21
D-73119 Zell u. A.
Tel.: 07164/909846, Fax: 07164/909847
E-Mail: cordula.edler@t-online.de

Bundesarbeitsgemeinschaft für Unterstützte Beschäftigung (BAG UB)

Die BAG UB setzt sich für die Integration behinderter Menschen ins Berufsleben ein. Unterstützte Beschäftigung ist eine ambulante Maßnahme der beruflichen Rehabilitation. Sie umfaßt alle Hilfen, die notwendig sind, damit auch Personen mit einer Behinderung erfolgreich in einem regulären Betrieb arbeiten können. Unterstützte Beschäftigung ist mehr als nur die Vermittlung eines Arbeitsplatzes, sondern umfaßt die Erkundung individueller Fähigkeiten, die Arbeitsplatzsuche, die Anpassung des Arbeitsplatzes, die Qualifizierung am Arbeitsplatz und die kontinuierliche Unterstützung von Arbeitgeber und Arbeitnehmer bei auftretenden Problemen. In den letzten Jahren sind über 100 sogenannte Integrationsfachdienste entstanden.

Die Bundesarbeitsgemeinschaft für Unterstützte Beschäftigung besteht seit 1994 und hat 125 Mitglieder. Sie ist ein Zusammenschluß zahlreicher Integrationsfachdienste und Behindertenorganisationen.

Forderungen: Unterstützte Beschäftigung muß eine legitime Wahlmöglichkeit für Behinderte werden; Geld, das derzeit in die Werkstätten für Behinderte fließt oder für Sozialhilfe und Erwerbsunfähigkeitsrente ausgegeben wird, muß auch für die Unterstützung der Arbeit in einem regulären Betrieb zur Verfügung stehen.

Fuhlsbüttler Straße 402
22309 Hamburg
Tel.: 040/65990837, Fax 040/65990838
E-Mail: BAG_UB@t-online.de

Bundesarbeitsgemeinschaft Katholischer Einrichtungen für psychisch kranke und psychisch behinderte Menschen (BAGKEP)

Die BAGKEP setzt sich für die Hilfe psychisch kranker und psychisch behinderter Menschen ein. Sie organisiert den Informations- und Erfahrungsaustausch zwischen den Mitgliedern und übernimmt die Interessenvertretung und Lobbyarbeit sowohl für die Einrichtungen und Dienste als auch für Betroffene. Außerdem berät und unterstützt sie ihre Mitglieder in fachlicher Hinsicht und fördert die Fortbildung für Mitarbeiter(innen). Zu den Einrichtungen der BAG zählen Beratungsdienste, Sozialpsychiatrische Dienste, Wohnangebote, Arbeitsangebote (Werkstätten für Behinderte, Zuverdienstarbeitsplätze, Integrationsfirmen), Fachkliniken, Fachabteilungen am Allgemeinkrankenhaus, Institutsambulanzen, Tagesstätten und Clubs.

Psychische Erkrankungen sind in unserer Gesellschaft noch immer mit ausgeprägten Vorurteilen verbunden. Daher brauchen gerade sie und ihre Angehörigen unsere Solidarität. Die Bundesarbeitsgemeinschaft möchte mit ihrer Arbeit dafür sorgen, daß die Prinzipien der katholischen Soziallehre im Sinne der Betroffenen umgesetzt werden und nicht bloß schöne Worte bleiben. Die BAGKEP wurde 1978 gegründet. Sie hat 244 Mitglieder, die insgesamt 490 Einrichtungen und Dienste repräsentieren.

c/o: Dr. Frank Fink
Postfach 420
79104 Freiburg
Tel.: 0761/200-366, Fax: 0761/200-666

Bundesarbeitsgemeinschaft katholischer Einrichtungen für sinnesbehinderte Menschen (BAG SA)

Die BAG SA vertritt im Deutschen Caritasverband die Anliegen sinnesbehinderter Menschen und versteht sich als Bindeglied zwischen sozialen Einrichtungen, Selbsthilfeverbänden und Seelsorgestellen. Die Einrichtungen machen sowohl schulische Angebote und bieten Möglichkeiten der beruflichen Bildung; außerdem bieten sie Wohn- und Arbeitsstätten für Erwachsene. Dazu kommen teilstationäre und ambulante Dienste, insbesondere Sozialdienste für Hörgeschädigte. Mitglied der BAG sind neben dem Verband der Katholischen Gehörlosen Deutschlands und dem Deutschen Katholischen Blindenwerk auch Frühförder- und Beratungsstellen, Kindergärten, Schulen, Ausbildungsstellen, Werkstätten für Behinderte, Einrichtungen für suchtgefährdete Gehörlose und Mehrfachbehinderte sowie eine Reihe von Einrichtungen für Taubblinde.

Die katholischen Einrichtungen für sinnesbehinderte Menschen entstanden etwa zwischen 1840 und 1890.

Forderungen: Integration mehrfachbehinderter gehörloser Menschen in die Arbeitswelt; angemessene Arbeitsplätze in Werkstätten für Behinderte; Förderung der Laut- und Gebärdensprache; Entwicklung eines EDV-gestützten Lexikons der vereinfachten Gebärden für mehrfachbehinderte gehörlose Menschen in Werkstätten für Behinderte; verbesserte Lebens- und Fördermöglichkeiten taubblinder Menschen; geeignete und differenzierte Wohnmöglichkeiten für sinnesbehinderte Menschen.

c/o: Werner Strubel
Postfach 420
79004 Freiburg
Tel.: 0761/200-364

Bundeselternvereinigung für anthroposophische Heilpädagogik und Sozialtherapie e. V.

Die Elternvereinigung vertritt die Interessen von Seelenpflege-bedürftigen Menschen, die in anthroposophischen Einrichtungen betreut werden. Sie fördert Gründungsinitiativen von anthroposophischen Heimen, Werkstätten und Lebensgemeinschaften. Darüber hinaus leistet sie umfassende Information und Beratung, sowohl für Eltern und Mitarbeiter heilpädagogischer Einrichtungen als auch in sozialpolitischen Gremien.

Die Bundeselternvereinigung wurde 1977 als Zusammenschluß von Eltern- und Freundeskreisen anthroposophischer Einrichtungen gegründet. Sie arbeitet sowohl auf lokaler als auch auf regionaler und überregionaler Ebene. Heute gehören ihr bundesweit 40 Eltern- und Freundeskreise an, die die Interessen von insgesamt ca. 8000 Betroffenen wahrnehmen.

Forderungen: Wir setzen uns dafür ein, daß es für Menschen mit einer Behinderung keinerlei diskriminierende Sonderregelungen geben darf. So fordern wir unter anderem, daß Deutschland die Bioethik-Konvention nicht unterzeichnet, da sie Eingriffe an behinderten Menschen zu Forschungszwecken ermöglicht.

Schloßstraße 9
61209 Echzell
Tel.: 06035/81-190, Fax: 06035/81-217

Bundesnetzwerk behinderter Frauen (Verein in Gründung)
Das Bundesnetzwerk behinderter Frauen setzt sich für die Verbesserung der Lebensbedingungen der rund vier bis fünf Millionen behinderten Frauen in der Bundesrepublik ein. Seine Hauptaufgaben sieht es in Koordination, Information und politischer Interessenvertretung.

Netzwerke auf Landesebene oder regionale Gruppierungen mit insgesamt etwa 1000 Mitfrauen leisten inhaltliche Arbeit zu verschiedenen Themenschwerpunkten, die behinderte Frauen betreffen. Dazu gehören unter anderem die Erwerbssituation behinderter Frauen, die sexuelle Gewalt und die Situation behinderter Mütter.

Nachdem behinderte Frauen im Sommer 1996 am Rande einer Konferenz ein Bundesnetzwerk behinderter Frauen als losen Zusammenschluß ins Leben riefen, beschlossen rund 40 behinderte Frauen im August 1997, einen Verein zu gründen.

Forderung: Umfassende Gleichstellungsgesetze auf Bundes- und Länderebene unter Berücksichtigung der besonderen Bedürfnisse behinderter Frauen.

Vorläufige Kontaktadresse:
c/o: ISL e. V.
Jordanstr. 5
34117 Kassel
Tel.: 0561/72885-47, Fax: 0561/72885-29

Bundesverband behinderter Pflegekinder e. V.

Der Verband hat das Ziel, behinderten Kindern das Aufwachsen im Heim zu ersparen und ihnen ein geborgenes Heranwachsen in einer geeigneten Ersatzfamilie zu ermöglichen. Er schafft Kontakte zwischen interessierten Familien und Kindern und bemüht sich dabei, Ansprüche und Erwartungen zu koordinieren. Jährlich können ca. 100 Kinder in Pflegefamilien vermittelt werden, die der Verband auch weiterhin betreut. Außerdem organisiert er Familienseminare und benennt auf Anfrage Kontaktpersonen, die Beratungsarbeit leisten, zum Beispiel bei innerfamiliären Problemen, aber auch bei allen sozialrechtlichen, finanziellen oder medizinischen Fragen. Darüber hinaus versteht sich der Verband als Lobby der Pflegekinder und ihrer Ersatzfamilien und vertritt als solcher seine Interessen auch gegenüber Politik und Verwaltung.

Der 1983 gegründete Verband hat heute über 900 Mitglieder und betreut bundesweit ca. 2300 Pflegeverhältnisse.

Forderungen: Der Bundesverband fordert eine rechtliche Stärkung der Pflegeeltern durch frühzeitige und vereinfachte Übertragung der Vormundschaft. Darüber hinaus setzt er sich ein für eine angemessene Anerkennung der Leistung der Pflegeeltern von behinderten Kindern. Dazu gehört u. a. die Fortführung der finanziellen Hilfen zur Erziehung über den Tag der Volljährigkeit hinaus.

Große Straße 100
26871 Papenburg-Aschendorf
Tel.: 04962/1033 oder 6223, Fax: 04962/6626

Bundesverband Contergangeschädigter e. V.
Hilfswerk vorgeburtlich Geschädigter

Der Bundesverband Contergangeschädigter und seine regionalen Organisationen verstehen sich als Interessenvertretung und als Hilfswerk für die Betroffenen. Der Bundesverband steht den Opfern der größten Katastrophe in der Geschichte der Arzneimittelherstellung sowohl mit persönlicher Beratung und Unterstützung als auch mit finanzieller Hilfe zur Seite. Das Medikament wurde im Oktober 1957 in den Handel gebracht mit dem Versprechen, schwangeren Frauen Ruhe und erholsamen Schlaf zu bescheren. In den folgenden Jahren wurden rund 8000 Kinder mit schwersten Mißbildungen geboren. Die Kinder kamen mit Fehlbildungen der Gliedmaßen und der Sinnes- und inneren Organe zur Welt. Heute leben in Deutschland etwa 2800 Betroffene.

Paffrather Str. 134
51069 Köln
Tel.: 0221/6803479, Fax: 0221/682010

Bundesverband der Kehlkopflosen e. V.

Der Bundesverband der Kehlkopflosen bemüht sich um eine zeitgerechte Sozialarbeit zum Wohle der Kehlkopflosen. Ziele sind insbesondere die Förderung aller sprachlichen, medizinischen und sozialen Rehabilitation, aber auch die Förderung des Erfahrungsaustausches und gemeinsamer Aktionen seiner Mitglieder. Daneben unterrichtet der Bundesverband Gesetzgeber, Behörden, Organisationen und Öffentlichkeit über die Probleme und Anliegen Kehlkopfloser.

Die Selbsthilfegruppen halten Kontakte zu den HNO-Kliniken in ihrem Einzugsbereich, besuchen frisch Operierte, machen den Patienten Mut und informieren sie über Rehabilitationsmöglichkeit und notwendige Hilfsmittel. Ein Reha-Helfer hilft beim Erlernen der Ersatzstimme (Oesophagus- oder Speiseröhrenstimme). Außerdem stellen die Selbsthilfegruppen Kontakte mit Rentenversicherungsträgern, Krankenkassen, Versicherungen, Arbeitsämtern und anderen Behindertenverbänden her.

Der Bundesverband der Kehlkopflosen besteht seit 20 Jahren; neben dem Dachverband existieren 15 Landesverbände und 75 Regionalverbände. Ihre Arbeit wird weitestgehend von der Deutschen Krebshilfe finanziert.

Obererle 65
45897 Gelsenkirchen-Buer
Tel.: 0209/592282, Fax: 0209/597748

Bundesverband für die Rehabilitation der Aphasiker e. V. (BRA)

Der seit 1978 tätige Verband vertritt die Interessen von Menschen, die durch Hirnschädigung einen Sprachverlust erlitten haben. Er vermittelt Klinik- und Rehakontakte, hilft den Angehörigen, stellt die ambulante Weiterversorgung zu Hause sicher, unterstützt die berufliche Wiedereingliederung, fördert den Aufbau von Regionalgruppen und vertritt die Interessen von Aphasikern auf politischer Ebene. Ziel der Arbeit des Verbandes ist die Verbesserung der Betreuung, Rehabilitation und sozialen Absicherung der Aphasiker.

Neben den Regionalgruppen richtet der BRA an zentralen Orten Aphasiker-Zentren ein. Zu den therapeutischen Schwerpunkten zählt die computergestützte Sprachtherapie sowie das Kommunikationstraining in der Gruppe. Der bundesweit aktive Selbsthilfe-Verband mit ca. 4000 Mitgliedern verfügt inzwischen über 200 regionale Selbsthilfegruppen und Kontaktpersonen in 11 Landesverbänden.

Forderungen: Der BRA fordert u. a., daß die Regionalgruppen und die Aphasiker-Zentren durch die Krankenkassen unterstützt werden, die dauerhafte Verankerung der Logopädie/Sprachtherapie im Pflichtleistungskatalog der Krankenkassen sowie die Verbilligung der Telekom-Tarife für Sprachbehinderte.

Oberthürstraße 11a
97070 Würzburg
Tel.: 0931/573749, Fax: 0931/573141
E-Mail: Aphasiker@t.online.de
Internet: http://www.wuerzburg.de/aphasiker/index.htm

Bundesverband für Körper- und Mehrfachbehinderte e. V.
Oberstes Ziel der Arbeit des Bundesverbandes ist es, daß Menschen mit Behinderungen ein Leben in größtmöglicher Selbständigkeit führen können. Im Mittelpunkt steht der einzelne Behinderte, eingebettet in eine für ihn überschaubare Gemeinschaft. Der Verband setzt sich heute sowohl für behinderte Menschen ein, die ein völlig unabhängiges Leben führen können, als auch für schwerst- und mehrfachbehinderte Personen, die umfassend und oft lebenslang auf Förderung und Begleitung angewiesen sind. Ursprünglich waren es Eltern von Kindern mit cerebralen Bewegungsstörungen, sogenannte spastisch gelähmte Kinder, die sich im Bundesverband zusammengeschlossen hatten.

Der Verband versteht sich als sachverständiges, kritisches Gegenüber von Gesetzgeber, Regierung und Verwaltung. Er berät seine Mitglieder u. a. in allen Fragen der Rehabilitation und unterstützt sie bei der Gründung von örtlichen Selbsthilfegruppen, Vereinen und Einrichtungen. Im Bundesverband sind über 200 Mitgliedsorganisationen mit rund 26 000 Mitgliedern zusammengeschlossen. 15 Landesverbände koordinieren die Arbeit der Ortsvereine.

Forderungen: Eine den Grundsätzen von Humanität und Solidarität verpflichtete Behindertenpolitik als Voraussetzung für ein gleichberechtigtes Leben; Lebensbedingungen für behinderte Menschen und ihre Angehörigen, die Teilhabe und Selbstbestimmungschancen Nichtbehinderter zum Maßstab haben; nicht aussondernde, umfassende und bedarfsgerechte Hilfen für behinderte Menschen und ihre Angehörigen.

Brehmstraße 5–7
40239 Düsseldorf
Tel.: 0211/64004-0, Fax: 0211/64004-20

Bundesverband Herzkranke Kinder e. V.
Der BVHK setzt sich für die Belange herzkranker Kinder, Jugendlicher, junger Erwachsener und ihrer Familien ein. Herzkrank geboren zu sein bedeutet oft, mit einem chronischen Leiden leben zu müssen. Ziel des Bundesverbandes ist, die Betroffenen dabei zu begleiten und zu beraten. Aufgaben und Ziele des Verbandes sind u. a.: gesundheits- und gesellschaftspolitische sowie soziale Verbesserungen schaffen für Men-

schen mit angeborenem Herzfehler; Förderung der Integration von Betroffenen in die Gesellschaft; Aufklärungs- und Öffentlichkeitsarbeit zur Problematik «Leben mit angeborenem Herzfehler»; Informationen als sozialrechtliche und psycho-soziale Hilfen für Betroffene und ihre Familien; Organisation von Veranstaltungen wie Arzt-Eltern-Patienten-Seminare; Unterstützung von Forschung und medizinischer Entwicklung.

Der BVHK wurde 1993 gegründet. Dem Bundesverband sind 14 örtliche Elterninitiativen angeschlossen mit insgesamt 3800 Familien. Es leben rund 180000 Menschen mit angeborenem Herzfehler.

Forderungen: Zentralisierung der bestehenden Zentren; leistungsgerechte Einstufung der Kinderherzchirurgie und -kardiologie; Herzchirurgen, die ausschließlich Kinder operieren.

Robensstraße 20–22
52070 Aachen
Tel.: 0241/91 23 32, Fax: 0241/91 23 33

Bundesverband Kleinwüchsige Menschen und ihre Familien e. V.

Der Bundesverband tritt für die Interessen von Kleinwüchsigen in dieser Gesellschaft ein. Erklärtes Ziel ist Hilfe zur Selbsthilfe. Aufgabe des Verbandes sind: gegenseitige Information, Beratung, Betreuung und Förderung der kleinwüchsigen Menschen und ihrer Familien; Erfahrungsaustausch mit Eltern, Betroffenen, Ärzten, Psychologen oder Pädagogen; Zusammenarbeit mit deutschen Wachstumszentren, Universitäts- und Fachkliniken im Bemühen um eine frühe Diagnose der Wachstumsstörungen mit anschließender medizinischer, therapeutischer, pädagogisch-psychologischer und sozialer Betreuung; Zusammenarbeit der Frühförderstellen bzw. Frühbetreuung; Zusammenarbeit der Eltern mit den Institutionen des Gesundheitswesens. Der Bundesverband hat sich 1988 aus mehreren bestehenden Landesverbänden gegründet. Etwa 120000 Bundesbürger sind von dieser Wachstumsstörung betroffen, das heißt sie werden zwischen 60 und 150 Zentimeter groß.

Forderungen: Integration im Kindergarten, in der Schule, im Beruf und damit in unserer Gesellschaft; Schaffung von Möglichkeiten qualifizierter Berufsausbildung für kleinwüchsige Jugendliche.

c/o: Karl-Heinz Klingebiel, Kirstin Landwehr
Westerstr. 98–104
28199 Bremen
Tel.: 0421/502122 u. 507873, Fax: 0421/505752

Bundesverband Poliomyelitis (Polio e. V.)

Polio e. V. ist die Interessengemeinschaft von Menschen mit Kinderlähmungsfolgen. Über 100000 Menschen in Deutschland leiden noch heute an den Spätfolgen dieser Krankheit, die eigentlich seit Anfang der sechziger Jahre als überwunden gilt. Die Symptome sind vielfach unbekannt. Das erschwert häufig eine angemessene Behandlung. Ziel des Verbandes ist deshalb, die Öffentlichkeit über die Probleme der Betroffenen aufzuklären. Unter Einbindung des sozialen Umfelds, der Arbeitswelt und der Familie soll den Betroffenen geholfen werden, ihre eigene Situation besser einzuschätzen und ihren künftigen Lebensweg umzustellen.

Unter dem Motto «Gemeinsam sind wir stark» kümmert sich Polio e. V. um den Aufbau von Selbsthilfegruppen vor Ort. Zusätzlich wird für Betroffene, Angehörige und alle medizinischen Amtsstellen ein überregionales Informationsnetz vorangetrieben und ausgebaut. Derzeit hat der Verband 1200 Mitglieder, die in 75 Regionalgruppen organisiert sind.

Forderungen: Entgegen weitverbreiteter Annahme ist die Kinderlähmung längst nicht ausgestorben. Gerade vor dem Hintergrund reger Reisetätigkeit fordert der Verband deshalb, daß von seiten der Gesundheitsbehörden ein ausreichender Impfschutz gewährleistet wird.

c/o: Edeltraud Hendrich
Thaerstr. 27
35392 Gießen
Tel.: 0641/23433, Fax: 0641/201984

Bundesverband Selbsthilfe Körperbehinderter (BSK) e. V.
«Selbstbestimmt Leben in einer Welt ohne Barrieren» lautet der Grundsatz des BSK, für den der Verein seit 40 Jahren kämpft. Schwerpunktaufgaben sind die Beratung und Information für körperbehinderte Menschen. Hauptorgan des Verbandes ist das Magazin *Leben und Weg*, das auch von politischen Entscheidungsträgern gelesen wird. Mit der Broschüre *Planungsberater* bietet der BSK Entscheidungshilfen für barrierefreies Wohnen und Leben nach der DIN 18024/25. Der BSK-Reiseservice organisiert barrierefreie Gruppen- und Einzelreisen. Das *Reise-ABC* erscheint jährlich und enthält in lexikalischer Form wichtige Ratschläge für selbstbestimmtes Reisen im In- und Ausland. Im hohenlohischen Krautheim betreibt der BSK-Dachverband ein Wohnheim für Schwerstkörperbehinderte sowie eine Werkstätte für Behinderte. Außerdem stehen den Mitgliedern in verschiedenen Bundesländern Servicehäuser zur Verfügung.

Der BSK umfaßt bundesweit 140 Selbsthilfegruppen. Insgesamt unterstützen 69000 Mitglieder die Verbandsarbeit.

Postfach 20
74236 Krautheim/Jagst
Tel.: 06294/68-225, Fax: 06294/95383
E-Mail: bsk.cv@t-online.de
Internet: http://www.bsk-ev.de

Bundesverband Skoliose-Selbsthilfe e. V.
Interessengemeinschaft für Wirbelsäulengeschädigte
Der Selbsthilfeverband unterstützt seine Mitglieder bei der Lösung aller Probleme, die sich aus ihrer Behinderung ergeben. An erster Stelle steht nach wie vor die Vermittlung einer geeigneten, möglichst wohnortnahen therapeutischen Behandlungsform. Seit Anfang 1997 unterhält der Verband auch Selbsthilfegruppen in allen Bundesländern. Mitglieder können dort Kontakte knüpfen, Erfahrungen austauschen und sich gegenseitig Mut machen. Darüber hinaus gibt die Interessengemeinschaft Rat und Hilfe bei allen Problemen, die Skoliosekranke im Zusammenhang mit ihrer Lebensführung haben, sowie bei allen Fragen im Sozial- und Behindertenrecht. Betroffene können sich über ärztliche Behandlungsmethoden sowie den Stand der Forschung informie-

ren. Die Interessengemeinschaft fördert Rehabilitations- und Früherkennungsmaßnahmen, beobachtet und unterstützt die Skoliose-Forschung im In- und Ausland und vertritt die Interessen ihrer Mitglieder gegenüber Institutionen und Behörden. Im medizinischen Bereich wird der Verband von einem Fachbeirat unterstützt, der aus niedergelassenen und stationär arbeitenden Ärzten besteht. Der Verband besteht seit 1971 und hat zur Zeit 1300 Mitglieder.

Mühlweg 12
74838 Limbach
Tel./Fax: 06287/4792

Bundesvereinigung Lebenshilfe für Menschen mit geistiger Behinderung e. V.

Die Lebenshilfe setzt sich dafür ein, daß jeder geistig behinderte Mensch so selbständig wie möglich leben kann und daß ihm so viel Schutz und Hilfe zuteil wird, wie er für sich braucht. Maßgebend sind die individuelle Persönlichkeit und die Bedürfnisse. Menschen mit schweren geistigen Behinderungen stehen unter dem besonderen Schutz der Lebenshilfe. Die Lebenshilfe unterhält in Deutschland eine Vielzahl von Einrichtungen und Diensten zur Förderung geistig behinderter Menschen und zur Unterstützung ihrer Angehörigen, z. B.: Frühförderstellen; familienentlastende Dienste; Kindergärten und Schulen, Werkstätten für Behinderte; Wohnstätten und Freizeitangebote.

Die Lebenshilfe wurde 1958 von Eltern geistig behinderter Kinder und interessierten Fachleuten gegründet. Bundesweit hat die Lebenshilfe 537 örtliche Vereinigungen mit 125 000 Mitgliedern.

Forderungen: Jeder Mensch mit geistiger Behinderung soll so normal und selbständig wie möglich leben; die Möglichkeit haben, in der Gemeinschaft mit nichtbehinderten Menschen zu leben; ein unantastbares Lebensrecht haben.

Raiffeisenstr. 18
35043 Marburg
Tel.: 06421/491-0, Fax: 06421/491-167
E-Mail: bvlh-bz@t-online.de
Internet: http://www.lebenshilfe.de

Bundesvereinigung Stotterer-Selbsthilfe e. V.
Die Stotterer-Selbsthilfe hat sich die Aufgabe gestellt, die Lebenssituation stotternder Menschen zu verbessern. Ziel ist außerdem, daß Mitmenschen in die Lage versetzt werden, dem Stotternden vorurteilslos zu begegnen. Um dies zu erreichen, setzt sie sich engagiert in vielfältigen Zusammenhängen ein: Sie macht Öffentlichkeitsarbeit; sie vertritt die Interessen Stotternder im gesellschaftspolitischen Kontext; sie unterstützt Selbsthilfearbeit in über 80 Selbsthilfegruppen; sie organisiert zahlreiche Seminare für verschiedene Zielgruppen; sie bietet persönliche Beratung an für alle am Thema Stottern Interessierten sowie Präventionsberatung für Eltern; sie erklärt Therapien und hilft bei der Suche nach Therapeuten; sie gibt u. a. Informationsmaterial, Ratgeber und Videos heraus; sie fördert die Zusammenarbeit mit Fachleuten und organisiert Fortbildungen für Fachleute; sie stellt Kontakte in europäischen und internationalen Zusammenhängen her.

Forderungen: Keine Benachteiligung in Schule und Berufsausbildung; Verbesserung der Therapiesituation; Förderung der Ursachenforschung.

c/o: Ruth Heap
Gereonswall 112
50670 Köln
Tel.: 0221/13911 06-07, Fax: 0221/1391370
E-Mail: bvss@hsp.de
Internet: http://www.hsp.de/bvss/

Bund zur Förderung Sehbehinderter e. V.
Ziel des Vereins ist, durch intensive Beratung im Einzelfall das Maß an Lebensqualität zu erreichen, das ein sinnerfülltes, selbstbestimmtes Leben und eine weitgehend unabhängige Lebensführung ermöglicht. Der BFS setzt dabei auf die engagierte, kenntnisreiche Mitwirkung der Betroffenen, um die Rehabilitationsmöglichkeiten für den sehbehinderten Menschen zu analysieren und auszuloten. Der Bund möchte als Selbsthilfeverband der Betroffenen das gesundheitliche, erzieherische, berufliche, soziale und wirtschaftliche Wohl der Sehbehinderten för-

dern. Dies geschieht sowohl in Zusammenarbeit mit anderen Behindertengruppen als auch mit Sehbehinderten, Angehörigen, Freunden, Förderern, Fachleuten und Interessierten verschiedener Fachrichtungen. Wichtig ist, Sehbehinderung als sehr individuelles Problem zu erkennen mit sehr unterschiedlichen Ausprägungen der Einschränkung des Sehvermögens. Daher ist es unmöglich, generelle Regeln für Therapie und Hilfsmitteleinsatz aufzustellen. Der BFS wurde 1962 gegründet.

c/o: Hannelore Loskill
Ehrenstr. 19
40470 Düsseldorf
Tel./Fax: 0211/442836

CF-Selbsthilfe Bundesverband e. V.

Der CF-Selbsthilfe e. V. verbessert mit seinem Engagement die medizinische und soziale Betreuung der CF-Patienten und fördert wichtige Forschungsprojekte. Die Cystische Fibrose oder Mucoviscidose ist eine schwere angeborene Stoffwechselkrankheit. Sie ist chronisch und fortschreitend und bis heute nicht heilbar. Bei CF ist der Wasser- und Salzhaushalt der Schleimhäute gestört. Zäher Schleim verklebt die Lunge und verstopft die Bauchspeicheldrüse. Die Betroffenen leiden an Bronchitis und Lungenentzündung, erschwerter Atmung und Husten sowie Bauchschmerzen und Durchfall. Die Förderung der wissenschaftlichen Erforschung von CF ist von entscheidender Bedeutung für die Patienten. Dank der Fortschritte auf diesem Gebiet konnte die Lebenserwartung bereits deutlich erhöht werden. 1989 wurde das für die Entstehung der Krankheit verantwortliche Gen entdeckt.

Der CF-Selbsthilfe e. V. wurde von Patienten, Eltern und Angehörigen 1981 gegründet. Rund vier Millionen Bundesbürger sind Merkmalsträger dieser Erbkrankheit.

Forderungen: Automatische Zuerkennung der Stufe 1 der Pflegeversicherung für CF-Betroffene; vollständige Befreiung von Zuzahlungen für chronisch Kranke; freie Wahl der Kurklinik für CF-Betroffene.

Meyerholz 3
28832 Achim
Tel.: 04202/82280, Fax: 04202/6073
E-Mail: CF Selbsthilfe-BV@t-online.de

Deutsche Behindertenhilfe – Aktion Sorgenkind
Die Aktion Sorgenkind wurde 1964 vom Zweiten Deutschen Fernsehen und den Spitzenverbänden der freien Wohlfahrtspflege mit der Zielsetzung gegründet, freigemeinnützige Träger der Behindertenhilfe und -selbsthilfe durch die finanzielle Förderung von Maßnahmen und Einrichtungen zu unterstützen. Darüber hinaus verfolgt sie den satzungsgemäßen Auftrag, die Integration behinderter Menschen in die Gesellschaft zu verbessern.

Auf der einen Seite werden mit den aus Spenden und Lotterieerlösen gewonnenen Mitteln die Konzepte und Vorstellungen einer zukunftsgerichteten Behindertenarbeit wirkungsvoll unterstützt. Auf der anderen Seite wird die Öffentlichkeit über die Lebenssituation und -perspektiven behinderter Menschen informiert. Durch diese kontinuierliche Aufklärungsarbeit versucht die Aktion Sorgenkind unter der Überschrift «Minderheitenthemen mehrheitsfähig machen», einen Bewußtseinswandel in der Gesellschaft herbeizuführen. In den Förderungsrichtlinien setzte die Aktion Sorgenkind in den letzten fünf Jahren neue inhaltliche Akzente: Gefördert werden zunehmend Wohn- und Arbeitsformen, die verstärkt das Interesse behinderter Menschen an unterschiedlichen Lebens- und Arbeitsformen aufgreifen. Darüber hinaus werden integrative Kindergärten, Schulen und Tagesstätten, Therapiematerialien, Fahrzeuge, Beratungsstellen und ambulante Dienste finanziell unterstützt.

Franz-Lohe-Str. 17
53129 Bonn
Tel.: 0228/2092-0
E-Mail: info@aktion-sorgenkind.de
Internet: http://www.aktion-sorgenkind.de

Deutsche Gesellschaft für Muskelkranke e. V. (DGM)
Die DGM hat sich zum Ziel gesetzt, die Lage der an Muskelkrankheiten leidenden Menschen durch Forschungsunterstützung, Aufklärung über Therapiemöglichkeiten, Sozialberatung und Information über technische Hilfsmittel zu verbessern. Die Erkenntnis, daß Muskelkrankheiten nicht nur eine, sondern viele verschiedene Ursachen haben, machte frühzeitig deutlich, daß ein schneller Erfolg der medizinischen Forschung nicht zu erwarten war. Die psychische und soziale Not der Betroffenen kommt verstärkt ins Blickfeld. Psychosoziale Beratung sind daher für den Selbsthilfeverband ebenso wichtig geworden wie Forschungsförderung. Selbstverständlich bleibt die Erforschung der Muskelkrankheiten und die Entwicklung wirksamer Therapien jedoch eine wesentliche Aufgabe. Daneben sind die breite Information der Öffentlichkeit und das Werben um Verständnis für die schwierige Lebenssituation muskelkranker Menschen wichtige Anliegen.

Die DGM besteht seit über 30 Jahren und hat fast 6000 Mitglieder.

Forderungen: Nachdrücklich wendet sich die DGM gegen gesellschaftliche Benachteiligungen Muskelkranker und setzt sich für gesundheitspolitische Veränderungen ein.

Im Moos 4
79112 Freiburg
Tel.: 07665/9447-0, Fax: 07665/9447-20

Deutsche Gesellschaft zur Förderung der Gehörlosen und Schwerhörigen e. V.
Aufgabe der Gesellschaft ist die gemeinsame Interessenvertretung sowie die Koordination der Arbeit und des Informationsaustausches aller Mitgliedsverbände. Ziel ist die Einflußnahme auf die Gesetzgebung im Sinne der Gehörlosen, Schwerhörigen und Ertaubten. Die Gesellschaft will u. a. mit ihrer Arbeit Bildungs-, Fortbildungs-, Habilitations- und Rehabilitationseinrichtungen unterstützen; außerdem soll die Öffentlichkeit über die besonderen Lebensbedingungen der betroffenen Menschen aufgeklärt werden. Wichtig ist, daß kein Verband nur für sich allein arbeitet. Die 1962 gegründete Gesellschaft ist der Dachverband für 16 bundesweite Vereine und Institutionen. In der Bundesrepublik leben ca. 16 Millionen Menschen mit beeinträchtigtem Hörvermögen.

Forderungen: Informationen in Gebärdensprache für Gehörlose im öffentlichen und administrativen Bereich; Gebärdendolmetscher bei aktuellen Fernsehsendungen; Studienmöglichkeiten für Gebärdendolmetscher; Gebärdensprache als Pflichtfach in der Gehörlosenpädagogik; Gebärdensprache als Fach in den Gehörlosenschulen.

Niemöllerallee 18
81739 München
Tel.: 089/67920248, Fax: 089/67920249

Deutsche Heredo-Ataxie Gesellschaft (DHAG) e. V.
Die DHAG ist eine gemeinnützige Selbsthilfeorganisation, in der sich Menschen zusammengefunden haben, die persönlich oder auf beruflicher Ebene mit Heredo-Ataxien zu tun haben. Darunter versteht man erblich bedingte Störungen im geordneten Ablauf von Körperbewegungen. Zweck des Vereines ist es, nach dem Prinzip der Selbsthilfe Betroffene und interessierte Familien dabei zu unterstützen, die eigene Behinderung und das Zusammenleben besser zu bewältigen. Wir organisieren regelmäßigen Erfahrungsaustausch und informieren über soziale, rechtliche und medizinische Fragen. Darüber hinaus fördert der Bundesverband den Ausbau regionaler Selbsthilfegruppen sowie die Errichtung von speziellen Forschungs-, Behandlungs- und Beratungsstellen. Um seine Mitglieder, die Öffentlichkeit, Ärzte und Angehörige pflegender Berufe besser informieren und beraten zu können, ist der Verein in verschiedenen nationalen und internationalen Gremien vertreten. In der BRD gibt es den DHAG als Bundesverband. Daneben existieren zahlreiche Regionalgruppen und ein Landesverband in Nordrhein-Westfalen. Insgesamt hat die DHAG ca. 800 Mitglieder.

Forderungen: Die DHAG fordert, daß chronisch kranke Menschen nicht mehr benachteiligt werden und daß der Sozialabbau für diesen Personenkreis gestoppt und rückgängig gemacht wird.

Haußmannstr. 6
70188 Stuttgart
Tel.: 0711/2155-114, Fax: 0711/2155-214

Deutsche ILCO e. V

Die Deutsche ILCO ist eine vom Selbsthilfegedanken geleitete Solidargemeinschaft von Stomaträgern, Menschen mit künstlichem Darmausgang, und deren Angehörigen. Der Name ILCO setzt sich aus Ileostomie = künstlicher Dünndarmausgang und Colostomie = künstlicher Dickdarmausgang zusammen. Die Deutsche ILCO will Stomaträgern in Deutschland beistehen, damit sie ein selbstbestimmtes und selbständiges Leben mit dem Stoma führen können. Hierfür bietet sie Erfahrungsaustausch und Beratung zum täglichen Leben mit dem Stoma sowie Interessenvertretung bei stomabezogenen Anliegen an. Der Verband bemüht sich um notwendige Rehabilitationsmaßnahmen und ist die wichtigste Informationsquelle für Stomafragen.

Die Deutsche ILCO besteht seit 1972. Sie hat 9800 Mitglieder und über 270 ILCO-Gruppen im gesamten Bundesgebiet, die von ehrenamtlichen Mitarbeitern getragen werden. Diese Gruppen beraten und unterstützen etwa 20 000 Betroffene im Jahr.

Forderungen: Umfassende Rehabilitation von Stomaträgern zu sichern durch: guten Standard für individuell passende Hilfsmittel; unabhängige Beratung in der Stomaversorgung; koordiniertes Zusammenwirken aller beteiligten Fachgruppen und Einbeziehung der ILCO-Mitarbeiter.

c/o Dagmar Schober
Tulpenstraße 3
94577 Winzer
Tel.: 08545/911145, Fax: 08545/911146

Deutsche Epilepsievereinigung (DE) e. V.

Als überregionale Interessengemeinschaft fördert die DE die Selbsthilfe bei Epilepsie und vermittelt Kontakte und Informationen für Betroffene. Leider sehen sich Menschen mit Epilepsie noch immer häufig mit massiven Vorurteilen konfrontiert. Dem arbeitet die DE entgegen. Sie organisiert Schulungen und Seminare und unterstützt die Forschung sowie den wissenschaftlichen Erfahrungsaustausch. Außerdem vertritt sie die Interessen der Anfallkranken auf nationaler und internationaler Ebene. Die DE wurde 1988 gegründet und gliedert sich in Bundesverband, Landesverbände und Selbsthilfegruppen.

Forderungen: Die DE setzt sich ein für einen offenen und vorbehaltlosen Umgang mit Epilepsie. Sie fordert das selbstbestimmte Leben der Menschen mit Epilepsie. Als Experten in eigener Sache müssen sie im Gesundheitssystem als gleichberechtigte Partner angesehen werden. Schule, Ausbildungs- und Berufschancen müssen so gestaltet werden, daß sie den unterschiedlichen Fähigkeiten, Kenntnissen und Bedürfnissen der Menschen mit Epilepsie entsprechen. Zur Realisierung eines flächendeckenden Beratungsangebots sollte für jeden Menschen mit Epilepsie (ca. 800000 in der BRD) eine Mark pro Jahr zur Verfügung gestellt werden.

Zillestr. 102
10585 Berlin
Tel.: 030/3424414, Fax: 030/3424466

Deutsche Morbus Crohn/Colitis ulcerosa Vereinigung (DCCV) e. V.

Die DCCV versteht sich als Selbsthilfeorganisation von und für Menschen mit den entzündlichen Erkrankungen des Verdauungstraktes Morbus Crohn und Colitis ulcerosa. Ihr Ziel ist die Verbesserung der Lebensqualität, der Rechte und der Versorgung chronisch Kranker. Im Mittelpunkt der Arbeit steht die persönliche Beratung von Betroffenen und ihren Angehörigen. Die DCCV vermittelt Kontakte zu Selbsthilfegruppen, Ärzten und Kliniken und hilft u. a. bei Fragen und Problemen mit Krankenkassen, Sozial- und Versorgungsämtern sowie Arbeitgebern. Darüber hinaus vertritt sie die Interessen der Betroffenen gegenüber der Politik auf Bundes- und Landesebene.

Die ausschließlich von Betroffenen organisierte Vereinigung wurde 1982 gegründet und zählt ca. 10800 Mitglieder. Vertreten wird die DCCV durch einen ehrenamtlich tätigen Bundesvorstand sowie Landesbeauftragte auf Länderebene.

Forderungen: Mehr Verständnis für die Situation nicht sichtbar Behinderter sowie chronisch Kranker im öffentlichen Leben und am Arbeitsplatz; angemessene Nachteilsausgleiche in den Neuordnungsgesetzen der gesetzlichen Krankenversicherung und bei der Rentenreform.

Paracelsusstraße 15
51375 Leverkusen
Tel.: 0214/87608, Fax: 0214/87608-88
E-Mail: info@dccv.org
Internet: http://dccv.org

Deutsche Multiple Sklerose Gesellschaft (DMSG) e. V.
Die DMSG vertritt die Interessen von Menschen, die an multipler Sklerose erkrankt sind. Dabei handelt es sich um eine degenerative entzündliche Nervenkrankheit, die Störung der Bewegungsabläufe sowie des Seh- und Sprachvermögens hervorrufen kann. Der Bundesverband und seine 16 Landesverbände bieten MS-Erkrankten unterschiedliche Dienstleistungen an u. a. in Form von Beratungsstellen, Wohngruppen, Fahr- und Pflegediensten. Daneben ist die DMSG die Interessenvertretung MS-Erkrankter in Deutschland. Im Vordergrund der Arbeit steht das Ziel, die sozialmedizinische Versorgung MS-Erkrankter in Deutschland zu verbessern. Darüber hinaus verfolgt der Bundesverband die Förderung der Forschung, die Erarbeitung von klinischen und sozialen bundesweiten Projekten sowie eine umfangreiche Informationsaufarbeitung der aktuellen medizinischen Ergebnisse.

Bundesweit gibt es zahlreiche regionale hauptamtlich besetzte Beratungsstellen und über 800 Kontaktgruppen. Mit ca. 300 hauptamtlichen und 3500 ehrenamtlichen Mitarbeitern steht die DMSG den MS-Erkrankten in medizinischen, beruflichen, rechtlichen und sozialen Fragestellungen zur Seite.

Vahrenwalderstr. 205–207
30165 Hannover
Tel.: 0511/96834-0, Fax: 0511/96834-50
E-Mail: dmsg@social de
Internet: http://www.dmsg.de

Deutsche Narkolepsie-Gesellschaft e. V. (DNG)
Die DNG ist ein Selbsthilfeverband von Menschen, die an einer Erkrankung der Schlaf-Wach-Regulierung leiden. Eines der Hauptmerkmale der Narkolepsie sind Attacken einer unwiderstehlichen Einschlaf-

neigung am Tage. Eine andere Form der Schlafkrankheiten sind Insomnien (Schlaflosigkeit mit ihren Folgen). Der gemeinnützige Verein vermittelt Kontakte zu Selbsthilfegruppen, Ärzten und Spezialkliniken und hilft bei Problemen mit Krankenkassen, Versorgungsämtern, Rententrägern oder Arbeitgebern. Darüber hinaus fördert er die Forschung auf dem Gebiet der Schlafmedizin und unterstützt den Aufbau weiterer Selbsthilfegruppen. Zur Zeit sind ca. 1500 Mitglieder in ca. 40 Selbsthilfegruppen bundesweit organisiert.

Forderungen: Häufig werden Schlafstörungen als Krankheit nicht anerkannt. Die DNG fordert deshalb mehr Verständnis für die Betroffenen. In medizinischer Hinsicht bedeutet das z. B. eine verbesserte Qualitätsabsicherung bei der Diagnose, besonders durch Hausärzte, Neurologen und Internisten. Zu den politischen Forderungen gehört u. a. eine besondere Berücksichtigung chronisch Kranker bei den Medikamenten- und Therapiezuzahlungen sowie Krankenhausgeldern.

c/o: Günter Baus
42755 Haan
Postfach 11 07
Tel.: 021 29/5 37 23, Fax: 021 29/3 29 45

Deutsche Retinitis Pigmentosa-Vereinigung (DRPV)
Die DRPV ist eine Selbsthilfevereinigung von Betroffenen und deren Angehörigen. Unter Retinitis Pigmentosa versteht man eine Gruppe von Augenerkrankungen, die eine zunehmende Zerstörung der Netzhaut (Retina) bewirken und in vielen Fällen bis zur vollständigen Erblindung führen. Ihre Aufgabe versteht die DRPV darin, Betroffene zu beraten, über Hilfsmittel zu informieren und die Forschung zu fördern. So vermittelt sie Kontakte zu Selbsthilfegruppen und Ansprechpartnern zu speziellen Problembereichen. Solche Bereiche sind z. B. Therapieversuche, technische Hilfsmittel, Mobilitätstraining sowie soziale, psychische oder berufliche Probleme. Darüber hinaus unterstützt die DRPV die Forschung mit erheblichen finanziellen Mitteln. Sie hilft beispielsweise bei der Beschaffung von Spezialgeräten für Forschungsinstitute, für die kein öffentlicher Kostenträger gefunden werden kann. Derzeit fördert sie ein bundesweites Retina-Implant-Programm, das den Ersatz von Fotorezeptoren durch Microstimulatoren zum Ziel hat.

Zur Zeit zählt die DRPV rund 3500 Mitglieder in ca. 60 Regionalgruppen, die über das ganze Bundesgebiet verteilt sind.

Vaalser Straße 108
52074 Aachen
Tel.: 0241/870018, Fax: 0241/873961

Deutsche Rheuma-Liga Bundesverband e. V.
Die Rheuma-Liga ist ein Selbsthilfe-Netzwerk von und für Menschen mit rheumatischen Erkrankungen. Diese Erkrankungen, von denen es viele verschiedene Erscheinungsformen gibt, führen nicht selten zu gesellschaftlicher Isolation, Verlust des Arbeitsplatzes, familiären Krisen. Vorrangiges Ziel der Rheuma-Liga ist es, sich für die Verbesserung der besonderen Lebenssituation rheumakranker Menschen einzusetzen und für deren Bedürfnisse einzutreten. Unser bundesweites Selbsthilfenetzwerk umfaßt fachliche Hilfen wie Bewegungstherapie, ergotherapeutische Behandlung, sozialrechtliche Beratung und die Vermittlung von Pflegediensten. Wir fördern Selbsthilfegruppen und organisieren Fortbildungsseminare für ehrenamtliche Mitarbeiter der Rheuma-Liga und für interessierte Berufsgruppen. Darüber hinaus vertreten wir die Interessen der Betroffenen auf gesundheits- und sozialpolitischer Ebene.

Die Deutsche Rheuma-Liga ist bundesweit mit mehr als 4500 aktiven Mitstreitern in über 800 örtlichen Gruppen vertreten.

Rheinallee 69
53173 Bonn
Tel.: 0228/957500, Fax: 0228/9575020

Deutsche Ullrich-Turner-Syndrom Vereinigung e. V.
Die UTS-Vereinigung versteht sich als Ansprechpartnerin für betroffene Frauen, Eltern und werdende Eltern. Hauptsymptom des UTS, an dem nur Mädchen und Frauen leiden, ist Kleinwüchsigkeit; außerdem sind fast alle Betroffenen unfruchtbar. Entgegen anderslautenden Äußerungen sind Frauen mit UTS normal intelligent. Die Diagnose UTS wirft viele Fragen auf. Die Vereinigung steht mit Informationen hinsichtlich Therapiemöglichkeiten (zum Beispiel zur Behandlung mit

Geschlechts- und Wachstumshormonen) zur Verfügung. Daneben regt sie zum Erfahrungsaustausch zwischen Betroffenen an und hilft, Problemlösungen zu finden. Über eine Kontaktwunschkartei vermittelt sie private Kontakte zwischen den Vereinsmitgliedern. Sie möchte das Selbstbewußtsein von betroffenen Mädchen und Frauen fördern und den Aufbau und die Arbeit regionaler Selbsthilfegruppen unterstützen.

Neben dem Bundesverband der UTS-Vereinigung existieren zahlreiche Regionalgruppen.

Forderungen: Die Diagnose UTS gilt bei vielen Ärzten pauschal als Abtreibungsgrund. Dagegen wendet sich der Bundesverband ganz entschieden. Betroffene Mädchen und Frauen können sehr gut mit dieser Behinderung leben.

Postfach 96 01 16
51085 Köln
Tel.:/Fax: 0221/8904790

Deutsche Vereinigung für die Rehabilitation Behinderter (DVfR) e. V.

Die DVfR ist der einzige nationale Fachverband für die interdisziplinäre medizinische, schulisch-berufliche und soziale Rehabilitation, in dem Vertreter von Berufsfachverbänden und Selbsthilfeorganisationen, Rehabilitationseinrichtungen, Leistungsträgern der Rehabilitation sowie Experten aus vielen Sozial- und Gesundheitsberufen zusammengeschlossen sind. Zu ihren Aufgaben zählt die Anregung und Unterstützung von Maßnahmen zur ganzheitlichen Rehabilitation, die Förderung der Prävention von Behinderungen, die Anregung von Forschungsvorhaben sowie des wissenschaftlich-theoretischen Dialoges und des praktischen Erfahrungsaustausches auf nationaler und internationaler Ebene. Außerdem verfaßt die DVfR Stellungnahmen und Resolutionen an politische und fachverbandliche Entscheidungsträger.

Forderungen: Die Beseitigung baulicher Barrieren, die Sicherstellung des individuell einklagbaren Rechts auf Eingliederungshilfe und Rehabilitation auch bei eingetretener Pflegebedürftigkeit, die stärkere Mitgestaltung von Reha-Angeboten durch die Betroffenen sowie die Verstärkung integrativer Angebote.

c/o: Martin Schmollinger
Friedrich-Ebert-Anlage 9
69117 Heidelberg
Tel.: 06221/25485, Fax: 06221/166009

Deutscher Behinderten-Sportverband (DBS) e. V.
Als Spitzenverband im Deutschen Sportbund und Fachverband für den Rehabilitationssport hat der DBS zum Ziel, den Sport als Mittel der Rehabilitation und gesellschaftlichen Integration zu fördern und einzusetzen und jedem Behinderten die Teilnahme zu ermöglichen. Der Behindertensport findet dabei auf verschiedenen Ebenen statt: als Leistungs-, Breiten- und Rehabilitationssport. Ziel ist u. a. die Erhaltung und Steigerung der körperlichen und geistigen Leistungsfähigkeit, die Aktivierung der Eigeninitiative, der Aufbau und die Festigung der inneren Stabilität sowie die Einnahme eines anerkannten Platzes in der Gesellschaft. Der DBS erfüllt damit wesentliche gesellschaftliche und fürsorgerische Aufgaben. So nimmt er Einfluß auf die Gesetzgebung und entwickelt bundeseinheitliche Richtlinien für den Sport mit Behinderten und die Ausbildung von Fachkräften im Behindertensport. Darüber hinaus fördert er die Forschung sowie den Bau und die Unterhaltung von Sport- und Freizeitstätten. In den rund 3000 Vereinen des DBS sind bundesweit über 264000 behinderte Menschen organisiert.

Friedrich-Alfred-Str. 10
47055 Duisburg
Tel.: 0203/7780-170, Fax: 0203/7780-178

Deutscher Blindenverband e. V. (DBV)
Der DBV vertritt die Interessen der Blinden und Sehbehinderten Deutschlands mit dem Ziel, deren soziale Stellung zu erhalten und ihre gesellschaftliche und ihre berufliche Eingliederung zu fördern. Diese Aufgaben erfüllt er u. a. durch Einflußnahme auf die Gesetzgebung; Rechtsberatung und -vertretung seiner Mitglieder, Förderung der medizinischen, sozialen und beruflichen Rehabilitation; Einflußnahme auf die Entwicklung geeigneter Blindenhilfsmittel und auf eine blinden- und sehbehindertenfreundliche Umwelt; Unterstützung kultureller

und sportlicher Bestrebungen. Wegen des wachsenden Anteils von Altersblinden, die nicht mehr ins Berufsleben zurückkehren, unterstützt der DBV verstärkt ältere Menschen, damit diese nach ihrer Erblindung in Familie und Gesellschaft wieder ihren Platz finden.

Der DBV ist die Nachfolgeorganisation des 1912 gegründeten Reichsdeutschen Blindenverbandes. Ihm gehören 20 Landesverbände mit zahlreichen örtlichen Untergliederungen an.

Forderungen: Eine blinden- und sehbehindertenfreundliche Umwelt, zum Beispiel mehr akustische Verkehrsampeln; gesetzlicher Anspruch Späterblindeter auf Elementarrehabilitation; anwendungsfreundliche Endgeräte und Programme im Multimediabereich für sehgeschädigte Menschen; mehr Filme mit Erläuterungen für Blinde.

Bismarckallee 30
53173 Bonn
Tel.: 0228/95582-0, Fax: 0228/357719

Deutscher Caritasverband (DCV)

Ziel des DCV ist es, insbesondere benachteiligte und schwache Menschen vor Ausnutzung, Ausgrenzung und Vereinnahmung zu schützen und gleichzeitig ihre Selbsthilfekräfte zu stärken. Der Verband versteht sich als Anwalt und Partner von Menschen mit Benachteiligungen, die in der Öffentlichkeit keine Stimme haben und sich selbst nicht helfen können. Der Verband übernimmt Verantwortung für diese Menschen in bezug auf gesellschaftliche und politische Entwicklungen und bringt seine in der Praxis gewonnenen Erfahrungen in die fachliche, ethische und politische Diskussion mit ein. Diese Aufgaben und Perspektiven entsprechen dem Anspruch, sich den tiefgreifenden Veränderungen von Gesellschaft, Staat und Kirche zu stellen. Dies fordert den Wohlfahrtsverband der katholischen Kirche in seiner Mitverantwortung für die Gestaltung der sozialen Verhältnisse in der BRD.

Im Deutschen Caritasverband sind die Caritasverbände der Diözesen, die zentralen caritativen Fachverbände sowie die caritativen Vereinigungen und Ordensgemeinschaften zusammengeschlossen. Der DCV wurde vor 100 Jahren gegründet, ist Träger von rund 1600 Einrichtungen in der Behindertenhilfe und stellt fast 10000 Plätze für Menschen mit Behinderungen in verschiedenen Einrichtungen.

c/o: Dr. Franz Fink
Karlstr. 40
79104 Freiburg
Tel.: 0761/200-0, Fax: 0761/200-666

Deutscher Gehörlosen-Bund e. V.
Der DGB setzt sich für die Interessen der Gehörlosen in Deutschland ein, insbesondere in sozialpolitischer, kultureller und beruflicher Hinsicht. Der Bund versteht sich als Sprecher aller Gehörlosen und wendet sich gegen Diskriminierung im täglichen Leben. Besonders wichtig ist der Erfahrungsaustausch zwischen den angeschlossenen Organisationen. Der Gehörlosen-Bund setzt sich für die gesellschaftliche, juristische und politische Anerkennung der Gebärdensprache ein; er engagiert sich für die Aus- und Fortbildung von GebärdensprachdolmetscherInnen und deren Finanzierung. Weitere Anliegen sind, daß immer mehr Gehörlose auch in pädagogischen, sozialpädagogischen, medizinischen und politischen Bereichen tätig werden können. Hinzu kommt die Verbesserung des Beratungsangebots für mehrfachbehinderte Gehörlose und gehörlose Senioren.

Der DGB wurde 1950 als Rechtsnachfolger des Reichsverbandes der Gehörlosen in Deutschland gegründet. Ingesamt sind 35 000 Gehörlose in über 600 Vereinen innerhalb des Verbandes organisiert. Rund 80 000 Gehörlose leben in Deutschland.

Forderungen: Gesellschaftliche, juristische und politische Anerkennung der Gebärdensprache; Verbesserung der Kostenübernahme für Dolmetscher; verbesserte Beratungsangebote für gehörlose Menschen.

Paradeplatz 3
24768 Rendsburg
Tel.: 04331/589722, Fax: 04331/589745

Deutscher Gehörlosen-Sportverband (DGS) e. V.
Im DGS haben sich gehörlose Menschen zusammengeschlossen, die Spaß haben an einer sportlichen Betätigung. Denn trotz ihrer körperlichen Unversehrtheit besteht für Gehörlose keine Chancengleichheit im Wettkampf mit Hörenden, u. a. deshalb, weil der Hörschaden Ein-

fluß auf das Erlernen von Bewegungsformen hat. Gemeinsam mit anderen Hörgeschädigten können gehörlose Menschen solche Defizite ausgleichen. Hinzu kommt: Sport als Gemeinschaftserlebnis löst die Gehörlosen aus der Isolation, gibt ihnen Lebenskraft und stärkt das Selbstbewußtsein. Innerhalb des DGS werden in 20 verschiedenen Sportarten nationale Meisterschaften durchgeführt, die ausnahmslos durch ehrenamtlich tätige Mitarbeiter organisiert werden. In 15 dieser 20 Sportarten ist der DGS auch international vertreten und nimmt an den Weltspielen der Gehörlosen, den jeweiligen Europameisterschaften und internationalen Freundschaftsbegegnungen teil.

Dem DGS gehören 15 Landesverbände mit 168 Vereinen und 12 500 Einzelmitgliedern an. Darüber hinaus verfügt der DGS über eine eigene Jugendorganisation (dgsj), die für ihre Belange weitgehend selbst verantwortlich ist.

Adolfstraße 3
45130 Essen
Tel.: 0201/777671, Fax: 0201/783302

Deutscher Psoriasis Bund (DPB) e. V.

Der DPB ist die Patienten-Selbsthilfe-Organisation der an Schuppenflechte leidenden Menschen in der Bundesrepublik. Das zentrale Anliegen der Interessengemeinschaft ist es, die allgemeine Lebenssituation der Psoriatiker in der Bundesrepublik Deutschland zu verbessern. In mehr als 40 Regionalgruppen und Kontaktkreisen veranstalten Teams ehrenamtlicher Mitarbeiter/innen zwanglose Treffen und fördern den Erfahrungsaustausch unter den Betroffenen. Für Fragen, Sorgen und Anregungen stehen neben der Geschäftsstelle in Hamburg in vielen Regionen Kontaktpersonen zur Verfügung. Außerdem vertritt der Verband die Interessen der Betroffenen auf sozial- und gesundheitspolitischer Ebene, fördert die Forschung und unterstützt die nationale und internationale Zusammenarbeit mit anderen Selbsthilfeorganisationen im Gesundheitswesen sowie mit ausländischen Psoriasis-Vereinigungen.

Mit rund 9500 Mitgliedern ist die Interessengemeinschaft heute die stärkste deutsche Patientenorganisation im Bereich der Hautkrankheiten.

Forderungen: Eine zentrale Forderung ist die uneingeschränkte Anerkennung der Schuppenflechte als Behinderung.

Oberaltenallee 20a
22081 Hamburg
Tel.: 040/223399, Fax: 040/2270986

Deutscher Rollstuhl-Sportverband e. V. (DRS)

Der DRS hat sich zur Aufgabe gemacht, ambulanten Behindertensport zu fördern und bereitzustellen – entweder für behinderte Menschen nach der Klinikphase oder für Menschen, die aus anderen Gründen ständig oder zeitweise auf den Rollstuhl angewiesen sind. Der DRS verfügt über ein breitgefächertes Angebot im Kinder- und Jugendsport, im Breiten- wie auch im Wettbewerbssport.

Die Entstehung des Rollstuhlsports ist eng verknüpft mit der Entwicklung der modernen Behandlungsmethoden bei Querschnittlähmung. Dank der Arbeit des Neurologen Ludwig Guttmann während des Zweiten Weltkriegs hatten erstmals auch solche Schwerstbehinderte Überlebenschancen, die zuvor dem Tode geweiht waren. Dank seiner Methoden konnten die ansonsten tödlichen Folgen einer spinalen Querschnittlähmung, vor allem Druckgeschwüre und Infektionen im Blasen-Nieren-Bereich, vermieden werden. Der Sport spielt bei der funktionellen und psychischen Mobilisierung eine wesentliche Funktion.

Die 1974 gegründete Arbeitsgemeinschaft Rollstuhlsport wandelte sich 1977 in den Deutschen Rollstuhl-Sportverband um. Dem DRS gehören mehr als 230 Vereine an, die rund 6000 Rollstuhlfahrer betreuen.

Forderungen: Weiterhin Förderung des Rollstuhlsports im Rahmen der Rehabilitation.

Friedrich-Alfred-Str. 10
47055 Duisburg
Tel.: 0203/7780-180, Fax: 0203/7780-181

Deutscher Schwerhörigenbund e. V. (DSB)
Der DSB vertritt als bundesweit arbeitende Selbsthilfeorganisation die Interessen schwerhöriger und ertaubter Menschen in sozialer, medizinischer, technischer und rechtlicher Hinsicht. Im DSB und seinen Ortsvereinen haben Betroffene die Möglichkeit, Informationen auszutauschen und der durch die Kommunikationsprobleme bedingten Isolation zu entgehen. Die Hörberatungs- und Informationszentren des DSB verzeichnen starken Zulauf. Darüber hinaus klärt der DSB in der Öffentlichkeit über die Gefährdung des Gehörs durch Lärm auf, sowie über die Probleme, die schwerhörige und ertaubte Menschen im Umgang mit Guthörenden haben. Der DSB fördert Rehabilitationsmaßnahmen für Hörgeschädigte und führt sie zum Teil selbst durch, zum Beispiel Kurse im Absehen, Hörtraining, Hörtaktik, Atemtechnik, Sprachpflege.

Der DSB wurde 1901 in Berlin gegründet. Der Bund hat 15 Landesverbände und 96 Ortsvereine. Außerdem sind etwa 25 Selbsthilfegruppen angeschlossen.

Forderungen: Die Kosten für das Training des Absehens sollen ebenso wie Schreibtelefone und Lichtsignalanlagen von den Leistungsträgern übernommen werden, und zwar als anerkannte Hilfe und nicht im Rahmen einer Ermessensentscheidung. Der DBS fordert, die Zuzahlung für Hörgeräte abzuschaffen oder auf ein sozial verträgliches Maß zu begrenzen.

c/o: Edeltraut Cordes
Geschäftsstelle Schiffbauerdamm 13
10117 Berlin
Tel.: 030/2807877, Fax: 030/2832980

Deutscher Verein der Blinden und Sehbehinderten in Studium und Beruf (DVBS) e. V.
Der DVBS ist die Selbsthilfeorganisation Blinder und Sehbehinderter in akademischen und verwandten Berufen. Sein Ziel ist es, die Eingliederung in Ausbildung und Beruf zu erleichtern. Der Verein berät u. a. in Fragen der Ausbildungs- und Berufsfindung, in sozialrechtlichen Angelegenheiten, über Assistenz- und Hilfsmittel, Hilfskräfte, Mobilität

und Literaturbeschaffung. In seinen Fach- und Bezirksgruppen bietet er Seminare, Fortbildungen und Informationsdienste an. Er fördert die weiterführende Bildung Blinder und Sehbehinderter und vertritt deren Interessen auf politischer und gesellschaftlicher Ebene. Ausbildungsstätten, Arbeitsämtern und Arbeitgebern bietet der DVBS seine Mitarbeit an und unterstützt die Forschung. Der DVBS hat derzeit rund 1300 Mitglieder, die bundesweit in Bezirken und Berufsfachgruppen sowie in den Fachgruppen Ausbildung und Ruhestand organisiert sind.

Forderungen: Der DVBS tritt ein für ein Bildungssystem und eine Arbeitswelt, wo Blinde und Sehbehinderte die gleichen Chancen haben wie Sehende. Außerdem fordert er eine Gesellschaft, in der behinderte Menschen ein natürliches und uneingeschränktes Lebensrecht haben.

Frauenbergstraße 8
35039 Marburg
Tel.: 06421/481440, Fax: 06421/51822
Internet: http://www.c-cab.de/dvbs

Deutsches Kuratorium für Therapeutisches Reiten e. V.
Das Kuratorium widmet sich dem Einsatz des Pferdes in Krankengymnastik, Pädagogik, Psychologie und Behindertensport. Es hat sich gezeigt, daß viele behinderte Menschen in der Lage sind, Reiten zu lernen. Der auf den Rollstuhl angewiesene Gehbehinderte gewinnt so «vier gesunde Beine», auf denen er sich frei bewegen kann. Dem blinden Reiter hilft das Pferd mit seinen Augen.

Die Hippotherapie in medizinischer Hinsicht entspricht einer krankengymnastischen Behandlungsmaßnahme, die ärztlich verordnet und überwacht wird. Es werden besonders ausgebildete Pferde eingesetzt, um bestimmte Erkrankungen und Schädigungen des zentralen Nervensystems sowie des Stütz- und Bewegungsapparates zu behandeln. Dabei werden Effekte erzielt, die mit herkömmlichen Methoden nicht zu erreichen sind. Heilpädagogisches Reiten und Voltigieren führt bei verhaltensauffälligen, lernbehinderten und geistigbehinderten Kindern und Jugendlichen, in der Psychotherapie und bei manchen psychiatrischen Erkrankungen zu positiven Verhaltensänderungen.

Forderung: Integration behinderter Menschen ins Alltagsleben.

Freiherr-von-Langen-Straße 13
48231 Warendorf
Tel.: 02581/6362-0/194, Fax: 02581/62144

Deutsches Rotes Kreuz (DRK)
Die Behindertenhilfe im DRK hat zum Ziel, Menschen mit Behinderungen aller Art bei der Teilnahme am gesellschaftlichen Leben sowie beim Erhalt größtmöglicher Selbständigkeit zu unterstützen. In der offenen Behindertenarbeit bedeutet das die Unterhaltung von ambulanten und mobilen sozialen Diensten durch professionelle wie ehrenamtliche Mitarbeiter. Die Palette reicht von pflegerischen, hauswirtschaftlichen und familienentlastenden Diensten über Besuchs-, Begleit- und Fahrdienste bis hin zu Beratungs-, Begegnungs- und Freizeitangeboten. Hinzu kommt der Aufbau von DRK-Betreuungsvereinen, deren Aufgabe darin besteht, gerichtlich bestellte Betreuungen von Personen zu übernehmen, die aufgrund von Krankheit oder Behinderung ihre Angelegenheiten nicht mehr selbst übernehmen können. Ein weiterer Schwerpunkt ist die berufliche und soziale Rehabilitation. Neben den üblichen Einrichtungen von Frühberatungsstellen bis zu Behindertenwerk- und Wohnstätten erprobt das DRK derzeit sogenannte Integrationsfirmen – die künftig einen neuen Ansatz zwischen Behindertenwerkstätten und allgemeinem Arbeitsmarkt darstellen sollen. Das teilstationäre und stationäre Angebot der Behindertenhilfe umfaßt heute rund 9000 Plätze.

Friedrich-Ebert-Allee 71
53113 Bonn
Tel.: 0228/541-0, Telex: 885619, Fax: 0228/541-1290
Internet: http://www.rotkreuz.de

Dialysepatienten Deutschlands e. V. (DD e. V.)
Der Bundesverband DD e. V. nimmt die Interessen chronisch nierenkranker Menschen, Prädialytiker, Dialysepatienten, Transplantierter und deren Angehöriger wahr. Ärztliches und pflegerisches Personal ist zum Teil ebenfalls in die Arbeit der Selbsthilfeorganisation eingebun-

den. Die Aufgaben des DD e. V. bestehen in der Rehabilitation (z. B. Qualitätssicherung der Nierenersatztherapie), der psychosozialen Begleitung der Patienten, Verhandlungen mit Kostenträgern, der Aktion «Danke dem Organspender», Beratung bei Urlaubsdialyse, Erstellen des Ferienführers *dialyse international*, Beratung in Angelegenheiten von Kindern, Jugendlichen und jungen Erwachsenen, Betreuung der Elternvereine, Herausgabe der verbandseigenen Zeitschrift *der dialysepatient*, Erfassung der Entwicklung der Nierenersatztherapie und des Transplantationsgeschehens sowie die juristische Begleitung des Transplantationsgesetzes.

Der DD e. V. wurde 1975 gegründet und besteht aus 145 Regionalgruppen mit rund 16 000 Mitgliedern.

Forderungen: Größeres Bewußtsein in der Bevölkerung für diese nicht sichtbare Behinderung; mehr Bereitschaft zur Organspende; Qualitätssicherung in der Nierenersatztherapie.

Weberstraße 2
55130 Mainz
Tel.: 06131/85152, Fax: 06131/835198

Diakonisches Werk der Evangelischen Kirche in Deutschland

Das Diakonische Werk wurde 1848 mit dem Ziel gegründet, bedürftigen und behinderten Menschen zu einem selbstbestimmten, menschenwürdigen Leben zu verhelfen. Die Diakonie ist überzeugt, daß Gott jeden Menschen in seiner Art gewollt hat. Die Menschlichkeit einer Gesellschaft zeigt sich deshalb darin, wie sie behinderte und benachteiligte Menschen aufnimmt und einbezieht. Starke «funktionierende» und wirtschaftlich leistungsfähige Menschen sind nicht der alleinige Maßstab. Im gegenwärtigen Strukturwandel des Sozialstaates kämpft die Diakonie deshalb gegen Ausgrenzung und setzt sich für die Rechte behinderter Menschen ein.

Mit knapp 400 Selbsthilfegruppen, über 400 Beratungsstellen, 1600 Einrichtungen mit 137 000 Plätzen bzw. Betten und über 60 000 Mitarbeiter/innen sowie 46 Fachschulen allein im Behindertenbereich gehört das Diakonische Werk der EKD zu den größten Anbietern in Europa. Die Unterstützung behinderter Menschen gehört damit zu den Kernaufgaben dieses Wohlfahrtsverbandes, der ingesamt 31000 Einrichtungen und jeweils über 400000 haupt- und ehrenamtlichen Kräfte.

Stafflenbergstr. 76
70184 Stuttgart
Tel.: 0711/2159-454, Fax: 0711/2159-566

Freundeskreis Camphill e. V.
In dem gemeinnützigen Verein haben sich Eltern, Angehörige und Freunde zusammengefunden, die Sorge tragen für behinderte Menschen, die in Camphill-Einrichtungen leben, vom Kindergarten über Schulen bis zu Dorfgemeinschaften. Die Camphillbewegung wurde 1940 als heilpädagogische Einrichtung von dem Wiener Arzt Dr. Karl König in Camphill (Schottland) gegründet und ist mittlerweile international verbreitet. Seit 1958 gibt es auch in Deutschland Camphill-Schulen und Dorfgemeinschaften, in denen mehrfachbehinderte Kinder, Jugendliche und Erwachsene mit ihren Betreuern zusammenleben, lernen und arbeiten. Der Verein wurde 1965 gegründet und unterstützt durch seine Spenden die bestehenden Einrichtungen. Außerdem versteht er es als seine Aufgabe, Initiativen für die Neugründung von Camphill-Plätzen nach Kräften zu fördern. Jährliche Tagungen zu Pfingsten und regelmäßige Treffen von Eltern und Mitarbeitern dienen dazu, das Verständnis für die anthroposophische Arbeit mit Seelenpflege-bedürftigen Menschen zu vertiefen. Der Verein ist Mitglied der Bundesarbeitsgemeinschaft HILFE FÜR BEHINDERTE und arbeitet mit der Bundeselternvereinigung für anthroposophische Heilpädagogik und Sozialtherapie zusammen.

c/o: Erika Lange
Gütergotzer Straße 85
14165 Berlin
Tel./Fax: 030/8012069

elternverband deutscher gehörlosenschulen e. V.

Der Elternverband versteht sich als Dachorganisation sämtlicher Elternvertretungen der Deutschen Gehörlosenschulen. In der Frühförderung, in integrativen Einrichtungen, aber auch an Schulen für Hörgeschädigte ist die Vermittlung von Gebärdenkenntnissen und Wissen über Leben, Kultur und Bedürfnisse Gehörloser noch längst keine Selbstverständlichkeit. Der Verband setzt sich ein für eine Verbesserung der kommunikativen Situation gehörloser Kinder, ihre Integration in die Welt der Hörenden und der Gehörlosen, die Beschaffung von Hilfsmitteln aller Art und für eine Verbesserung der Öffentlichkeitsarbeit. Jährlich werden Tagungen durchgeführt und Informationen herausgegeben. Der Elternverband bemüht sich um eine altersgemäße Kommunikationsentwicklung gehörloser Kinder zur Ausbildung einer eigenen Identität und einer adäquaten kognitiven und sozialen Entwicklung. Zur Zeit umfaßt der Verband ca. 50 Schul- und Fördervereine sowie 50 Einzelmitglieder.

Forderungen: Der Elternverband fordert die Einbeziehung der Deutschen Gebärdensprache in die Frühförderung und in den Unterricht an Gehörlosenschulen sowie den Einsatz gehörloser Gehörlosenpädagogen.

Schenefelder Landstraße 126b
22589 Hamburg
Tel.: 040/8704528, Fax: 040/877680

EUCREA-Deutschland e. V.

Der gemeinnützige Verein ist die deutsche Sektion der «European Association for Creativity by and with Disabled Persons». Er versteht sich als Interessenverband aller behinderten Menschen, die im künstlerisch-kreativen Bereich tätig sind. Vorrangiges Anliegen der Vereinigung ist die Förderung kreativer Aktivitäten behinderter Menschen in Zusammenwirken mit sogenannten Nichtbehinderten. EUCREA-Deutschland strebt eine Vernetzung der in Deutschland bereits bestehenden Ansätze auf diesem Gebiet an. Ein erster Schritt auf diesem Weg ist die Organisation von Festivals, bei denen Künstler mit Behinderung die Hauptakteure sind oder die Vermittlung von behinderten Künstlern an Kulturveranstalter, wobei die Integration in allen Lebensbereichen ein entscheidendes Merkmal ist. Darüber hinaus vermittelt EUCREA-Deutschland e. V. Kontakte auf nationaler und internationaler Ebene. Die Vereinigung setzt sich zusammen aus Vertretern namhafter Behindertenverbände, -organisationen und -einrichtungen, aber auch aus Initiativgruppen und Einzelmitgliedern.

c/o: Sozialverband Reichsbund
Marija Stiglic
Beethovenallee 56–58
53173 Bonn
Tel.: 0228/9564–130, Fax: 0228/9564–132

Europäische Down-Syndrom-Assoziation Deutschland (EDSA) e. V.

Die EDSA hat zum Ziel, Eltern von Kindern mit Down-Syndrom über die Möglichkeiten der Förderung und medizinischen Versorgung zu informieren. Wir beraten, betreuen und begleiten betroffene Eltern und ermöglichen den Erfahrungsaustausch zwischen Menschen mit DS sowie ihren Angehörigen. Darüber hinaus informieren wir die Öffentlichkeit, Fachleute und Politiker über das Down-Syndrom und unterstützen die Integration von Menschen mit DS in Kindergarten, Schule, Beruf und Freizeit. Außerdem hat die EDSA ein Kunstprojekt «Arche Noah» ins Leben gerufen, in welchem professionelle Künstler mit Kindern, Jugendlichen und Erwachsenen mit oder ohne DS zusammenarbeiten. Die EDSA legt einen Arbeitsschwerpunkt auf den Austausch mit den europäischen Nachbarländern. Unter dem Gesichtspunkt der Zusammengehörigkeit hat die EDSA ein Solidaritätssymbol entworfen: das Puzzlestück. Im Moment ist es das vorrangige Ziel der EDSA, zusammen mit anderen Gruppen ein gemeinsames Down-Syndrom-Netzwerk für Deutschland aufzubauen, das zu einer starken Lobby für Menschen mit Down-Syndrom werden soll.

Eifgenweg 1 a
51061 Köln
Tel./Fax: 0221/6002030

Forum selbstbestimmter Assistenz behinderter Menschen e. V.

Das Forum versteht sich als bundesweite verbandsübergreifende Interessenvertretung behinderter Menschen mit Assistenzbedarf (Pflegebedarf) und vertritt deren Anliegen gegenüber Gesetzgebung und Verwaltung. Ziel des Forums ist das Recht auf ein selbstbestimmtes Leben außerhalb von Heimen. Gegründet wurde der Verein anläßlich der Änderungen des BSHG und der Einführung der zweiten Stufe der Pflegeversicherung. Behinderte Menschen mit Pflegebedarf aus dem gesamten Bundesgebiet forderten eine einheitliche Lobby gegenüber Gesetzgebung und Verwaltung. Außerdem berät der Verein Menschen mit Behinderungen, insbesondere mit Pflegebedarf, zum Beispiel bei Problemen mit der Pflegeversicherung, mit Gutachtern oder Sozialhilfeträgern.

Derzeit zählt das Forum 43 Einzelmitglieder sowie zehn Vereine und Verbände, die ihrerseits über 70000 Mitglieder vertreten.

Forderungen: Das Forum fordert u. a. die Möglichkeit verschiedener Alternativen der Assistenznahme, die unabhängig von der Höhe der Kosten zur Verfügung stehen müssen, und kämpft gegen die Pflichteinsätze aus der Pflegeversicherung.

c/o: Elke Bartz
Nelkenweg 5
74673 Mulfingen-Hollenbach
Tel.: 07938/515, Fax: 07938/8538
E-Mail: e.bartz@link-cr.bawue.cl.sub.de.

Interessengemeinschaft Arthrogryposis e. V. (IGA)

Die IGA hat sich zum Ziel gesetzt, Eltern und Betroffenen im Umgang mit dieser Behinderung Hilfestellung zu geben. Unter Arthrogryposis multiplex congenita (AMC) versteht man eine angeborene Gelenksteife. Diese kann sich auf einzelne Gelenke beschränken, es können aber auch mehrere, im Extremfall alle Gelenke betroffen sein. Es handelt sich um eine Erkrankung der Muskeln, Sehnen und vor allem der Gelenkkapseln. Die Ziele der IGA sind u. a.: die Öffentlichkeit, Behörden, Institutionen, Ärzte und Kliniken über ihr Anliegen zu informieren; den aktuellen Wissensstand zu vermitteln; wissenschaftliche Untersuchungen zu fördern und sich für die Integration behinderter Menschen einzusetzen. Um diese Aufgaben zu erfüllen, bemüht sich die IDA darum, ein flächendeckendes Netz von Ansprechpartnern aufzubauen, Informationsmaterial zu veröffentlichen, Familientagungen und Regionaltreffs zu veranstalten, Kontakte zu Selbsthilfegruppen im Inland und Ausland zu knüpfen.

Die Interessengemeinschaft Arthrogryposis wurde 1992 gegründet. Sie versteht sich als Interessengemeinschaft aller mit ACM Befaßten im deutschsprachigen Raum.

Hauptstr. 130
79713 Bad Säckingen
Tel./Fax: 07761/57109
E-Mail: 106155.1266@CompuServe.com

Interessenvertretung Selbstbestimmt Leben in Deutschland (ISL) e. V.

In der ISL haben sich Menschen mit verschiedenen Behinderungen zusammengeschlossen, die dafür eintreten, daß Barrieren, die ihrer Gleichberechtigung und Selbstbestimmung im Wege stehen, beseitigt werden. Die ISL betrachtet Behinderung nicht als Schicksal, sondern als Ausdruck der behindernden gesellschaftlichen Bedingungen. In ihren Beratungszentren bietet sie Behinderten und chronisch Kranken die Möglichkeit, mehr Selbstbewußtsein zu gewinnen und neue Wege hin zu einem selbstbestimmten Leben einzuschlagen. Zu den wichtigsten Grundsätzen der ISL zählt, daß die Interessenvertretung und Beratung von behinderten Menschen selbst erbracht wird und daß Menschen mit verschiedenen Behinderungen zusammenarbeiten.

Forderungen: Die ISL fordert die Verabschiedung von einklagbaren Gleichstellungsgesetzen für Behinderte auf kommunaler, Landes- und Bundesebene; Wahlmöglichkeiten und Kundenkontrolle für ein selbstbestimmtes Leben Behinderter bei allen Angeboten für Behinderte; die Selbstvertretung von behinderten Menschen auf allen Ebenen sowie die Förderung der Beratung von Behinderten für Behinderte.

Jordanstr. 5
34117 Kassel
Tel.: 0561/72885-46, Fax: 0561/72885-29
E-Mail: Miles-Paul@ASCO.nev.sub.de

ISAAC-Deutschland, Gesellschaft für Unterstützte Kommunikation e. V.

ISAAC-Deutschland ist ein Informations-, Forschungs- und Austauschforum für unterstützende Kommunikationssysteme für kaum und nichtsprechende Menschen. Kernpunkt der Arbeit ist das Bemühen, Betroffenen, die nur sehr begrenzt lautsprachlich kommunizieren können, Alternativen bzw. Ergänzungen zur lautsprachlichen Kommunikation zu erschließen. Dazu gehören körpereigene Methoden wie Mimik, Gestik und Gebärden sowie elektronische (Sprachcomputer u. ä.) und nichtelektronische Kommunikationshilfen (Kommunikationstafeln mit Bildern und Symbolen u. ä.). ISAAC vermittelt Kontakte und Informationen für Betroffene. Außerdem bietet der Verein Informationen und Fortbildungsveranstaltungen für Personen an, die sich beruflich mit dem Thema beschäftigen, und vertritt die Interessen der Betroffenen auf politischer Ebene.

ISAAC-Deutschland wurde 1990 gegründet und hat heute ca. 600 Mitglieder, die in sieben Regionalgruppen organisiert sind.

Forderungen: ISAAC fordert u. a. die Einrichtung regionaler Beratungszentren, den Aufbau eines Frühfördersystems sowie die Einführung unterstützter Kommunikation als Pflichtfach in der Sonderpädagogik.

56377 Nassau/Lahn
Kaltbachtal 6
Tel./Fax.: 02604/950153

Johanniter-Unfall-Hilfe e. V.

Die JUH ist ein Ordenswerk des evangelischen Johanniter-Ordens, der sich vornehmlich der Fürsorge alter, kranker und behinderter Menschen widmet. Die Aufgaben der JUH sind: Ausbildung und Betätigung in «Erste Hilfe», Rettungsdienst; Bevölkerungsschutz, der den Katastrophenschutz sowie den Zivilschutz umfaßt; Ausbildung von Schwesternhelferinnen; Jugendarbeit und Arbeit mit Kindern; Behinderten- und Altenbetreuung; ambulante Krankenpflege; teilstationäre und stationäre Krankenpflege. Als Hilfsorganisation ist die JUH auch dann gefordert, wenn Menschen in Notsituationen und plötzlichen Katastrophen – auch außerhalb Deutschlands – leiden müssen. Wichtigste gesellschaftliche Grundlage für die Arbeit der JUH ist das Prinzip der Subsidiarität. Darunter versteht man, daß der Staat erst in zweiter Linie, also «subsidiär», tätig werden soll. In erster Linie sind es die Menschen, die durch eigene Kräfte den Dienst am Nächsten leisten.

Die Johanniter-Unfall-Hilfe wurde 1952 gegründet und ist ein Fachverband des Diakonischen Werkes der Evangelischen Kirche in Deutschland (EKD). 15000 ehrenamtliche und 8000 hauptamtliche sowie mehr als 1,1 Millionen Fördermitglieder unterstützen die JUH.

Postfach 41 02 54
53024 Bonn
Tel.: 0228/6830-0, Fax: 0228/6830-444

Kindernetzwerk für kranke und behinderte Kinder und Jugendliche in der Gesellschaft e. V.

Seit 1993 versucht das Kindernetzwerk mit seiner Datenbank einen bundesweiten Überblick über weiterführende Hilfen für Eltern von chronisch kranken, behinderten oder entwicklungsgestörten Kindern und Jugendlichen herzustellen. Bei über 1000 Problembereichen vermittelt es bundesweit Adressen von gleich betroffenen Eltern, Elternselbsthilfegruppen, Organisationen, speziellen Zentren und Reha-Einrichtungen. Zudem werden auch zu allen Erkrankungen Informationen aus einem umfassenden Archiv angeboten. Ein Schwerpunkt der Arbeit liegt bei den eher selten vorkommenden Erkrankungen. In gut vier Jahren sind etwa 20000 Anfragen vom Kindernetzwerk beantwortet worden. In der Datenbank sind 1997 etwa 25000 Daten aufgeführt. Neben 700 Einzelmitgliedern gehören dem Kindernetzwerk inzwischen über 50 Mitgliederorganisationen an.

Zu den gesellschaftlichen und politischen Zielen zählt u. a. die Aufwertung der Arbeit von Eltern-Selbsthilfegruppen, die Propagierung interdisziplinärer Versorgungskonzepte sowie die bessere Kooperation zwischen (Kinder-)Ärzten und (Eltern-)Selbsthilfegruppen.

Hanauer Straße 15
63739 Aschaffenburg
Bürozeiten: Mo., Di., Do. 9–12 Uhr
Tel.: 06021/12030 und 0180/5213739

Kneipp-Bund e. V.
Der Kneipp-Bund e. V. unterstützt seit über 100 Jahren durch seine Arbeit erfolgreich die Bemühungen um Prävention, Heilung und Rehabilitation. Auf den Programmen des Kneipp-Bundes und seiner angeschlossenen Vereine stehen: aktive Gesundheitsvorsorge durch zeitgemäße, vollwertige Ernährung; vielfältige Bewegungsprogramme für alle Altersgruppen; einfache therapeutische Kneipp-Anwendungen; Entspannungsübungen; Anregungen zu aktivem Umweltschutz und vieles mehr.

Ziel ist, Natürlichkeit und Gesundheitsvorsorge in unser heutiges Leben zu integrieren. Dieser Gedanke begleitet alle Aktivitäten, wobei vor allem viele Menschen mit chronischen Erkrankungen und mit Behinderungen angesprochen werden. Für diese Zielgruppen bietet der Kneipp-Bund auch laufend regional und überregional Aktionen und Rehabilitationsprogramme mit den verschiedensten Themeninhalten an und hilft so Menschen, ihren eigenen Weg zu mehr Gesundheit, Aktivität und Gemeinsamkeit zu finden.

86825 Bad Wörishofen
Adolf-Scholz-Allee 6–8
Tel.: 08247/3002-0 od.-169, Fax: 08247/3002-199

Mukoviszidose e. V.
Im Mittelpunkt der Arbeit der Mukoviszidose e. V. stehen die Belange der Mukoviszidose-Patienten und deren Angehöriger sowie die Unterstützung der Forschung zur Bekämpfung der Mukoviszidose. Der Verein berät bei medizinischen, rechtlichen und psychosozialen Fragen, fördert die Fortbildung von Ärzten und Krankengymnastinnen und unterstützt bei der medizinischen und beruflichen Rehabilitation. Auf-

gabenschwerpunkte des Mukoviszidose e. V. sind darüber hinaus der Aus- und Aufbau von Spezialambulanzen, die Information der Öffentlichkeit, die Zusammenarbeit mit Parlament, Landesregierungen, Kommunen sowie mit anderen Behindertenverbänden.

Die Mukoviszidose e. V. wurde 1965 gegründet und ist eine bundesweite Interessenvertretung mit über 50 Regional- und Ortsgruppen; der Verein hat rund 4000 Mitglieder; dazu zählen Patienten, Familienangehörige, Mediziner, Krankenpflegepersonal, Krankengymnasten und engagierte Mitbürger.

Bendenweg 101
53121 Bonn
Tel.: 0228/98780-0, Fax: 0228/98780-77
E-Mail: mukoviszidoese@t-online.de
Homepage: http://www.emb.uni-bonn.de/Mukoviszidose

Netzwerk Artikel 3 – Bundeskoordination für die Gleichstellung behinderter Menschen

Das Netzwerk Artikel 3 hat sich Anfang 1997 als Nachfolger des «Initiativkreises Gleichstellung Behinderter» gegründet, der wesentlich am Zustandekommen des Benachteiligungsverbots für behinderte Menschen im Grundgesetz mitgewirkt hat. Es ist ein bundesweit arbeitendes Netzwerk der Gleichstellungsinitiativen und der Initiativen behinderter Frauen, das sich einer menschenrechtsorientierten Sichtweise von Behindertenpolitik verschrieben hat. Hauptaufgaben sind:

1. Vernetzung: Überparteiliche, verbands- und behinderungsübergreifende Vernetzung aller Einzelpersonen, Projekte und Organisationen, die sich für Gleichstellung und die Umsetzung des neuen Grundgesetzsatzes einsetzen.
2. Beschwerdestelle: Dokumentation und Weiterleitung von Diskriminierungstatbeständen, Erarbeitung von regelmäßigen Berichten zur Umsetzung des Benachteiligungsverbots unter besonderer Berücksichtigung der Belange behinderter Frauen.
3. Gesetzesvorbereitung: Sammlung und Koordinierung konkreter Vorschläge zur Schaffung kommunaler, landes- und bundesweiter Gleichstellung für behinderte Menschen. Die Anliegen behinderter Frauen finden darin besondere Beachtung.

Das Netzwerk gibt ein regelmäßiges Info in Schwarzschrift und auf Cassette heraus und veranstaltet Fachtagungen für seine Mitglieder bzw. Interessierte. Derzeit sind über 100 Einzelpersonen und 20 Organisationen UnterstützerInnen des Netzwerks.

Liebstöckelweg 14
13503 Berlin
Tel.: 030/4317716 o. 4364441, Fax: 030/4364442

Der PARITÄTISCHE Wohlfahrtsverband

Der Deutsche PARITÄTISCHE Wohlfahrtsverband – Gesamtverband e. V. in Frankfurt am Main ist einer von sechs Spitzenverbänden der Freien Wohlfahrtspflege in Deutschland. Der PARITÄTISCHE wurde 1924 gegründet und ist konfessionell und politisch ungebunden. Dem Dachverband sind inzwischen über 9000 Mitgliedsorganisationen angeschlossen. Die Mitglieder sind auf allen Feldern der Sozialarbeit tätig. Tragend für den Zusammenschluß ist dabei die Idee des Paritätischen: nicht der Verband gibt Inhalt und Form der Hilfe vor, dies bleibt den einzelnen Mitgliedsorganisationen überlassen. Die Spannweite der Ansätze reicht von christlichen bzw. religiösen Haltungen über aufklärerische Vorstellungen, der Solidarität bestimmter Gesellschaftsgruppen, das soziale Denken als Teil einer politischen Konzeption bis hin zum Gedanken der Selbsthilfe.

Der Deutsche PARITÄTISCHE Wohlfahrtsverband fördert seine Mitgliedsorganisationen in ihrer fachlichen Zielsetzung und ihren rechtlichen, gesellschaftlichen und wirtschaftlichen Belangen. Durch verbandseigene Institutionen trägt er bei zur Erhaltung, Zusammenarbeit und Neugründung von Organisationen und Einrichtungen der Sozialarbeit. Er bezweckt insbesondere die fachliche, rechtliche, gesellschaftliche und wirtschaftliche Absicherung seiner gemeinnützigen Mitgliedsorganisationen, die fachlich methodische Förderung und Weiterentwicklung der sozialen Arbeit, die Qualifizierung von Mitarbeiterinnen und Mitarbeitern, die Weckung und Entwicklung wohlfahrtspflegerischer Aktivitäten der Bürgerinnen und Bürger, die Pflege ehrenamtlicher Mitarbeit, die Weiterentwicklung wissenschaftlicher Erkenntnis für die soziale Praxis, die Information und Aufklärung der Öffentlichkeit über die Belange sozialer Arbeit, die Förderung der internationalen Zusammenarbeit im Bereich Wohlfahrtspflege, die Zusammenarbeit zwischen freier Wohlfahrtspflege und Entscheidungsträgern sowie Entscheidungsträgerinnen in Politik und Verwaltung.

Heinrich-Hoffmann-Str. 3
60528 Frankfurt
Tel.: 069/67060, Fax: 069/6706204

Selbsthilfegruppe Sklerodermie in Deutschland e. V.
Die Selbsthilfegruppe ist ein freiwilliger Zusammenschluß von Sklerodermie-Patienten, deren Angehörigen, von Ärzten, Therapeuten und Freunden. Ihr Ziel ist es, den Mitgliedern den Erfahrungsaustausch zu ermöglichen und damit auch Eigeninitiative und neuen Lebensmut zu wecken. Sie vermittelt praktische Tips sowie Hilfestellungen für den Alltag und unterstützt die Wissenschaft und Forschung durch die 1994 ins Leben gerufene **Deutsche Stiftung Sklerodermie.** Diese Stiftung fördert Forschungsvorhaben zur Erkundung der Ursachen sowie der besseren Diagnose- und Therapiemöglichkeiten. Darüber hinaus leistet der Verein Aufklärung und Information durch Öffentlichkeitsarbeit und organisiert Fach- und Fortbildungsveranstaltungen zur Verbesserung der Kenntnisse über die Krankheit bei allen in Frage kommenden Gremien und Institutionen.

Die Selbsthilfegruppe Sklerodermie wurde 1984 in München gegründet, ist heute in 37 Regionalgruppen organisiert und betreut über 1200 Mitglieder.

Jagdstr. 1
90559 Burgthann
Tel.: 09188/512, Fax: 09188/3867

Sozialverband Reichsbund (RB) e. V.
Als große sozialpolitische Organisation in Deutschland vertritt der Sozialverband RB die Interessen von Menschen mit Behinderung, Sozialrentnern und Hinterbliebenen. Sein Ziel ist eine solidarische Gesellschaft, in der soziale Gerechtigkeit herrscht. Im Interesse behinderter Menschen kämpft der Sozialverband RB für Chancengleichheit, umfassende gesellschaftliche Eingliederung und eine barrierefreie Um-

welt. Entsprechend dem Selbsthilfegedanken unterhält der Verband eigene Einrichtungen insbesondere zur Arbeits- und Berufsförderung von Menschen mit und ohne Behinderung, zur Erholung und auf dem Gebiet des Wohnungswesens. Seine Mitglieder erhalten Rechtsberatung und Rechtsschutz in Fragen des Behinderten- und Sozialrechts. Der Sozialverband RB wirkt mit in allen entsprechenden Fach- und Beratungsgremien des Bundes, der Länder sowie in Kreisen und Kommunen.

Parteipolitisch und konfessionell unabhängig, zählt der Sozialverband RB mit rund 500000 Mitgliedern in ca. 1000 Ortsverbänden und zahlreichen INTEC-Jugendclubs zu den großen Behindertenverbänden und sozialpolitischen Organisationen.

Beethovenallee 56–58
53173 Bonn
Tel.: 0228/9564-0, Fax: 0228/9564-311

Sozialverband VdK Deutschland

Der VdK vertritt in Staat und Gesellschaft die berechtigten Interessen vor allem der behinderten, kranken und alten Menschen, der Rentner und Hinterbliebenen, der Kriegs- und Wehrdienstbeschädigten, der Pflegebedürftigen und Pflegenden, aber auch all derer, denen Berufs- und Erwerbsfähigkeit droht, und insgesamt der sozial Benachteiligten. Der VdK ist eine demokratische, gemeinnützige Organisation, parteipolitisch und konfessionell neutral, knallhart im Durchsetzen seiner satzungsmäßigen Ziele. Im bundesweiten Netz der Orts- und Kreisverbände und ihrer Geschäftsstellen beraten die Fachleute des VdK die Mitglieder in Fragen des Sozialrechts. Sie klären über Rechte und Ansprüche auf. Sie erledigen Papierkrieg mit den Behörden. Falls erforderlich, vertreten die Prozeßbevollmächtigten die Sache eines jeden Mitglieds vor den Sozial- und den Verwaltungsgerichten zu einem günstigen Monatsbeitrag.

Der Sozialverband wurde vor fast 50 Jahren gegründet. Er hat 14 Landesverbände mit über einer Million Mitgliedern.

Forderungen: Der VdK fordert die energische Bekämpfung der Massenarbeitslosigkeit und die Verwirklichung des Grundgesetzgebotes der Chancengleichheit für Behinderte in allen Bereichen.

Wurzerstr. 4a
53175 Bonn
Tel.: 0228/82093-0, Fax: 0228/82093-43

Verband evangelischer Einrichtungen für Menschen mit geistiger und seelischer Behinderung e. V.

Im VEEMB – Fachverband des Diakonischen Werkes der EKD – haben sich rechtlich selbständige Einrichtungen und Dienste der Behindertenhilfe zusammengeschlossen. Diese machen Angebote in Heimen, Sonderschulen, Fachkrankenhäusern, Werkstätten für Behinderte, Sonderkindergärten, Tagesstätten, Beratungs- und Therapiezentren, Sozialpsychiatrischen Diensten und Übergangseinrichtungen. In diesen Einrichtungen werden Menschen mit geistiger und seelischer Behinderung aller Altersstufen und Behinderungsgrade gefördert, unterrichtet, gepflegt, begleitet, versorgt, gebildet und beschäftigt. Darüber hinaus berät der Verband in Verbindung mit dem Diakonischen Werk der EKD in Fragen der fachlichen Arbeit, der inneren Organisation, der Wirtschaftsführung und der Grundorientierung im Sinne des diakonischen Auftrags der evangelischen Kirchen. Dem VEEMB gehören 230 Rechtsträger mit rund 600 Einrichtungen an, die Angebote für etwa 85 000 Menschen mit Behinderungen bereitstellen.

Gerokstraße 17
70184 Stuttgart
Tel.: 0711/2159-425/-423, Fax: 0711/240384

Verband Katholischer Einrichtungen und Dienste für körperbehinderte Menschen e. V.

Die KEDKM dienen einerseits der umfassenden Lebensbegleitung von mehrfachbehinderten Menschen und andererseits der beruflichen Rehabilitation körperbehinderter Menschen. Zu den Einrichtungen und Diensten zählen Frühförderstellen, Kindergärten, Sonderschulen, Berufsbildungswerke, Internate und Wohnstätten wie auch offene Dienste. In Schulen, Ausbildungsstätten sowie Beschäftigungs- und Wohnstätten, die früher in erster Linie von Körperbehinderten genutzt wurden, sind heute drei Viertel der Klientel gleichzeitig geistig- und/

oder sinnesbehindert. Entsprechend seinem Selbstverständnis als Einrichtungsfachverband tritt der VKEDKM als Lobbyist für die Betroffenen auf, wenn sie oder ihre Angehörigen nicht selbst ihre Interessenvertretung wahrnehmen können.

In dem vor 75 Jahren gegründeten Verband sind 110 Einrichtungen und Dienste der Caritas für körper- und mehrfachbehinderte Menschen zusammengeschlossen. Die Einrichtungen werden 1997 von fast 11 000 behinderten Menschen genutzt.

Forderungen: Durchsetzung des für alle verbrieften Benachteiligungsverbots gerade auch für mehrfachbehinderte Menschen.

c/o: Werner Strubel
Postfach 420
79004 Freiburg
Tel.: 0761/200-364, Fax: 0761/200-366

Verband Katholischer Einrichtungen und Dienste für lern- und geistigbehinderte Menschen e. V. (VKELG)

Der VKELG hat sich zum Ziel gesetzt, Menschen mit geistiger Behinderung zu unterstützen, sie zu begleiten und sich für ihre Selbstbestimmung zu engagieren. Der VKELG tut dies, indem er die Interessen seiner Mitglieder gegenüber Staat, Behörden, Öffentlichkeit und Organisationen vertritt und mit anderen Fachverbänden und Behindertenorganisationen zusammenarbeitet. Außerdem unterstützt er Neugründungen und wirkt auf einen «Caritas-Standard» hin. Zu Gesetzen und Verordnungen gibt er Stellungnahmen ab (Beispiel Pflegeversicherung). Daneben wirkt er durch Fachveröffentlichungen auf eine ganzheitliche Förderung behinderter Menschen hin.

Einrichtungen und Dienste für lern- und geistigbehinderte Menschen haben sich schon 1903 im Deutschen Caritasverband zusammengeschlossen. Heute besteht der VKELG aus 460 Mitgliedseinrichtungen.

Forderungen: Der VKELG fordert, Menschen mit hohem Hilfebedarf bei der Integration nicht zu vergessen; Menschen mit Behinderungen nicht ab einem bestimmten Alter in Pflegeheime zu verlegen; keine Aufweichung des Anspruchs von Kindern mit besonders schweren Behinderungen auf Schulbesuch.

c/o: Dr. Franz Fink
Karlstr. 40
79104 Freiburg
Tel.: 0761/200-364, Fax: 0761/200-666

Zentralwohlfahrtsstelle der Juden in Deutschland e. V.» (ZWST)

Die ZWST wurde 1917 gegründet, um die vielfältigen sozialen Einrichtungen der jüdischen Gemeinschaft zu koordinieren. Unter der Herrschaft des Nationalsozialismus wurde der Verband zwangsaufgelöst. 1951 wurde die ZWST durch den *Zentralrat der Juden in Deutschland* wiedergegründet. Seit 1956 ist die ZWST Mitglied der *Bundesarbeitsgemeinschaft der Freien Wohlfahrtspflege.*

Ziel ihrer sozialen Arbeit ist es, individuelle Notlagen abzubauen und nach dem Prinzip «Hilfe zur Selbsthilfe» gezielte Unterstützung zu geben. Dazu gehört unter anderem Beratung und Betreuung in den örtlichen jüdischen Gemeinden, die Organisation von Kur- und Erholungsreisen für Senioren, Kinder und Jugendliche, Aus- und Fortbildungsmaßnahmen für Mitarbeiter der sozialen Dienste sowie Seminare für Lehrer, Erzieher und ehrenamtliche Jugendbetreuer. Im Mittelpunkt der derzeitigen Arbeit steht die Integration der jüdischen Zuwanderer aus der ehemaligen Sowjetunion sowie die Erhaltung und Vertiefung jüdischer Traditionen.

Die ZWST arbeitet im Dienst ihrer Mitgliedsverbände – jüdischen Gemeinden und Landesverbänden sowie dem Jüdischen Frauenbund. Derzeit sind etwa 50 Mitarbeiter beschäftigt; hinzu kommen zahlreiche ehrenamtliche Helfer.

Hebelstraße 6
60318 Frankfurt am Main
Tel.: 069/9443710, Fax: 069/494817

Weitere Verbände, die die Aktion Grundgesetz mittragen

Berufliches Trainingszentrum
Hamburg GmbH Kst. 10/00865
Weidestr. 118c
22083 Hamburg
Tel.: 040/270709-0
Fax: 040/27 07 09-19

Bundesarbeitsgemeinschaft für
Rehabilitation (BAR)
Walter-Kolb-Str. 9–11
60594 Frankfurt
Tel.: 069/605018-23
Fax: 069/605018-29

Bundesarbeitsgemeinschaft
Hilfe für Behinderte e. V.
Kirchfeldstr. 149
40215 Düsseldorf
Tel.: 0211/31006-0
Fax: 0211/31006-48

Bundesarbeitsgemeinschaft
Hörbehinderter Studenten u.
Absolventen e. V.
Hinter der Hochstätte 2a
65239 Hochheim/Main
Tel.: 06146/835537
Fax: 06192/26289

Bundesarbeitsgemeinschaft
Werkstätten für Behinderte
stv. Vorsitzender
Sonnemannstr. 5
60314 Frankfurt
Tel.: 069/439905

Bundesverband Hilfe für
das autistische Kind e. V.
Vorstandsmitglied
Bebelallee 141
22297 Hamburg
Tel.: 040/5115604

Bundesverband
Williams-Beuren-Syndrom
Bornkamp 5a
23795 Fahrenkrug

Christoffel-Blindenmission e. V.
Nibelungenstr. 124
64625 Bensheim
Tel.: 06251/131-0
Fax: 06251/131-122

Deutsche Pfadfinderschaft
St. Georg – Bundesleitung –
Ref. Behindertenarbeit
Martinstr. 2
41472 Neuss
Tel.: 02131/469986
Fax: 02131/469999

Deutsche Stiftung
Querschnittlähmung –
DSQ Pressestelle

Cheruskerweg 23
65187 Wiesbaden
Tel.: 0611/805128
Fax: 0611/842691

Deutsche Tinnitus Liga e.V.
(DTL)
Lohsiepen 18
42369 Wuppertal
Tel.: 0202/246520
Fax: 0202/4670932

Deutscher Allergie- und
Asthmabund e.V.
Hindenburgstr. 110
41061 Mönchengladbach
Tel.: 02161/814940
Fax: 02161/208502

Forum behinderter Juristinnen
und Juristen
Goethestr. 12
34119 Kassel
Tel.: 0561/13116
Fax: 0561/13116

Forum selbstbestimmter
Assistenz behinderter Menschen
Sprecherin f. Politik und Presse
Nelkenweg 5 (Hollenbach)
74673 Mulfingen
Tel.: 07938/515
Fax: 07938/8538

Fördergemeinschaft der
Querschnittgelähmten
in Deutschland e.V.
Stützpunktleiter Köln
Eintrachtstr. 93–95
50668 Köln

Fraternität der
Körperbehinderten und
Langzeitkranken
– Bundesleitungsteam –
Assistentin
Gartenfeldstr. 25
54295 Trier
Tel.: 0651/44250

Gemeinsam Leben –
Gemeinsam Lernen
Landesgemeinschaft NRW e.V.
Tiefe Str. 50
44145 Dortmund
Tel.: 0231/7281011

Herzkind e.V.
– Geschäftsstelle –
Husarenstr. 70
38102 Braunschweig
Tel.: 0531/22066-13
Fax: 0531/22066-22

Interessengemeinschaft
Das Herzkranke Kind e.V.
Steinenhausenstr. 37
70193 Stuttgart
Tel.: 0711/6366019
Fax: 0711/6363021

Internationaler Bund
für Sozialarbeit
Burgstr. 106
60389 Frankfurt

NCL-Gruppe Deutschland
Vierkaten 32b
21629 Neu-Wulmstorf
Tel.: 040/7007521

Zu den Autorinnen und Autoren

Martin Almon, Jg. 1973, engagiert sich als Betroffener für die Interessen von Menschen, die sich nicht (ausreichend) über Lautsprache verständigen können.

Renate Almon, Mutter eines schwerstkörperbehinderten jungen Mannes, der sich nicht über Lautsprache verständigen kann.

Sigrid Arnade, Jg. 1956, promovierte Tierärztin, ist seit 1986 zur Fortbewegung auf einen Rollstuhl angewiesen. Seitdem arbeitet sie als Journalistin für Fernsehen und Printmedien mit dem Schwerpunkt Behinderung. Mitbegründerin der Stiftung Lebensnerv, des Netzwerks behinderter Frauen Berlin e. V. und des Netzwerks Artikel 3.

Elke Bartz, Jg. 1955, seit 1976 Tetraplegikerin, u. a. Vorsitzende des «Forum selbstbestimmter Assistenz behinderter Menschen e. V.», freie Mitarbeiterin diverser Fachzeitschriften für behinderte Menschen und Tageszeitungen, verfaßte zwei Stadtführer für Rollstuhlfahrer/innen und den «Ratgeber für behinderte Arbeitgeber/innen und solche, die es werden wollen».

Rolf Behncke, Jg. 1954, Diplom-Sozialwirt; stellvertretender Fachdienstleiter der Hamburger Arbeitsassistenz; seit 1995 Vorsitzender der Bundesarbeitsgemeinschaft Unterstützte Beschäftigung; Autor diverser Veröffentlichungen im Bereich der beruflichen Eingliederung von Menschen mit Behinderung, u. a. Mitherausgeber des Handbuchs für Unterstützte Beschäftigung.

Norbert Berentz, Jg. 1947; Studium der Wirtschafts- und Gesellschaftswissenschaften und des Sozialrechts mit Abschluß als Diplom-Soziologe; seit 1983 tätig als Sozialreferent in der Abteilung Sozialpolitik beim Bundesvorstand des Sozialverband Reichsbund e. V. in Bonn.

Helen Blohm, Jg. 1934, Hausfrau und betroffene Mutter. Vorsitzende des Vorstands beim Bundesverband Hilfe für das autistische Kind – Vereinigung zur Förderung autistischer Menschen e. V.

Katja de Bragança, Jg. 1959, promovierte Biologin; nach achtjähriger Tätigkeit in der Humangenetik Entscheidung, die Laufbahn als Genetikerin zu beenden. Vorsitzende der Europäischen Down-Syndrom Assoziation Deutschland e. V. (EDSA), Initiatorin des Down-Syndrom Netzwerks Deutschland und des künstlerischen Projekts ARCHE NOAH.

Peter Dietrich, Jg. 1947, Ass. jur., Studium der Rechtswissenschaft und Referendariat in Marburg. Seit Geburt blind und seit dem 14. Lebensjahr querschnittgelähmt, seit 1997 als Jurist in der Rechtsabteilung der Bundesvereinigung Lebenshilfe für geistig behinderte Menschen in Marburg und beim Landesverband der Lebenshilfe in Hessen tätig.

Ernst Dombrowski, Jg. 1949, Diplom-Psychologe, Familientherapeut, 2. Vorsitzender des Elternverbands Deutscher Gehörlosenschulen e. V.

Detlef Eckert, Jg. 1951, Dr. phil., Lehrer für Sport und Geschichte, Promotion 1986, Wirtschaftshistoriker, seit 1973 körperbehindert (hüftexartikuliert), seit 1992 Vorsitzender des ABiD, mehrere Veröffentlichungen zu behindertenpolitischen Fragen, Leistungssportler, seit 1991 Beauftragter für Behindertenpolitik der Bundestagsgruppe PDS.

Theo Frühauf, Jg. 1952, promovierter Diplom-Pädagoge und Sonderschullehrer; Studium in Münster, Marburg und Gießen; seit 1994 tätig bei der Bundesvereinigung Lebenshilfe für Menschen mit geistiger Behinderung e. V. in Marburg; dort Mitglied der Geschäftsführung, Leiter des Bereichs «Familie und Fachfragen» sowie Leiter des Fachgebiets «Kindergarten und Schule»; Chefredakteur der Fachzeitschrift «Geistige Behinderung».

Susanne Göbel, Jg. 1964; Germanistin und Sozialarbeiterin aus Kassel; arbeitete in den USA als Unterstützerin der Selbstvertretungsbewegung für Menschen mit sogenannter geistiger Behinderung (Self-Advocacy und People First); seit 1994 freiberuflich tätig als

Autorin, Referentin und Seminarleiterin und ehrenamtliche Unterstützerin der beginnenden Selbstvertretungsbewegung in Deutschland bei der ISL e. V.

Anita Grießer, Jg. 1963, Rollstuhlfahrerin (Querschnittlähmung); Diplom-Sozialarbeiterin nach dem Studium der Sozialarbeit in Mainz; seit Dezember 1995 tätig beim Verein zur Förderung der Autonomie Behinderter in Kassel; dort ist sie Mitarbeiterin in dem Projekt «YENTL-mobile Beratung zur Erwerbstätigkeit behinderter Frauen im Landkreis Kassel».

Dieter Gutschick, Jg. 1944, Assessor jur., seit 1989 Geschäftsführer der Deutschen Behindertenhilfe – Aktion Sorgenkind e. V., bis 1993 in Personalunion mit der Geschäftsführung der Bundesarbeitsgemeinschaft der Freien Wohlfahrtspflege e. V.. Davor Referententätigkeit in verschiedenen Wirtschaftsverbänden, dann über sieben Jahre Justitiar im Deutschen Roten Kreuz.

Franz-Josef Hanke, Jg. 1955, ist seit 1986 als freier Journalist in Marburg für Tageszeitungen, Fach- und Publikumszeitschriften sowie den öffentlich-rechtlichen Rundfunk tätig. Seine Themenschwerpunkte sind Wirtschaft, Verkehr, Umwelt, Medizin, Wissenschaft und Soziales. Aufgrund einer angeborenen Augenerkrankung ist er während seines Studiums allmählich erblindet.

H.-Günter Heiden, Jg. 1953, Studien der Sonderpädagogik und Publizistik. Arbeitete als Lehrer, in der Öffentlichkeitsarbeit einer Therapieeinrichtung und als Chefredakteur einer Behindertenzeitschrift. Seit 1996 tätig als freier Publizist in Berlin in den Bereichen Print und Fernsehen. Diverse Buchpublikationen. Mitbegründer des Netzwerks Artikel 3.

Jutta vom Hofe, Jg. 1957, abgeschlossenes Studium der Volkswirtschaftslehre und Abschluß der «Kölner Schule – Institut für Publizistik», arbeitet als Fachjournalistin für Print, Hörfunk und Fernsehen in Köln, hat sich neben Wirtschafts- und Wissenschaftsthemen auf den Bereich Behindertentechnik und -politik spezialisiert; außerdem Medien- und Kommunikationstrainerin.

Alfred Hovestädt, Jg. 1958, Studium Kath. Theologie und Philosophie in Münster; seit 1988 Fachreferent für Presse- und Öffentlichkeitsarbeit und Aus- und Fortbildung in der Josefs-Gesellschaft e. V. Köln; Redaktion der Zeitschrift Sozialcourage, Nah Dran – Leben mit Handicaps; Informationsdienst für Rehabilitationsfragen; Veröffentlichungen zu Themen der Behindertenpolitik und Rehabilitation.

Reinhard Jankuhn, Jg. 1953, Diplom-Sozialarbeiter, Bildungsreferent beim Bundesverband für Körper- und Mehrfachbehinderte e. V., Assistent des Arbeitskreises Werkstätten für Behinderte.

Christine Karches, Jg. 1962, Diplom-Pädagogin; arbeitet seit 1988 in der verbandlichen Erwachsenenbildung; seit 1991 tätig im Institut Fort- und Weiterbildung der Bundesvereinigung Lebenshilfe für Menschen mit geistiger Behinderung e. V. mit den Zuständigkeitsbereichen Berufliche Weiterbildung und Erwachsenenbildung von Frauen mit geistiger Behinderung.

Renée Krebs, Jg. 1954, Dipl.-Bibl.; mehrere Jahre Referentin der Fraktion Bündnis 90/Die Grünen im Niedersächsischen Landtag, jetzt Mitarbeiterin des Behindertenbeauftragten des Landes Niedersachen. Diverse Veröffentlichungen zu medizinethischen Fragen und zur Gleichstellung von Menschen mit und ohne Behinderung.

Doris Kühn, Bremen, Jg. 1962, Malerlehre, seit 1987 Mitarbeiterin einer Werkstatt für Behinderte (WfB), seit 1996 Mitglied im Werkstattrat und Frauenbeauftragte.

Hans-Detlev Kunz, Jg. 1953, Studium der Wirtschaftswissenschaften. Lehre als Verwaltungsangestellter bei einer Organisation der Wirtschaft, Geschäftsführer des Deutschen Psoriasis Bundes e. V., Hamburg, Selbsthilfe bei Schuppenflechte, redaktionelle Mitarbeit bei der Verbandszeitschrift *PSO Magazin* (psoriasis Magazin)

Peter Leifeld, Jg. 1942, Studium Kath. Theologie und Philosophie in München und Salvador/Bahia (Brasilien) und Sozialarbeit in Essen; seit 1983 Referent für Rehabilitationsfragen beim Vorstand der Josefs-Gesellschaft e. V., Köln; seit 1996 Vorstandsreferent beim Vorstand der Josefs-Gesellschaft; Veröffentlichungen zu Fragen der Rehabilitation im gesellschaftlichen Kontext.

Hannelore Loskill, Jg. 1944, Dipl.-Informatikerin (FH), seit 1977 als Anwendungsprogrammiererin im Universitätsrechenzentrum Düsseldorf, hochgradig sehbehindert, seit einigen Jahren in verschiedenen Selbsthilfeorganisationen aktiv, seit 1994 im Vorstand des Bundes zur Förderung Sehbehinderter e. V., Mitarbeit in der Redaktion der Vereinszeitschrift.

Arne Maiwald, Jg. 1968, Vorstandsmitglied von ISAAC-Deutschland, Gesellschaft für Unterstützte Kommunikation, seit 1990, Ansprechpartner für Betroffene.

Birgit Meiners, Jg. 1956, Dipl.-Psychologin, von 1983–1989 wiss. Mitarbeiterin für Frauen-/Arbeitspolitik der Grünen im Bundestag, danach Forschungsprojekt zu den gesundheitlichen Auswirkungen zeitlicher Belastungen auf Frauen; Veröffentlichungen zur Arbeit und zur ökonomischen Situation von Frauen; seit 1991 wiss. Mitarbeiterin der AKTION PSYCHISCH KRANKE, Vereinigung zur Reform der Versorgung psychisch Kranker e. V.

Ursula Mense, Jg. 1953, Studium der Germanistik und Anglistik, arbeit seit 15 Jahren als freie Journalistin mit den Schwerpunkten Sozial-, Umwelt- und Agrarpolitik. Sie ist für Printmedien und den Hörfunk als Autorin und Moderatorin tätig.

Ottmar Miles-Paul, Jg. 1964, Bundesgeschäftsführer des Behindertenverbandes Interessenvertretung Selbstbestimmt Leben in Deutschland – ISL e. V., sehbehindert, Mitbegründer von Disabled Peoples' International in der Europäischen Union, diverse Veröffentlichungen und Vorträge im In- und Ausland zur Gleichstellung und Selbstbestimmung Behinderter.

Karl-Josef Mittler, Jg. 1957, Studium der Germanistik, Geographie und Pädagogik. Seit 1990 zunächst Leiter des Referats Förderpolitik, seit 1993 Marketingleiter und seit 1995 stv. Geschäftsführer der Aktion Sorgenkind.

Therese Neuer-Miebach, Jg. 1949, Dr. rer.pol., Diplom-Soziologin; seit 1985 Mitarbeiterin der Bundesvereinigung Lebenshilfe für Menschen mit geistiger Behinderung; Schwerpunkte: Eltern- und Familienpolitik, ethische Fragen; div. Veröffentlichungen zu ethischen und sozialpolitischen Themen.

Thomas Nicolai, Jg. 1950, von früher Kindheit an hochgradig sehbehindert, Studium der Kulturwissenschaften, Promotion 1983, Redakteur der Monatszeitschrift *Die Gegenwart* seit 1979 (bis 1990 Zeitschrift des Blinden-und-Sehschwachen-Verbandes der DDR, jetzt Zeitschrift des Deutschen Blindenverbandes), seit 1993 Referent für Öffentlichkeitsarbeit des Deutschen Blindenverbandes e. V.

Conny Pivit, Jg. 1954, Dipl.Päd. und Sonderschullehrerin; seit 1980 an der Albatros-Schule in Bielefeld (Westfälische Schule für Körperbehinderte). Arbeitsschwerpunkt: Unterstützte Kommunikation; Vorstandsmitglied von ISAAC-Deutschland – Gesellschaft für Unterstützte Kommunikation.

Gregor Pleßmann, Jg. 1963, Dipl.-Grafik-Designer, Studium Grafik-Design/Visuelle Kommunikation an der FH Münster, nach Agenturtätigkeit seit 1995 selbständig. Seit 1996 Redakteur *DRS Rollstuhlsport*, Informationszeitschrift des Deutschen Rollstuhl-Sportverbandes. Im DRS mitverantwortlich für Marketing und Öffentlichkeitsarbeit.

Olaf Rademacker, Jg. 1963, Ass. jur., Studium der Rechtswissenschaft in Hamburg, seit 1991 tätig in der Rechtsabteilung der Bundesvereinigung Lebenshilfe für Menschen mit geistiger Behinderung, seit 1997 Richter am Sozialgericht Itzehoe.

Peter Radtke, Jg. 1943, Dr. phil., Betroffener der Osteogenesis imperfecta (Glasknochenkrankheit), Studium der Romanistik und Germanistik in Regensburg und Genf, ab 1977 Fachgebietsleiter für das Behindertenreferat der Münchner Volkshochschule, seit 1984 Geschäftsführer und Leitender Redakteur der «Arbeitsgemeinschaft Behinderte in den Medien», Schriftsteller (Theaterstücke, Hörspiele, Prosa) und Schauspieler (Münchner Kammerspiele, Burgtheater Wien, Film- und Fernsehrollen).

Manfred Rosenberger, Jg. 1954, Lehrer an einer Grundschule in Berlin, lange Jahre Sprecher der Bundesarbeitsgemeinschaft «Gemeinsam leben – gemeinsam lernen/Eltern gegen Aussonderung». Vater von drei Kindern, wovon das jüngste zur Fortbewegung auf Gehhilfen bzw. den Rollstuhl angewiesen ist und zum Lesen, Schreiben und Rechnen mehr Zeit als die meisten seiner Altersgenossen benötigt.

Raimund Schmid, Jg. 1955, Diplom-Volkswirt und Journalist, war zehn Jahre lang Fachredakteur für Gesundheits- und Sozialpolitik bei der *Ärzte Zeitung*. Gründer und Geschäftsführer vom Kindernetzwerk e. V. mit Sitz in Aschaffenburg. Diverse Buchpublikationen.

Karlheinz Schönemann, Jg. 1934, Dipl.-Ing., von 1960–1996 berufstätig in leitenden Stellungen eines Grundstoff- und Technologie-Konzerns, seit 1997 im Ruhestand; seit Ende der fünfziger Jahre durch die Erkrankung seiner Frau an Sklerodermie mit dieser Krankheit konfrontiert, seit 1985 Mitglied der Selbsthilfegruppe Sklerodermie in Deutschland e. V. und seit 1994 Vorstandsvorsitzender der Deutschen Stiftung Sklerodermie.

Renate Schultner, Jg. 1955, Dipl.-Ing. Innenarchitektur, seit dem 17. Lebensjahr an Epilepsie erkrankt. 1989 Mitarbeit in der Redaktion der (überregionalen) Epilepsie-Selbsthilfezeitschrift *einfälle* in Berlin, seit 1994 im Vorstand der Deutschen Epilepsievereinigung zuständig für Öffentlichkeitsarbeit.

Andreas Schwab, Jg. 1961, Dr. med., Anästhesist, Vorsitzender des Elternverbandes Deutscher Gehörlosenschulen e. V.

Ilja Seifert, Berlin, Jg. 1951, promovierter Germanist, ist seit 1967 durch einen Badeunfall querschnittgelähmt. MdV 1990, MdB 1990–1994 (PDS). 1990 Gründungspräsident des Allgemeinen Behindertenverbandes in Deutschland «Für Selbstbestimmung und Würde» e. V. (ABiD), seit 1994 stellv. Vorsitzender. Z. Zt. freiberuflich Sachverständiger «barrierefreies Leben» in Berlin.

Claudia Seipelt-Holtmann, Jg. 1964, Mutter zweier Söhne, Diplom-Sozialpädagogin; arbeitete in der Stadtverwaltung Düsseldorf und beim Bundesverband für Körper- und Mehrfachbehinderte; seit 1995 Forumsfrau des Netzwerks Frauen und Mädchen mit Behinderungen NRW, Leiterin der Netzwerk-AG «Schwangerschaft/Mutterschaft».

Klaus-Peter Stenzig, Jg. 1948, Diplompsychologe, langjährige Praxis in der Behindertenhilfe, Mitarbeit im Verband evangelischer Einrichtungen für Menschen mit geistiger und seelischer Behinderung, seit 1993 Referent des Diakonischen Werkes der EKD für den Bereich «Hilfen für Menschen mit geistiger Behinderung» in Stuttgart.

Bettina Theben, Jg. 1969; Juristin. Studium der Germanistik, Politologie und Philosophie in Marburg und Berlin; 1993 Staatsexamen. Seit 1993 Studium der Rechtswissenschaft, gegenwärtig Promotion. Seh- und gehbehindert. Vorstandsmitglied der Bundesarbeitsgemeinschaft behinderter, chronisch kranker und nichtbehinderter Studierender und AbsolventInnen e. V. Im Netzwerk Artikel 3 als Koordinatorin für Bildung sowie für Gleichstellung in Berlin tätig. Veröffentlichungen zur Gleichstellung, zu behindertenpolitischen und rechtlichen Problemen.

Katja Weiske, Jg. 1967, Biologin, Mutter eines Jungen mit Down-Syndrom, der im Alter von sieben Monaten starb. Tätigkeit an verschiedenen Humangenetischen Instituten, Schwerpunkt Pränataldiagnostik. Veröffentlichungen zu wissenschaftlichen und ethischen humangenetischen Themen.

Heike Zirden, Jg. 1965, Studium der Germanistik, Philosophie und Kunstgeschichte. Seit 1995 Leiterin der Presse- und Öffentlichkeitsarbeit der Aktion Sorgenkind.

Soziale Konflikte

Dirk Brouër, Herbert Trimbach u.a.
Offene Vermögensfragen – ein Ratgeber *Der Streit um Häuser, Datschen und Grundstücke: Zur veränderten Rechtslage in den neuen Ländern*
(rororo aktuell 13672)

Daniela Dahn
Wir bleiben hier oder Wem gehört der Osten *Vom Kampf um Häuser und Wohnungen in den neuen Bundesländern*
(rororo aktuell 13423)

Die Gesellschaft der Behinderer
Das Buch zur Aktion Grundgesetz
Hg. von Aktion Grundgesetz
(rororo aktuell 22339)

Walter Hanesch u.a.
Armut in Deutschland *Der Armutsbericht des DGB und des Paritätischen Wohlfahrtsverbandes*
(rororo aktuell 13420)

Hans-Günter Heiden (Hg.)
«Niemand darf wegen seiner Behinderung benachteiligt werden» *Grundrecht und Alltag – eine Bestandsaufnahme*
(rororo aktuell 13937)
Im neuen Grundgesetz des vereinigten Deutschland sind die Rechte Behinderter ausdrücklich berücksichtigt. Wie aber sieht die Wirklichkeit aus – und wie könnte sie aussehen? Die Autorinnen und Autoren dieses Bandes geben Antworten.

rororo aktuell

Gerda Maibach
Polizisten und Gewalt *Innenansichten aus dem Polizeialltag*
(rororo aktuell 13938)
In diesem Band geben Polizisten selbst Einblicke in ihre Lebenswelt. Sie berichten von Gewalt, die sie ausüben oder deren Zeugen sie wurden, von der Unfähigkeit, damit umzugehen, von katastrophalen Ausbildungsbedingungen, alltäglicher Angst und zunehmender Verantwortungsscheu ihrer Vorgesetzten.

Ronnie Vahrt
Abgefahren - Mein Leben als Crashkid
Aufgeschrieben von Uwe Britten
(rororo aktuell 13897)

Burkhard Schröder
Heroin *Sucht ohne Ausweg? Ein Aufklärungsbuch*
(rororo aktuell 13276)